Christiane Jaenicke

Albanien
Ein Länderporträt

Christiane Jaenicke

Albanien

Ein Länderporträt

Ch. Links Verlag, Berlin

Auch als ebook erhältlich

Die Deutsche Nationalbibliothek verzeichnet
diese Publikation in der Deutschen Nationalbibliografie;
detaillierte bibliografische Daten sind im Internet über
www.dnb.de abrufbar.

1. Auflage, Mai 2019

Schönhauser Allee 36, 10435 Berlin, Tel.: (030) 44 02 32-0
www.christoph-links-verlag.de; mail@christoph-links-verlag.de
Reihengestaltung: Stephanie Raubach, Berlin
Karte: Peter Palm, Berlin
Satz: Eugen Bohnstedt, Ch. Links Verlag
Druck und Bindung: Druckerei F. Pustet, Regensburg
Gedruckt auf säurefreiem, alterungsbeständigem Papier

ISBN 978-3-96289-043-8

Inhalt

Vorwort

Als mein Mann Axel und ich 1982 zu unserem ersten Auslandseinsatz an die DDR-Botschaft in Tirana kamen, war Albanien so exotisch wie Nordkorea – und in etwa so schwer zu erreichen. Ein Einreisevisum zu erhalten, war schwierig und zeitaufwendig, selbst wenn man einen Diplomatenpass hatte. Grenzkontrollen konnten ewig dauern, auch wenn am Grenzübergang kein anderes Auto weit und breit zu sehen war. Das Land lebte in fast völliger Selbstisolation und wurde von Enver Hoxha mit harter Hand regiert.

Dennoch interessierte ich mich bereits seit meinem Studium an der Humboldt-Universität für Albanien. Eigentlich hatte ich etwas anderes studieren wollen, begegnete dann aber der großen Liebe und entschied mich für Geschichte mit Schwerpunkt auf der Region, in der mein späterer Mann als Diplomat einmal arbeiten sollte – den Balkan. Genau wie er lernte ich Albanisch, und meine Diplomarbeit schrieb ich über die Beziehungen der Partei der Arbeit Albaniens (der kommunistischen und einzigen Partei des Landes) zur Bauernschaft. Bis wir beide nach Tirana aufbrachen, hatte ich allerdings noch keinen lebenden Albaner gesehen, und vom Alltagsleben dort wusste ich auch nicht viel.

Die Realität war sehr schnell sehr ernüchternd. Albanien war stolz darauf, sich aus eigener Kraft mit Brotgetreide versorgen zu können. Außer Brot konnte man allerdings nicht viel kaufen. Mit unseren Botschaftskollegen fühlten wir uns manchmal wie auf einer langen Schiffsreise: Was man nicht aus der Heimat mitgenommen hatte, gab es unterwegs nicht. Als ich in Tirana meine Fahrerlaubnis auf unserem Wartburg machte, waren private Autos ebenso verboten wie private Landwirtschaft. Auch die Ausübung von Religion war untersagt, und dass das Kino »Rinija« (Jugend) einmal eine katholische Kirche gewesen war, sahen wir erst in den 1990er Jahren nach der Rückübertragung. Da gab es im ganzen Land plötzlich keine Kinos mehr.

Dies alles ist schwer vorstellbar, wenn man heute nach Tirana kommt. Einer der beliebtesten Reiseführer weltweit, der *Lonely Planet,* hat Albanien für 2018 in die Liste der zehn besten Urlaubsziele in Europa aufgenommen. Tirana wird als »eine lebhafte Metropole« mit einer »großartigen Lage zwischen der Adriaküste und den Albanischen Alpen« beschrieben. Wem das lärmige bunte Treiben auf den ersten Blick nicht so viel anders erscheint als in benachbarten Hauptstädten, der wird sich schwer vorstellen können, dass der Straßenverkehr in Tirana vor knapp 30 Jahren noch von Pferdefuhrwerken und Fahrrädern bestimmt wurde.

Albaniens Ausgangssituation war nach dem Fall der Diktatur noch schwieriger als die der Nachbarländer, die einmal zur Sozialistischen Föderativen Republik Jugoslawien gehört hatten. Im Jahre 2005 sagte der damalige albanische Außenminister Ilir Meta (seit Juli 2017 Präsident), man dürfe nicht vergessen, dass Albanien seit dem Sturz der Diktatur eine in Europa beispiellose Rückständigkeit zu überwinden hatte. Nur daran ließen sich die großen Fortschritte ermessen, die man errungen habe. Ich hatte dieses Zitat damals in einer Publikation verwendet, und wie die Realität zeigt, trifft es noch immer zu. Noch heute stehen große Fortschritte neben der traurigen Realität, dass Albanien weiter zu den ärmsten Ländern Europas gehört. Das Bruttoinlandsprodukt (BIP) pro Kopf lag im Jahre 2016 nach Angaben des Finanzministeriums bei rund 3780 Euro (zum Vergleich: In Deutschland betrug es im Jahre 2017 mehr als das Zehnfache, nämlich 39 226 Euro). Der Durchschnittslohn im staatlichen Sektor beträgt 260 Euro (2016). Die Arbeitslosenrate liegt offiziell bei 15,7 Prozent.

So nimmt es nicht wunder, dass die Menschen 2015 aus den letzten Winkeln Albaniens und des Kosovo nach Deutschland strömten. Ein Jahr später stellten sie die größte Gruppe unter den abgelehnten und zurückgeführten Asylbewerbern. Auch heute suchen viele gut ausgebildete junge Leute ihr Glück im Ausland. Nach dem Transitions-Report 2019 der Europäischen Bank für Wiederaufbau und Entwicklung (EBWE) nimmt Albanien gegenwärtig unter allen Transitionsländern, also den Ländern des ehemaligen Ostblocks, die sich seit 1990 auf dem Weg zu Demokratie und sozialer Marktwirtschaft befinden, den dritten Platz in der Migrationsstatistik ein – allerdings nach Bosnien und Herzegowina. Bis zu 40 Prozent der registrierten Bevölkerung haben nach Schätzungen der EBWE das Land verlassen oder leben zumindest zeitweilig im Ausland.[1]

Seit meinem ersten Aufenthalt in Albanien ist meine Sympathie für dieses kleine Land geblieben. Vieles blieb mir seinerzeit noch verborgen, denn große Teile des Landes waren für Ausländer tabu, nicht zuletzt die Albanischen Alpen. Genehmigungen, dorthin zu reisen, wurden nicht erteilt. Auch die sprichwörtliche Gastfreundschaft der Menschen, von der man schon in Reiseberichten aus dem 19. Jahrhundert lesen kann, lernte ich erst nach dem Sturz der Diktatur und der Öffnung des Landes kennen.

Dieses Buch will Einblicke in die Geschichte und die Gegenwart Albaniens geben. Die Zahl der handelnden Personen ist überschaubar, und das hat nicht nur mit der Größe des Landes zu tun. Politiker, Aktivisten der Zivilgesellschaft und der eine (und zumindest für sein Publikum einzigartige) Schriftsteller sind schon sehr lange im Geschäft. Dem Leser werden die Namen bald vertraut sein. Fehlen Albanien vielleicht neue Gesichter, um endlich in die Gänge zu kommen? Die Albaner würden sagen: »*Do të shohim se çfarë ndodh.*« (Wir werden sehen, was passiert.) Manchem Leser werden einige Passagen in diesem Buch vielleicht zu kritisch vorkommen. Das möge man mir nachsehen. Albanien ist für mich so etwas wie die erste Liebe, die man immer im Herzen trägt, auch wenn sie nicht wirklich glücklich gemacht hat.

Leider reichte der Platz nicht aus für längere persönliche Geschichten und Erinnerungen an all die, die mir Albanien nähergebracht haben. Dazu gehören die Albanologin Oda Buchholz, der Professor für albanische Geschichte Erwin Lewin und der Botschafter Peter Schubert. Danke an alle Freunde und Gesprächspartner für Offenheit, Zeit und Verständnis. Besonderen Dank an meine lieben, klugen, schönen und starken Freundinnen Monika, Edlira und Eva und an Arian für seine unendlich vielen Geschichten, die nur das wahre Leben schreibt. Und besonderen Dank an Axel; er weiß schon wofür.

Albaner und Albanien heute – wer lebt wo, wie und warum

Wo die Albaner heute leben

Von den Metropolen Europas aus braucht man im Schnitt nicht mehr als zwei Flugstunden, um Albanien zu erreichen. Das Land liegt an der Adria, dem nördlichen Seitenbecken des Mittelmeeres, etwa gegenüber der italienischen Region Apulien. Im Norden grenzt es an Montenegro und den Kosovo,[2] im Osten an Nordmazedonien[3] und im Süden an Griechenland. Mit einer Fläche von 28 748 Quadratkilometern ist Albanien etwas kleiner als das Bundesland Brandenburg. Allerdings ist Größe relativ, denn seit dem Zerfall des großen Jugoslawien sind die neuen Nachbarländer zum Teil sogar noch kleiner als Albanien. Montenegro zum Beispiel ist nur 13 812 Quadratkilometer groß und damit einer der kleineren Staaten Europas. In den letzten 20 Jahren hat Albanien einige Schritte hin zu einer Neuordnung der lokalen Verwaltung unternommen und ist gegenwärtig in zwölf Regionen (albanisch *qarq*) mit 61 Gemeinden aufgeteilt.

Albanien hat viel zu bieten: alte, sehenswerte Städte, lange Sandstrände und eine raue und kaum besiedelte Gebirgslandschaft. Es herrscht ein angenehmes, überwiegend subtropisch-mediterranes Klima. Von den 450 Kilometern Küstenlinie erstrecken sich 300 Kilometer entlang der Adria, 150 Kilometer entlang des Ionischen Meeres. Etwa die Hälfte Albaniens wird von Bergland mit Höhen von über 600 Metern eingenommen; der höchste Berg ist der Korabi mit 2764 Metern. Der Shkodrasee an der Grenze zu Montenegro und der Ohridsee an der Grenze zu Nordmazedonien sind über Albaniens Grenzen hinaus bekannt und touristisch erschlossen. Alle großen Flüsse Albaniens münden in die Adria; der längste von ihnen ist der Drin mit 282 Kilometern. Teils haben die Flüsse noch ihren ursprünglichen Lauf, teils sind sie allerdings auch begradigt und aufgestaut; Albanien erzeugt noch immer mehr als 90 Prozent des Stroms aus Wasserkraft. Manchmal treten Flüsse über die Ufer und entfalten gewaltige Zerstörungskräfte. Auch Erdbeben, die es hier bedingt durch die besondere tektonische Lage häufiger gibt als anderswo, fordern Mensch und Natur von Zeit zu Zeit heraus.

Im Mutterland leben circa 2,9 Millionen Albaner, ungefähr die gleiche Anzahl in den angrenzenden Ländern, davon circa zwei Millionen im Kosovo, jeweils einige Zehntausend in Montenegro und Südserbien, etwa eine halbe Million in Nordmazedonien, eine zahlenmäßig schwer zu definierende Anzahl Çamen in Nordgriechenland, und die Arberëshen in Italien. Dazu kommt die Diaspora mit Zentren in den USA, Kanada, Australien und Argentinien, in denen albanische Auswanderer bereits in der zweiten und dritten Generation leben. In den 90er Jahren des letzten Jahrhunderts haben sie durch Flüchtlinge aus Albanien und dem Kosovo neuen Zustrom erfahren. Dass es auch eine große Zahl albanischer und kosovo-albanischer Migranten in Deutschland, Österreich und der Schweiz gibt, ist hinlänglich bekannt. Für Deutschland gab das Statistische Bundesamt die Zahl der registrierten Albaner am 31. Dezember 2016 mit 51 550 an.[4] Dieses Buch wird sich auf die Republik Albanien konzentrieren, mit gelegentlichen Blicken zu den Brüdern und Schwestern jenseits der Landesgrenzen. Im Kapitel Identität wird es darum noch genauer gehen.

Die Albaner nennen ihr Land *Shqipëria,* nach weit verbreiteter Auffassung leitet sich das von *shqipe* (die albanische Sprache) oder *shqiponjë/a* (Steinadler) ab. Sie selbst nennen sich *Shqip(ë)tar* (Plural *Shqiptarët*). Im Mittelalter waren die Albaner unter dem Volksnamen *arbër* bekannt geworden; ihren Siedlungsraum nannte man entsprechend *Arbëria*. Die Ablegung dieses Namens erfolgte vermutlich im Zuge der osmanischen Eroberungen. Warum sich im Ausland der Name Albanien/Albaner durchgesetzt und behauptet hat, ist eine lange Geschichte mit einigen Fragezeichen, die man bei Oliver Jens Schmitt nachlesen kann.[5] Noch heute ist der Steinadler das Symbol, das auch das Staatswappen ziert. Dieses besteht aus einem roten Schild mit goldenem Rand, auf dem sich ein schwarzer Doppeladler befindet; darüber schwebt der goldene Helm des albanischen Nationalhelden Skanderbeg. Auf der Flagge ist nur der Doppeladler abgebildet. Im Juni 2011 kam es einmal zu einem Eklat, als eine hochrangige albanische Delegation den Sitz der Europäischen Union in Brüssel besuchte und versehentlich die alte kommunistische Flagge mit dem Stern über dem Doppeladler gehisst wurde.

Gegen und Tosken

Die größeren und schlagkräftigeren Nachbarn, derer sich Albanien im Laufe der Geschichte zu erwehren hatte, begründeten ihre Herrschaftsansprüche nicht selten mit abfälligen, manchmal auch rassistischen Urteilen. In Serbien gab es Ende des 19. Jahrhunderts einen Ministerpräsidenten namens Đorđević, der 1913 in einem Buch mit dem Titel *Die Albanesen und die Großmächte* behauptete, Quellen zufolge habe es noch im 19. Jahrhundert auf Bäumen schlafende Albaner mit Schwänzen gegeben. Anhand angeblich unterschiedlicher Schädelformen der Bewohner Nord- und Südalbaniens versuchte er außerdem zu belegen, dass die Albaner zu unterschiedlich seien, um ein Volk zu bilden.

Zweifellos bestehen zwischen den Gegen im Norden und den Tosken im Süden erhebliche Unterschiede, und zwar nicht nur bei der Sprache, sondern auch bei der Religionszugehörigkeit, der Musik und der Küche. Solche Unterschiede gab und gibt es woanders allerdings auch, und bei Gegen und Tosken waren sie nicht so groß, um ein unüberwindbares Hindernis für eine Nationenbildung darzustellen. Allerdings waren die Tosken stark von der orientalisch-städtischen Kultur des Osmanischen Reiches beeinflusst, während bei den Gegen lange eine archaische Stammeskultur vorherrschte. Ausnahmen waren die wichtige nordalbanische Stadt Shkodra, die im 15. Jahrhundert längere

Zeit von Venedig beherrscht wurde, und die Hafenstadt Durrës, die zwar osmanisch geprägt war, jedoch konstant Verbindungen nach Italien unterhielt.

Zu Nordalbanien gehört eine Landschaft, die Mirdita genannt wird. *Mirë dita* heißt »Guten Tag«. Zu diesem Namen soll sie gekommen sein, weil sie von der Küste aus gesehen im Osten liegt, dort, wo die Sonne aufgeht und der neue Tag beginnt. Um die Mirdita ranken sich viele Sagen und Geschichten, denn die dort ansässigen Mirditen waren bekannt für die strikte Einhaltung jahrhundertealter Riten und Gebräuche. Im Hauptort Orosh versammelten sich die Familienoberhäupter zum Ältestenrat, und obwohl die Mirditen in ihrer langen Geschichte eigentlich keine zentrale Herrschaft anerkannten, gab es dort mit dem *Kapedan* (Kapitän) immer einen Anführer, der die letzte Instanz in Entscheidungen und Streitfragen war. Dieser wurde stets vom Oberhaupt der Familie Gjonmarku gestellt. Über Jahrhunderte verwaltete diese Familie auch das »Buch des Blutes«, in dem jeder Blutzoll vermerkt wurde, also die Abgabe für einen unter der Blutrache verübten Mord. Nachzulesen sind die Privilegien der Familie und die Rolle des *Kapedan* im *Kanun,* von dem noch die Rede sein wird.

In der Volksrepublik Albanien erlangte die Region wegen ihres Rohstoffreichtums Bedeutung. Neben der Holzwirtschaft war insbesondere der Kupferbergbau wichtig. Das Bergwerk von Spaç gehörte während der Diktatur Enver Hoxhas allerdings auch zu den berüchtigtsten Arbeitslagern Albaniens.

Die Ortsnamen Orosh und Spaç[6] kennt jeder in Albanien und verbindet mit dem einen finstere mittelalterliche Bräuche und mit dem anderen eine unmenschliche Diktatur. Heute haben das nordalbanische Bergland und die Mirdita jedoch ein freundlicheres Gesicht. Es gibt in Europa nicht viele Regionen, wo man in so unberührter Natur bergsteigen und wasserwandern kann. Sowohl von Tirana als auch von Pristina aus kommt man inzwischen ziemlich bequem per Autobahn dorthin.[7] Um nach Orosh zu gelangen, muss man allerdings immer noch beschwerliche Wege auf sich nehmen und gut zu Fuß sein.

Nicht weit von der heutigen Grenze zu Montenegro entfernt liegt Shkodra, seit jeher das kulturelle Zentrum Nordalbaniens, von dem aus immer wieder auch wichtige Impulse für das ganze Land ausgingen. Den Gebrüdern Marubi verdankt man beispielsweise die ersten Fotografien, die in Albanien aufgenommen wurden. Und die albanische Nationalbewegung *Rilindja* (Wiedergeburt) verfügte hier über eine starke Basis.

Da der Norden teils schwer zugänglich ist, hat sich der flachere Süden industriell rascher entwickelt. Ein wichtiges kulturelles Zentrum dort ist Gjirokastra, eine der ältesten Städte des Landes und seit 2005 UNESCO-Weltkulturerbe. Hier wurden der ehemalige Diktator Enver Hoxha und der berühmteste albanische Schriftsteller Ismail Kadare geboren. Im Süden an der Albanischen Riviera liegen auch die bekanntesten Touristenorte, zu denen Vlora und Saranda gehören.

Heutzutage unterscheiden sich Lebensweise und wirtschaftliche Entwicklung in Nord und Süd kaum noch. Durch den Bau von Autobahnen sind Entfernungen in dem kleinen Land nicht mehr relevant. Auch in einer anderen Frage gibt es eine Art Parität zwischen den Landesteilen: Regionale Mafiastrukturen haben sich etabliert. Das Dorf Lazarat im Süden galt lange als Zentrum des albanischen Cannabisanbaus. Seit es in einer spektakulären und medienwirksamen Aktion von Einheiten der Spezialpolizei gestürmt wurde, haben sich Drogenanbau und -vermarktung dezentralisiert. Nach Angaben albanischer Behörden gab es allein im Jahre 2017 etwa 1250 Polizeieinsätze, bei denen mehr als 2,3 Millionen Cannabispflanzen zerstört wurden. Die 8900 beteiligten Polizisten sollen darüber hinaus neun Tonnen Cannabis sichergestellt und 250 Händler und Produzenten festgenommen haben.

Im Sommer 2017 waren allerdings auch Wahlen, und die regierende Sozialistische Partei (SP) wollte sich die Gunst der Wähler durch Demonstrationen der Stärke erkaufen. Dem Wahlergebnis nach zu urteilen, hat das funktioniert. Das Drogenproblem ist dadurch jedoch nicht gelöst worden. Dazu später.

Im Verlaufe der jüngsten Balkankriege entwickelte sich im Norden, der an das seinerzeit noch jugoslawische Montenegro[8] grenzt, ein besonders dreistes Mafia-Gewerbe mit schwindelerregenden Profitraten. Der UN-Sicherheitsrat hatte am 30. Mai 1992 mit Resolution 757 schärfere Sanktionen gegen Jugoslawien verhängt, zu denen auch ein Verbot von Öllieferungen gehörte. Während dieses Embargos soll zeitweise mehr als die Hälfte des Treibstoffnachschubs für die Serben über den Shkodrasee gekommen sein. Der *Spiegel* schrieb damals: »Die Ohnmacht der UNO, die Tragödie von Sarajevo, die Leiden der bosnischen Muslime haben ursächlich mit dem plötzlichen Reichtum der Fischer von Shkodra zu tun, die seit drei Jahren das Embargo der Vereinten Nationen en gros unterlaufen.«[9]

Als sich diese Geschäftsidee erledigt hatte, entwickelte sich rund um den Shkodrasee, den größten See des Balkans, eine kriminelle Schattenwirtschaft anderer Art. Wilderer fangen jedes Jahr Fisch, meist Karpfen und Aale, im Wert von Millionen – bei fast völliger Straffreiheit. Einheimische, die im Nationalpark auf der montenegrinischen Seite des Sees leben, scherzen, das Gebiet werde in der Nacht durch das Funkeln der Taschenlampen zu einem virtuellen Las Vegas. Naturschützer warnen vor einer ökologischen Katastrophe.

Albanische Mentalität – oder was wir dafür halten

Kennen Sie einen Albaner oder eine Albanerin? Am bekanntesten in Deutschland ist im Moment vielleicht Kreshnik (genannt Nik) Xhelialj, der zu Weihnachten 2016 als neuer Winnetou über die Bildschirme flimmerte. Aber woran würden Sie einen Albaner im Bus erkennen? Welches Bild hat der durchschnittliche Deutsche vom durchschnittlichen Albaner? Die Älteren denken vielleicht zuerst an Karl Mays *Durch das Land der Skipetaren* und die schöne, verklärte Beschreibung von Tugenden wie Ehre, Treue und Mut. Und das, obwohl May niemals selbst in Albanien gewesen ist. Von Lord Byron stammen diese Zeilen: »Wild sind Albaniens Söhne, doch entbehrt / nicht aller Tugenden das rau' Geschlecht. / Wann hat's dem Feind den Rücken je gekehrt? / Wer dauert aus wie sie im Kriegsgefecht?«

Viele mögen die Hamburger Unterwelt aus dem *Tatort* im Kopf haben und eher an Kriminalität denken. Es gibt durchaus albanische Gangs, die ihren schlechten Ruf medienwirksam pflegen. Mitglieder der berüchtigten Hellbanianz-Bande, die in London ihr Unwesen treibt und mit Drogenschmuggel viel Geld verdient, haben im November 2018 die britischen Massenmedien empört, als sie ihren illegal erworbenen Reichtum auf Instagram zur Schau stellten: Luxusautos, Gucci-Outfits und eine Torte verziert mit 50-Pfund-Banknoten. Nach Angaben des britischen Justizministeriums befanden sich im Jahre 2017 allerdings lediglich 726 ethnische Albaner in britischen Gefängnissen, weniger als ein Prozent der insgesamt knapp 85 000 Gefängnisinsassen.[10] Vor Verallgemeinerungen sollte man sich also hüten.

Jedenfalls dürften die meisten von uns ein Bild von den Albanern haben, das so wenig mit der Realität übereinstimmt wie das Bild, das sich die meisten Albaner von uns Deutschen machen.

Lässt man die Klischees einmal beiseite, bleiben jedoch Eigenheiten übrig, die sich aus regionalen, kulturellen, religiösen und wirtschaftlichen Entwicklungen ergeben haben. So sind Albaner vermutlich abergläubischer als andere Nationen, sie geben es nur nicht zu, wie es zum Beispiel die Ukrainer mit einem Augenzwinkern gern tun. Man rührt die Speisen nicht mit dem Messer um, sieht nach Mitternacht nicht in den Spiegel und schneidet am Donnerstagabend keine Fußnägel. Meine albanischen Bekannten meinen, dies alles sei zwar lächerlich, aber es könne andererseits nicht schaden, wenn man sich daran halte. Um das Böse abzuwehren, brachte man im Europa des Mittelalters steinerne oder hölzerne Köpfe von Tieren, Menschen oder Fabelwesen mit fratzenhaft verzogenen Gesichtern an Mauervorsprüngen und Türen an, die sogenannten Neidköpfe. Der Brauch ist vermutlich keltischen Ursprungs. Etwas Ähnliches gibt es in Albanien noch heute. So baumeln an Baustellengerüsten und neuen Häusern Plüschtiere oder Puppen, manchmal sind sie schon ziemlich unansehnlich. Ein Bündel Knoblauch daneben zu hängen, soll die Wirkung erhöhen.

Sind Albaner neugierig? Für unsere Verhältnisse sicher. Besonders auf dem Land werden einem Fremden, noch dazu einem Ausländer, von denen man nicht jeden Tag einen trifft, nach der Begrüßung umgehend Fragen nach Familienstand, Alter und Anzahl der Kinder (Söhne?) gestellt. Man möchte sich ein Bild vom Fremden machen und blickt dabei durch das Prisma der eigenen Wertvorstellungen. Unvermutet wird auch nach Gehalt oder Höhe der Pension gefragt. Man ist besser auf solche Fragen vorbereitet und hat eine passende Antwort parat, anstatt sie schamvoll zu umgehen. Im Alltag werden deutsche Besucher rasch merken, dass ihnen Albaner freundlich und geradezu herzlich entgegenkommen. Allerdings verläuft die Kommunikation zumeist anders als in Deutschland. Auch wenn sehr persönliche Fragen geradeheraus gestellt werden, nimmt man sich zunächst Zeit für höfliche Begrüßungsfloskeln. Zu Beginn eines Gespräches wird nicht nur ausführlich nach dem Wohlbefinden des Gesprächspartners gefragt, sondern auch, wie es dessen Angehörigen geht – Ehepartner, Kinder, Eltern. Und dann will der Fragende sicher noch wissen, wie es auf der Arbeit steht. Eine beliebte Frage ist auch, ob man müde oder erschöpft sei. Ähnlich wie der Brite auf die Frage *How are you?* von seinem Gegenüber keine detaillierte Information erwartet, antwortet man auch in Albanien im Allgemeinen höflich, alles sei in Ordnung.

Gerade wenn man aus Deutschland kommt, fallen einem in Albanien noch mehr Dinge auf. Dass Albaner zum Beispiel Spontaneität zu einer Art Nationalsport entwickelt haben, kann ich bestätigen. Termine zu planen ist schwierig. Man geht davon aus, dass am Ende ohnehin immer etwas dazwischenkommt, deshalb entscheidet man sich spätestmöglich. Ich habe das gerade wieder erlebt, als ich die Interviewtermine für dieses Buch vereinbaren wollte. Die deutschen Gesprächspartner brauchten einen Vorlauf von mindestens einem Monat, die Albaner von einer Woche, gern weniger. Dann tun sich am Ende doch noch irgendwelche Hindernisse auf, und man improvisiert zwischen zwei Terminen. Je älter ich werde, desto weniger rege ich mich darüber auf. Denn am Ende funktioniert es – und vielleicht besser als bei uns zu Hause.

Albaner lieben Eigenschaften und Werte, die man uns Deutschen gern zurechnet, manchmal belächeln sie uns allerdings auch dafür. Ich erinnere mich noch gut an die dramatische Zeit Mitte der 1990er Jahre, wo auf einmal in Albanien alles möglich zu sein schien – Reichtum in ganz kurzer Zeit eingeschlossen. Dubiose Anlagefonds, die nach dem Schneeballsystem funktionierten (für Albanien hat sich der Begriff Pyramidensystem für diese Art Anlagefonds eingeprägt), verzinsten seit 1993 die Kapitaleinlagen der Bürger mit monatlich bis zu 25 Prozent. Wir sahen, wie gute Freunde Haus und Grund zu Geld machten, um es gewinnbringend anzulegen. Unsere Bedenken, Zinsen in dieser Höhe seien eigentlich unmöglich und höchst riskant, wurden beiseite gewischt – auch mit der Bemerkung, wir Deutschen seien immer viel zu ängstlich. Doch dann brach das Pyramidensystem zusammen, das »Wirtschaftswunder« endete jäh, und Hunderttausende standen vor dem Ruin. Die Wut der Geprellten entlud sich gegen die Regierung und kommunale Behörden. Die regimekritische Zeitung *Koha Jone* (Unsere Zeit) vermutete damals, dass fast 80 Prozent der albanischen Familien mehr oder weniger direkt betroffen waren.

Lesh, 56 Jahre alt, betreibt ein Versicherungsbüro in Lezha und schreibt nebenbei Gedichte und Romane, die er im Eigenverlag herausbringt. Ich treffe ihn in seinem Laden an einer der belebtesten Straßen der Stadt. Das Geschäft läuft schleppend. Er regt sich über die Albaner auf, die von beiden Systemen, dem alten und dem neuen, nur das Beste behalten wollen. Notgedrungen bezahlten sie zwar die Haftpflicht für ihre Autos, weil der Staat das so angeordnet hat, aber Häuser werden nicht versichert, und landwirtschaftliche Flächen schon gar nicht. Denn bei Hochwasser oder Unwetter erwarteten die meisten noch immer, dass der Staat einspringt. Lesh erzählt seinen Auto-Haftpflicht-Kunden daher oft, wie das in Deutschland geregelt ist und wofür oder wogegen man sich dort ganz normal versichere. Aber das würden die Leute doch nicht von Deutschland übernehmen wollen, sagt er.

Und noch ein kleiner Tipp: Fragt man einen Verkäufer nach einer Sache und nickt dieser darauf heftig mit dem Kopf und sagt *jo*, kann man getrost wieder gehen, denn das heißt »nein«. Kopf schütteln oder wackeln und dazu *po* sagen, heißt »ja«. Die Albaner im Kosovo allerdings machen das nicht so, was die Sache für Ausländer noch verwirrender macht.

Die Sprache

Das Albanische vertritt einen eigenständigen Zweig der indoeuropäischen Sprachfamilie. Es ist jedoch durch andere Sprachen, besonders die benachbarten, spürbar beeinflusst worden. Der Sprachwissenschaftler Gustav Meyer hat Ende des 19. Jahrhunderts für sein *Etymologisches Wörterbuch der albanesischen Sprache* die Herkunft von 5140 ausgewählten Stichwörtern untersucht und kam zu folgendem Ergebnis: 400 hatten alt-illyrisches Erbgut, 540 slawisches, 840 neugriechisches, 1180 türkisches und 1320 rumänisches.[11] Das albanische Sprachgebiet besteht aus zwei Dialektzonen mit jeweils mehreren Unterdialekten: der gegischen nördlich vom Fluss Shkumbini und der toskischen südlich davon; die Kosovo-Albaner sprechen Gegisch. Grundlage der modernen albanischen Literatursprache ist das Toskische. Die Forschung geht davon aus, dass sich die heutigen Unterschiede zwischen den beiden Hauptdialekten erst in den letzten Jahrhunderten herausgebildet haben. Sie betreffen nicht nur Wortschatz und Aussprache, sondern zum Teil auch die Wortbildung.

Ein Phänomen gibt es im Albanischen, das auch dem Leser dieses Buches auffallen könnte: Alle Substantive, auch geografische und Personennamen, haben eine bestimmte und eine unbestimmte Form. So heißt die Hauptstadt des Landes unbestimmt Tiranë, bestimmt Tirana. Während die Albaner die unbestimmte Form nutzen, hat sich in Übersetzungen die bestimmte Form mehr oder weniger durchgesetzt. Aber auch das nicht konsequent, denn die zweitgrößte Stadt Albaniens ist bei uns als Durrës bekannt, müsste aber in der bestimmten Form Durrësi heißen. Ich verwende in diesem Buch bei Ortsangaben die jeweils international gebräuchlichste Form.

Albanisch ist zwar eine sehr alte Sprache, aber erst spät schriftlich überliefert. Das erste gedruckte albanische Buch, die Übersetzung eines katholischen Messbuches durch Gjon Buzuku, datiert von 1555. Das heute gültige Alphabet wurde im Jahre 1908 vorgestellt. Es basiert auf dem lateinischen Alphabet, hat aber nicht nur 26, sondern 36 Buchstaben. Für uns Deutsche ungewöhnlich gibt es im albanischen Alphabet auch Konsonantdopplungen als eigenständige Buchstaben, manchmal sogar am Wortanfang. Pfeife heißt zum Beispiel auf Albanisch *llulle* und *rrezik* heißt Risiko. Im November 1972 fand der Prozess der schriftsprachlichen Normierung mit einem Kongress zur Rechtschreibung in Tirana einen (vorläufigen) Abschluss. Die damals festgelegten Standards wurden in jüngerer Zeit von Vertretern des Kosovo wiederholt kritisiert, weil sie das Toskische bevorteilen würden. Zeitweilig gab es in Pristina Bestrebungen, das Gegische zu einer eigenen Literatursprache zu machen. Zeitungen auf Gegisch zu publizieren, hat sich jedoch nicht durchgesetzt. In Albanien wurde in der schulischen und universitären Ausbildung immer großer Wert auf die Einhaltung der sprachlichen Normen und der vereinheitlichten Orthografie gelegt. Im Kosovo dagegen ist der Umgang mit der Orthografie manchmal auffallend lax.

In der Albanologie war über Jahrhunderte Deutschland führend. Niemand Geringerer als Gottfried Wilhelm Leibniz hatte einst die wissenschaftliche Beschäftigung mit dem Land und seiner Sprache begründet. Noch heute gültige Standardwerke des Albanischen und zur albanischen Geschichte wurden von Deutschen und Österreichern geschrieben. Auch die DDR hat diese Tradition weiter gepflegt. Mein Mann und ich haben vor vielen Jahren einen Sprachführer Albanisch geschrieben, der inzwischen in der 14. Auflage erschienen ist.[12] In den 1990er Jahren waren es jedoch weniger die Touristen, die sich das Büchlein zulegten, sondern vor allem die Albaner aus dem Kosovo und aus Albanien, die als Kriegs- und Wirtschaftsflüchtlinge nach Deutschland kamen und in Ermangelung anderer Sprachbücher damit die deutsche Sprache zu erlernen versuchten. Später, als die großen internationalen Friedensmissionen im Kosovo und in Albanien aufgebaut wurden, hatten Deutsche und Österreicher das Buch im Gepäck. Der deutsche Botschafter Geert Hinrich Ahrens hatte dazu auch die Sprachkassette, die er morgens immer beim Rasieren hörte. So viel Disziplin brachten allerdings die wenigsten auf.

Dass eine in den internationalen Beziehungen so wenig gebräuchliche Sprache wie das Albanische mitunter zu Kreativität im Umgang mit ihr herausfordert, hat Werner Eberlein in seinen Memoiren anschaulich beschrieben. Eberlein war als Regierungsdolmetscher für den Besuch Enver Hoxhas in der DDR im Januar 1959 verantwortlich. Er war allerdings Russisch-Dolmetscher; geeignete Albanisch-Dolmetscher hatte die DDR zu der Zeit offenbar nicht. Hoxha kam mit dem Zug aus Prag und hielt vor dem damaligen Ostbahnhof in Ost-Berlin seine erste Rede. Den handschriftlichen Text hatte man Eberlein auf Russisch gegeben. Da es heftig zu schneien anfing, lösten sich die Buchstaben auf dem Papier schnell auf. Eberlein reagierte geistesgegenwärtig und hielt seine eigene Rede, wusste er doch aus jahrelanger Erfahrung als Regierungsdolmetscher, was man bei solchen Anlässen sagt. Da die anwesenden Deutschen kein Albanisch verstanden und die Albaner kein Deutsch, fiel das nicht auf, und zum Abschluss applaudierten alle höflich.[13]

Eine Handvoll Wörter Albanisch zu lernen, bevor man eine Reise antritt, ist allerdings nicht schwierig. Damit macht man sich beliebt, und es ist nicht zu befürchten, dass die Gesprächspartner dann erwarten, der Gast verstehe ihre Sprache, denn natürlich wissen sie selbst, dass das eher unwahrscheinlich ist. Mit Englisch und Italienisch und auch Deutsch kommt man in Albanien gut zurecht.

Die Küche

Warum stößt man im Ausland nirgendwo auf ein Restaurant »Tirana«? Ist die albanische Küche so schlecht? Das ist sie keineswegs, aber es ist nicht einfach, ein Gericht zu finden, das es nicht so oder so ähnlich auch anderswo in der Region gibt. Die albanische Küche gehört zur Balkanküche, sie ist mediterran und stark vom Orient beeinflusst. Dazu variiert sie von Region zu Region zum Teil erheblich. Dank des Klimas gibt es im Land das ganze Jahr hindurch Obst und Gemüse. In der Küche kommen etwa Aubergine, Paprika, Tomate, Gurke, Kohl und Spinat zum Einsatz, auch Getreidesorten wie Weizen, Mais, Gerste und Roggen. Als Sättigungsbeilagen werden zu vielen Gerichten Reis, Kartoffeln und Bohnen gereicht. Häufig verwendete Fleischsorten sind Lamm, Ziege, Rind und Kalb, auch Schwein und Geflügel, alles inklusive Innereien. Auch Fisch isst man gern; hier ist in den heißen Sommermonaten allerdings Vorsicht geboten, denn noch nicht zu jedem Gasthaus werden die Kühlketten eingehalten. Sehr beliebt zu jeder Tageszeit ist *Kos,* eine Art Joghurt, der aus gegorener Kuhmilch hergestellt wird. Früher war er auch Hausmittel gegen alles, zum Beispiel dick auf die Haut aufgetragen gegen Sonnenbrand. Schön macht er angeblich auch.

Die Jahre der Hoxha-Diktatur hatten auch für die albanische Küche fatale Folgen: Die Mangelwirtschaft schränkte die kulinarischen Möglichkeiten erheblich ein, zudem war die Pflege religiöser Bräuche verboten, von denen viele traditionell mit üppigen Gerichten verbunden sind, etwa zu Bairam und zu Weihnachten. Da Rezepte traditionell mündlich von Generation zu Generation weitergegeben wurden, ging so manches verloren. Ich kann mich nicht erinnern, zu Zeiten Hoxhas Kochbücher in den Buchläden gesehen zu haben. Einmal fragte ich Lume, unsere albanische Köchin in der Botschaft, nach ihrem Lieblingsrezept für Baklava, und was ich davon noch in Erinnerung habe, begann mit sieben Kilo Mehl und sieben Kilo Zucker – ein Rezept für Hochzeiten.

Es verwundert nicht, dass zu Beginn des neuen Zeitalters auch kulinarisch plötzlich nur interessant war, was aus dem Ausland kam. Heute noch gibt es in Tirana wesentlich mehr Restaurants mit internationaler Küche oder internationale Fastfood-Läden als albanische Restaurants. Bei *Tripadvisor* findet man für Tirana zum Beispiel 47 italienische, zehn chinesische, acht mexikanische und sieben japanische Restaurants – und ganze zwei mit albanischer Küche, das »Era« und das »Oda«. Natürlich gibt es auch Beispiele, wie es anders funktionieren kann. Im Frühjahr 2017 war ich zum ersten Mal im Restaurant *»Mrizi i Zanave«* (Feenhauch oder Feenstaub) in Fishta, einem kleinen Dorf im Nordwesten Albaniens. Es wird von den Brüdern Prenga betrieben, die lange in Italien gelebt haben, wo die Slow-Food-Bewegung ihren Ursprung hat. Vor ein paar Jahren sind sie nach Albanien auf das Gehöft ihrer Eltern zurückgekehrt, um ihre Idee von guter Gastronomie in die Praxis umzusetzen. Dazu gehören der Stolz auf Traditionen, Heimatverbundenheit und die Verwendung von lokalen Produkten.

»Alles, was wir auf den Tisch stellen, vom Wasser über das Sorbet vom wilden Granatapfel, den Käse bis hin zum Lamm- und Ziegenfleisch, kommt von unserem Land«, sagt Altin Prenga. Für unsere Ohren ist das Konzept nicht neu, für Albanien schon. Altin und sein Bruder Anton haben inzwischen ein integriertes System geschaffen, das aus Dutzenden von kleinen Produzenten aus der Region, 25 Angestellten und einem Einzelhandelsgeschäft für lokale Produkte besteht. Die Kunden kommen nicht nur aus ganz Albanien, sondern inzwischen auch aus dem Kosovo und Montenegro. Auf den Shirts des Personals steht *Krenar qe jam fshatar* (Ich bin stolz darauf, ein Bauer zu sein). Fast ein revolutionäres Fanal im heutigen Albanien, wo man eine ländliche Herkunft oft mit Scham verschweigt. Am Ende des Weinbergs, der zum Grundstück gehört, das die Prenga-Brüder von ihren

Eltern übernommen haben, sind die Reste von Backsteingebäuden zu sehen. Zu Hoxhas Zeiten war dies ein Zwangsarbeitslager. Die Prengas wollen hier eine Molkerei, eine Fleischerei und eine Halle zur Verarbeitung wilder Granatäpfel errichten. Sollte das gelingen, wäre es ein Erfolg für die ganze Region.

Inzwischen hat die albanische Slow-Food-Bewegung sogar das Herz von Tirana erreicht. Einer der beteiligten Köche ist Bledar Kola, ein talentierter Vertreter der »neuen albanischen Küche«. Er hat schon im »Noma« in Kopenhagen bei Starkoch René Redzepi gearbeitet. Das »Noma« wurde gleich viermal als »Bestes Restaurant der Welt« ausgezeichnet und trägt zwei Michelin-Sterne. Redzepi hat einen märchenhaft anmutenden Aufstieg vom Migrantenkind zum Visionär einer konsequent nordischen und saisonalen Küche hinter sich. Laut dem *Time Magazine* gehört er zu den 100 einflussreichsten Persönlichkeiten der Welt. Und ja, der Familienname lässt es vermuten, Redzepi hat einen albanischen Vater – aus Nordmazedonien. Das neue Restaurant von Bledar Kola in Tirana heißt »Bacchus« und ist noch ein Geheimtipp ganz ohne Stern. Eine Balance zwischen Tradition und Neuem, zwischen lokal und international. In ein paar Jahren wird man sehen, ob das Konzept trägt.

Als einziges typisches Gericht der Hauptstadt ist mir persönlich das *Fergess Tirana* in Erinnerung, eine Art Gemüseauflauf. Wir haben es manchmal »Vergiss Tirana« genannt, weil man es – je nach Restaurant – nicht unbedingt lieben muss. Zweifellos braucht die albanische Küche noch viel mehr Eigenwerbung. Schön aufgemachte albanische Kochbücher gibt es inzwischen in Tirana zu kaufen, nur an Übersetzungen hapert es noch.

Böse Geister, gute Feen und albanische Mythen

Albanische Fabeln und Sagen sind ziemlich brutal. Aber unser *Rotkäppchen* oder *Hänsel und Gretel* sind es schließlich auch. Da die albanische Volksepik im europäischen Vergleich spät verschriftlicht worden ist, wurden Sagen und Märchen länger rein mündlich überliefert und von den Erzählern beliebig ausgeschmückt. So ist es zum Beispiel mit der Kulschedra, einem Ungeheuer von schrecklichem Äußeren mit sieben Köpfen. Sie ist die Verkörperung des Bösen und bewacht die Schöne der Erde *(bukura e dheut)*, eine der beliebtesten Gestalten albanischer Märchen und Mythen. Diese ist der Inbegriff von Schönheit, kann aber auch zaubern und ist das Gegenteil der Kulschedra und damit meist das Traum- und Kampfziel der Märchenhelden.[14] Die Zana wiederum ist die Fee und Muse der albanischen Berge und haust hoch oben in den Nordalbanischen Alpen. Sie ist ein göttliches Wesen voll Mut und Wildheit. Ihr Name ist tabu und wird daher meistens umschrieben. Die elfenartigen Djinn, die alles Lebendige beschützenden Oren, der blutgierige Riese Baloz und der schwarze Arap nehmen am Kampf zwischen Gut und Böse teil, der natürlich immer mit dem Sieg des Guten endet.

Auch ganz reale historische Personen sind in Albanien als Mythos präsent, wie Skanderbeg als Heldenfigur für die Jungen und Shote Galica als Vorbild für die Mädchen. Skanderbeg ist auch im Ausland bekannt. Er lebte im 15. Jahrhundert und kämpfte mutig und unerschrocken gegen eine osmanische Übermacht. Über ihn gibt es Bücher für alle Altersgruppen – vom dicken historischen Roman bis zum reich illustrierten Kinderbuch. Shote Galica wurde 1895 als Qerime Radisheva geboren und starb im Jahre 1927. Gemeinsam mit ihrem Mann Azem nahm sie 1919 an einem Aufstand kosovo-albanischer Separatisten gegen das Königreich Jugoslawien teil, der eine Vereinigung des Kosovo mit Albanien zum Ziel hatte. Nachdem ihr Mann Schussverletzungen erlegen war, übernahm sie selbst 1925 das Kommando über eine Rebelleneinheit und erzielte einige militärische Erfolge. Es gibt sogar Fotografien von ihr. Die bekannteste wurde 1920 im Atelier von Marubi in Shkodra aufgenommen und trägt den Titel »Shote Galica – die albanische Jeanne d'Arc«. Sie zeigt eine junge, schöne Frau in traditioneller albanischer Männerkleidung, mit langem geflochtenen Zopf unter dem Fez, einem Patronengurt und einem Gewehr über der Schulter. Sie wurde zu einer Art Ikone des Freiheitskampfes des albanischen Volkes. Ihr Konterfei scheint so zeitlos anziehend für die Jugend zu sein, wie wir es von Che Guevara kennen.

Sowohl Shote Galica als auch Skanderbeg verkörpern Eigenschaften, die den Albanern heute noch außerordentlich wichtig sind, wie Ehre und Treue. Ich habe ein Kinderbuch mit dem Titel *Besa e Shqiptareve* (Der Treueschwur der Albaner), in dem den kleinen Lesern knapp und mit ziemlich brutalen Illustrationen erklärt wird, wie wichtig es sei, ein einmal gegebenes Wort zu halten. Man hält es nicht nur, man zweifelt seinen Sinn auch nicht an.

So wie in einer bekannten Sage vom Bau der Festung Rozafa bei Shkodra: Drei junge Männer versuchen, dort eine Burg zu errichten. Aber die Wände, die sie am Tage mauern, fallen in der Nacht immer wieder zusammen. Eines Tages kommt ein Greis vorbei, den die Brüder um Rat fragen. Nachdem sie ihr Ehrenwort gegeben haben, niemandem davon zu erzählen, empfiehlt ihnen der Alte, sie sollten diejenige ihrer Ehefrauen, die ihnen am nächsten Tag das Essen bringen würde, lebendig einmauern, dann werde das Bauwerk bis in alle Ewigkeit halten. Nur der jüngste der Söhne hält sich an sein Versprechen, die beiden anderen informieren ihre Ehefrauen. So ist es die Frau des jüngsten Sohnes, die am nächsten Tag mit dem Essen auf der Baustelle erscheint und umgehend eingemauert wird. Sie macht keinen Ärger und bittet nur darum, beim Einmauern ihre rechte Brust, den rechten Arm und das rechte Auge frei zu lassen, damit sie ihren kleinen Sohn weiter halten und stillen kann. Bis heute sind die Steine am Fuße der Burg feucht, weil die Tränen der Mutter noch immer fließen. Vermutlich aus dem rechten Auge.

Blutrache und der *Kanun*

Die Blutrache (albanisch *gjakmarrje*, wörtlich »das Blutnehmen«) war und ist in großen Teilen Nordalbaniens ein Instrument, mit dem Gerechtigkeit geübt und die Ehre des Mannes wiederhergestellt werden soll. Ausgetragen wird die Blutrache nach strengen und komplizierten Regeln, die in mittelalterlichen Gesetzeswerken, *Kanun* genannt, zunächst von Generation zu Generation mündlich überliefert und schließlich niedergeschrieben wurden. Das heute bekannteste dieser Gesetzeswerke ist der *Kanun* des *Lekë Dukagjini.* Ähnliches hat es auch in anderen Teilen der Welt gegeben, spielt aber wohl nirgends noch eine solche Rolle im Alltagsleben wie in Nordalbanien. Zum Kernland des *Kanun* gehören Dukagjini, das Hochland von Lezha, die Mirdita, Shala, Shoshi und Nikaj-Merturi sowie die Dukagjin-Ebene im heutigen Kosovo.

Blutrache wird von der Familie des Geschädigten vollstreckt. Sie betrifft nur Männer; auf Frauen und Kinder darf ebenso wenig wie auf Vieh und Häuser geschossen werden. »Die Frau fällt nicht ins Blut, die Frau lässt ihr Blut bei den Eltern«, heißt es im *Kanun,* und weiter: »Erschlägt die Frau ihren eigenen Mann oder wen immer, so werden ihre Eltern Rechenschaft für dieses Blut geben.«[15] Auch Tötungen innerhalb der Familie sind genau geregelt. Strafen, der sogenannte Blutzoll, werden an die Familie Gjonmarku gezahlt, die das »Buch des Blutes«, von dem schon die Rede war, verwaltet. Selbstmord und Tötung des Sohnes durch den Vater sind straffrei, für Brudermord ist nur eine Geldstrafe zu zahlen (weil keine andere Familie betroffen ist). Auf Vatermord steht die Todesstrafe, Tötung der Ehefrau oder Mutter löst Blutrache durch die Familie der Ermordeten aus.

Nach den Regeln des *Kanun* muss der Mörder die Familie des Opfers informieren und für den Transport des Toten zu dessen Familie sorgen. Durch Vermittler wird zunächst ein 24-stündiger Waffenstillstand erwirkt. Der Mörder nimmt an der Beerdigung seines Opfers teil. Danach allerdings ist sein eigenes und das Leben all seiner männlichen Angehörigen in Gefahr, denn dieser Tod muss nach dem Regelwerk des *Kanun* gesühnt werden. Früher zog man sich dann in den Wehrturm, die *Kula,* zurück. Heute baut man schon mal eine drei Meter hohe Mauer um sein Haus oder verlässt das Land. Das gegenseitige Töten geht weiter, bis auf der einen Seite keine männlichen Familienmitglieder mehr leben. Oder es kommt nach den Regeln des *Kanun* zu einer Aussöhnung.

Wer sich genauer dafür interessiert, sollte die sehr gut kommentierte deutsche Übersetzung des *Kanun* des *Lekë Dukagjini* lesen.[16] Der *Kanun* fußt auf den Fundamenten der Ehre und des Zusammenhaltes der eigenen Sippe, handelt aber keineswegs nur von der Blutrache. In der meistzitierten schriftlichen Überlieferung, die aus zwölf Büchern besteht, geht es auch um die Regelung von Erbstreitigkeiten und Grenzkonflikten. Die Strafjustiz des *Kanun* ist eine Art Selbstjustiz für alle Bereiche des Zusammenlebens, die so von der Gemeinschaft nicht nur toleriert, sondern erwartet wird. Vom Staat ist nicht die Rede. Ein umfangreicher Teil des *Kanun* ist dem Gastrecht gewidmet. Dieses war früher überlebensnotwendig für jeden, der in einem Gebiet unterwegs war, das kaum öffentliche Unterkünfte bot. Der *Kanun* legte fest, dass der Gast mit größtmöglicher Sorgfalt beherbergt und geschützt werden sollte. Dazu gehörte, ihn gegen Angriffe zu verteidigen. Aus der Zeit der Judenverfolgung während des Zweiten Weltkrieges sind bewegende Geschichten bekannt, denen zufolge nach Albanien geflohene Juden geschützt wurden und überlebten, auch weil Albaner sich dem uralten Kodex der Gastfreundschaft verpflichtet fühlten. Das trifft sicher zum Teil zu. In persönlichen Erinnerungen sprechen Retter oder ihre Nachgeborenen allerdings oft von einem selbstverständlichen Gebot, Hilfsbedürftigen beizustehen. Die Gedenkstätte Yad Vashem hat inzwischen 78 Albaner als »Gerechte unter den Völkern« ausgezeichnet.[17]

Wie aktuell der überlieferte Gastrechtsgedanke noch ist, konnte man im Sommer 2015 in den Medien verfolgen, nachdem zwei tschechische Touristen in der Malësia, einer Region in den Nordalbanischen Alpen, erschossen aufgefunden worden waren. Der Mord wurde in der Öffentlichkeit als Schande für das ganze Land angeprangert, und zwar nicht zuletzt wegen des Bruchs des Gastrechts. Es wurden sogar Forderungen nach Wiedereinführung der Todesstrafe laut. Die Polizei setzte eine Belohnung von 30 000 Euro für sachdienliche Hinweise aus und verhaftete schließlich einen 20-Jährigen, der kurz darauf die Tat gestand.

Um das Jahr 2004 herum fiel den Einwohnern Tiranas ein einsames Haus am Ufer der Lana im Zentrum der Stadt auf. Zu der Zeit waren unter dem neuen Bürgermeister Edi Rama schon alle illegalen Bauten dort abgerissen worden, aber dieser eine nicht. Hierhin hatte sich eine Frau aus Nordalbanien mit ihren Söhnen geflüchtet. Einer von ihnen war inzwischen so weit herangewachsen, dass er das nächste Opfer einer seit Jahren in seiner Familie wütenden Blutrache sein würde; alle älteren männlichen Familienmitglieder waren bereits tot. Nach sehr langen Bemühungen unter Einbeziehung der ansässigen internationalen Organisationen und Botschaften wurde eine Lösung für die kleine Restfamilie gefunden. Wo sie schließlich Asyl bekam, ist aus nachvollziehbaren Gründen nur wenigen bekannt.

Die albanische Öffentlichkeit und Zivilgesellschaft wenden sich mit Nachdruck gegen die Blutrache. Während die strafrechtliche Verfolgung natürlich dem Staat obliegt, nehmen sich Hilfsorganisationen und die Kirche der Opfer an und organisieren Aufklärungskampagnen. Luigi Mila, der Generalsekretär der albanischen Friedensbewegung »Justitia et Pax«, schätzt die gegenwärtige Zahl der wegen Blutrache isolierten Familien auf circa 200, andere Hilfsorganisationen sprechen von mehr als 1000. Eine Medienkampagne um das Jahr 2005 brachte weitere erschreckende Zahlen zutage. So berichtete eine Schuldirektorin aus Shkodra, dass allein aus ihrer Schule 59 Schüler aus Gründen der Blutrache nicht zur Schule gingen. Im gesamten Kreis Shkodra sollen es zu der Zeit insgesamt 390 gewesen sein.

Die Polizei veröffentlichte damals erstmals Zahlen, die einen dramatischen Anstieg der Morde aus Blutrache in den abgelegenen Gebieten Nordalbaniens belegten. Besonders unter Jugendlichen schien die alte grausame Tradition Anhänger zu finden. Im Januar 2011 wurde von einem Gericht in Shkodra Haftbefehl gegen einen 15-jährigen Bluträcher erlassen, der am Silvesterabend den mutmaßlichen Mörder seines Vaters mit einer Maschinenpistole erschossen hatte. Zwischen 2001 und 2011 hatte es in Shkodra 230 Morde gegeben, 40 davon qualifizierte die Polizei als Blutrache.

Zur Abschreckung ist inzwischen das Strafrecht für Bluträcher verschärft worden auf 40 Jahre bis lebenslänglich. Die albanische katholische Kirche, die ihren Sitz in Shkodra hat, veröffentlichte im September 2012 einen Erlass, wonach Bluträcher und ihre Gehilfen exkommuniziert werden. Der inzwischen verstorbene Franziskanerpater Dionis Maka ist einen anderen Weg gegangen: Mehr als 100 Aussöhnungen soll er zustande gebracht haben. Dass ich keine aktuellen Zahlen habe, ist leider kein Indiz dafür, dass es die Blutrache nicht mehr gibt.

Ein Fall schaffte es im Januar 2017 sogar in die deutschen Medien, hatte er sich doch in der niedersächsischen Provinz, in Visselhövede, zugetragen. Das 46-jährige Opfer hatte Jahre zuvor einen Angehörigen der beiden jetzt in Deutschland vor Gericht stehenden Albaner getötet und dafür in Albanien auch eine Gefängnisstrafe abgesessen. Die Familie der beiden Angeklagten soll trotz der verbüßten Strafe Blutrache geschworen haben, alle Schlichtungsversuche zwischen den Familien waren nach Angaben der Staatsanwaltschaft gescheitert. Wegen der bekannten Bedrohung war das spätere Opfer mit seiner Familie nach Deutschland geflüchtet. Genutzt hat es nichts.

In den mehr als 45 Jahren des Regimes unter Enver Hoxha ist die Blutrache in Albanien drastisch bekämpft worden; die Fallzahlen gingen erheblich zurück. Nach der Öffnung des Landes haben sie allerdings wieder stark zugenommen. Vermutlich wird die Blutrache so lange nicht gänzlich ausgerottet sein, wie eine wirkliche Alternative fehlt – ein verbindliches und transparentes staatliches Rechtssystem. Dessen Aufbau ist ein schwieriger und langwieriger Prozess, von dem noch zu reden sein wird.

Von Skanderbeg bis Hoxha – ein Sprint durch die albanische Geschichte

Von den Illyrern bis Skanderbeg

Die Albaner zählen zu den ältesten Völkern auf dem Balkan und leiten ihren Ursprung von den Illyrern ab, die nach heutigen wissenschaftlichen Erkenntnissen während der Antike die zentrale und westliche Balkanhalbinsel besiedelt haben. Dazu gehörten neben dem heutigen Albanien auch Gebiete Montenegros, des Kosovo und Westmazedoniens. »Wenn die Albaner von den Illyrern abstammen, fällt die Geschichte des albanischen Raums mit der des albanischen Ethnos im Wesentlichen zusammen, d.h. der historische Rechtsanspruch der albanischen Bevölkerung auf den Kosovo reicht weit über die Slawensiedlung und die Türkenkämpfe zurück in die Antike. Sind die Albaner aber die Nachkommen von Thrakern, die im frühen Mittelalter nach Westen gewandert sind, so könnten die Slawen für Kosovo und Nordalbanien die Anciennität der Siedlung für sich in Anspruch nehmen«,[18] fasst Michael Schmidt-Neke, einer der bekanntesten heutigen Albanologen im deutschsprachigen Raum, die Tragweite solcher Herkunftsfragen zusammen. Ich habe öfter erlebt, dass die Frage, woher die Albaner stammen, von Albanern nicht als wissenschaftliche, sondern eher als eine Herzensangelegenheit gesehen wird. Ein typischer Kommentar auf einen kritischen Text zum Ursprung der Albaner klingt so: »Natürlich stammten wir Albaner von den Illyrern ab, das ist zwar nicht ganz bewiesen, aber etwas anderes ist viel unwahrscheinlicher.«[19]

Wegen seiner antiken Geschichte ist Albanien inzwischen ein Mekka für Archäologen. Erst im Sommer 2018 sorgten neue Funde für einiges Aufsehen. Archäologen aus Albanien und Polen waren in der Nähe von Shkodra unter einem grasbewachsenen Hügel auf eine nach ihrer Ansicht »riesige« Stadt gestoßen.

Dabei könnte es sich um Bassania handeln, das der römische Historiker Livius einst beschrieben hat. Ihm zufolge versammelte der letzte illyrische König Gentius eine Armee von 15 000 Mann im nahe gelegenen Lyssus und marschierte auf das mit Rom verbündete Bassania. Der Angriff war Teil der illyrischen Kriege, die 168 vor Christus mit dem Sieg der Römer endeten. Sie kontrollierten Illyrien fortan, im Laufe des ersten Jahrhunderts vor Christus wurde es römische Provinz. Es wird angenommen, dass Bassania kurz nach der Zeitenwende zerstört wurde.

Als das Römische Reich 395 geteilt wurde, fiel Albanien zum griechisch geprägten Osten, dem späteren Byzantinischen Reich. Im Mittelalter sah die Region verschiedene Herrscher, unter anderem Bulgaren, Serben und Venezianer; zeitweise gab es aber auch selbständige albanische Fürstentümer. Seit dem 14. Jahrhundert drang das Osmanische Reich immer stärker auf die Balkanhalbinsel vor.

Dann kam Gjergj Kastrioti, genannt Skanderbeg (albanisch *Skënderbeu,* osmanisch *Iskender Beg*). Nach ihm ist nicht nur eine albanische Brandy-Sorte benannt, als Nationalheld ist er omnipräsent überall dort, wo man albanisch spricht. Skanderbeg lebte von 1405 bis 1468. Sein Vater, der der bedeutenden Adelsfamilie der Kastrioti im Gebiet Dibra vorstand, hatte durch Lavieren zwischen den Türken, Serben und Venezianern sein Herrschaftsgebiet enorm ausdehnen können. Wie andere albanische Fürsten konnte er die Unterstützung der Osmanen in Anspruch nehmen; der Preis dafür war allerdings, dass er nacheinander seine vier Söhne als Geiseln an den Hof des Sultans nach Edirne schicken musste. So erhielt der drittälteste Sohn Gjergj eine erstklassige zivile und militärische Ausbildung. Zu den Gründen des späteren Erfolgs von Skanderbeg soll jedoch auch Skrupellosigkeit gehört haben. Wie schon sein Vater wechselte er zeitlebens nicht nur Bündnispartner, sondern auch seine Religionszugehörigkeit nach Bedarf.

Skanderbeg gelang es, die albanischen Fürstentümer in der »Liga von Lezha« (1444) gegen das drohende osmanische Joch zu einen. Internationale Unterstützung verschafften ihm Verträge mit Venedig, Neapel und dem Papst, die alle in ihm, seinem Heer und seinen Verbündeten ein Bollwerk gegen die Osmanen sahen. Mehrmals konnte er deren Invasionsheere abwehren (zu dem Zeitpunkt war er bereits 60 Jahre alt, nach damaligem Verständnis also bereits ein Greis), bevor er der Malaria erlag. Nach seinem Tode zerfiel der albanische Fürstenbund wieder und es folgten fast fünf Jahrhunderte osmanische Herrschaft. Skanderbegs Bedeutung liegt vor allem im nationalen Gedanken, der mit dem von ihm geschaffenen Bündnis der albanischen Fürsten verbunden war. Deshalb beriefen sich später verschiedenste politische Kräfte in Albanien auf ihn. Seine Flagge, der schwarze Doppeladler auf rotem Grund, wurde zum Symbol albanischer Identität. Am 17. Januar 1468 soll Skanderbeg in Lezha gestorben sein. Er wurde in der St.-Nikolaus-Kirche begraben, die später während der Herrschaft der Osmanen zur Selimiye-Moschee umgewandelt und während der Zeit des von Enver Hoxha angeordneten Religionsverbots zerstört wurde. Die an dieser Stelle zu Skanderbegs 500. Todestag im Jahre 1968 errichtete Gedenkstätte über den Fundamenten der Kirche des Heiligen Nikolaus hatte nichts mehr mit einem Gotteshaus zu tun – ein Wallfahrtsort war geschaffen. Die dort ausgestellten 25 Schilde sollen an die 25 Schlachten erinnern, die Skanderbeg gegen die Osmanen geführt und von denen er angeblich nur zwei verloren hat. Noch heute sieht man die tempelartige Überdachung von der Straße aus, wenn man aus Richtung Shkodra nach Tirana fährt. Skanderbegs Schwert und Helm, die man dort besichtigen kann, sind Nachbildungen; die Originale liegen in der Schatzkammer des Kunsthistorischen Museums Wien.

Ein weiterer Wallfahrtsort wurde zu Beginn der 1980er Jahre in Kruja geschaffen. Auf den Ruinen von Skanderbegs alter Festung entstand ein burgähnliches Museum. Zu den Architekten gehörte Hoxhas einzige Tochter Pranvera. Gedacht war das Ganze nicht nur als Huldigung Skanderbegs, sondern natürlich auch seines größten Nachkommen – Enver Hoxha. Gleich im

Foyer war wandfüllend ein Ausspruch von ihm in Stein gemeißelt. Ein sehr großer Tempel für die zwei größten Söhne Albaniens sozusagen. Zweifellos ist Skanderbeg den Albanern auch heute noch wichtig, aber museologisch scheint es inzwischen eine echte Herausforderung zu sein, die großen Hallen des einstigen Museums zu füllen.

Viele Literaten und Historiker haben sich mit Skanderbeg befasst, schließlich hatte er zumindest zeitweise erfolgreich einer Weltmacht getrotzt. Ein wissenschaftliches Werk wie die Skanderbeg-Biografie des Schweizer Südosteuropa-Historikers Oliver Jens Schmitt von 2009 konnte allerdings nur von einem nicht-albanischen Historiker geschrieben werden.[20] Das Buch wurde in Albanien zur Staatsaffäre. Vor allem zwei Punkte sorgten für Empörung. Nach Schmitt war Skanderbegs eigentliches Motiv nicht Nationalbewusstsein, sondern Blutrache für seinen Vater, der auf Geheiß des Sultans ermordet worden war. So profan? Geradezu hysterisch reagierte man in Albanien auch darauf, dass der Vorname von Skanderbegs Vater im Buch – wie in den zeitgenössischen Quellen – mit Ivan angegeben wird, nicht Gjon, wie das albanische Äquivalent lautet. Auf diese Weise solle nicht nur der Vater, sondern auch der Sohn zum Serben gemacht und der albanischen Nation entrissen werden, so die Kritik.

Kurz nach der Präsentation der albanischen Übersetzung des Buches, die übrigens Ardian Klosi angefertigt hat, von dem noch die Rede sein wird, eröffnete kein Geringerer als der bekannteste albanische Schriftsteller Ismail Kadare die Kampagne gegen Schmitt. Perverse Menschen mit einem pseudointellektuellen Geist hätten sich zusammengeschlossen, um durch die negative Darstellung Skanderbegs jene Figur anzugreifen, die Albaniens Einheit mit Europa symbolisiere. Der Sturm der Entrüstung, an dem sich führende Politiker und Künstler beteiligten, ist inzwischen abgeebbt, war er doch eher emotional als wissenschaftlich begründet. Die jüngere Generation hatte daran kaum Interesse gezeigt.

Unter den Osmanen

Um 1500 war die osmanische Eroberung des Balkans weitgehend abgeschlossen. 1521 fiel auch Belgrad; die Festung galt damals als die stärkste auf der Halbinsel. Der Albaner Skanderbeg hatte es so wenig vermocht, die Osmanen abzuwehren, wie es Vuk Branković für die Serben oder der polnische König Władysław III. für die Bulgaren geschafft hatten. Die folgenden Jahrhunderte haben Albanien tief geprägt, vor allem durch die Rezeption der türkischen Alltagskultur und die Übernahme türkischer Begriffe in den albanischen Wortschatz. Entscheidend war allerdings die Islamisierung. »Die Ersatzsteuer für den Militärdienst, der den Muslimen vorbehalten war, die Rekrutierung christlicher Kinder für das Janitscharenkorps, der Verfall kirchlicher Organisationsstrukturen und die Emigration nach Griechenland und Süditalien drängten das Christentum schrittweise zurück ... Bis rund zwei Drittel der Albaner islamisiert waren. Dies schuf die Voraussetzungen für die fast einzigartigen Karrieremöglichkeiten von Albanern und die Bildung einer einheimischen Grundbesitzerklasse.«[21]

Für die Osmanen war das albanische Siedlungsgebiet vor allem von strategischer Bedeutung, da ihr gesamtes Herrschaftssystem den Interessen des Militärs untergeordnet war. Was die Rekrutierung von Kriegern betraf, hat Albanien offensichtlich einen ordentlichen Beitrag geleistet. Im Großen Türkenkrieg (1683–1699) soll die Leibgarde Kara Mustafas vor Wien vor allem aus muslimischen Albanern bestanden haben.[22] Viel mehr war aus Albanien allerdings auch nicht zu holen. Die Straßen waren schlecht und das Bergland im Winter kaum passierbar, die Flüsse zu reißend oder zu flach, in jedem Fall aber nicht schiffbar, und die Seehäfen von Durrës und Vlora schlammig und kaum ausgebaut. So kamen nur wenige Türken als Kolonisten ins Land, und die Macht wurde von Einheimischen verwaltet, die sich mit dem Sultan arrangierten.

Nach der Niederlage gegen Russland (1774) begann das große

Osmanische Reich jedoch zu bröckeln, und der Zentralgewalt entglitt teilweise die Herrschaft über den Balkan. Einigen der einheimischen *Ayane*, wie die nationalen Verwalter im Osmanischen Reich genannt wurden, gelang es nun, weitgehend selbständig zu agieren. Zu massivem, offenem Widerstand kam es jedoch noch nicht, auch wenn die albanische Geschichtsschreibung dies lange Zeit behauptet hat. Anders sah es in der Nachbarschaft aus. Der interessierte Tourist kann noch heute im südserbischen Niš den sogenannten Schädelturm bestaunen. Er wurde von den Osmanen mit den Schädeln serbischer Rebellen erbaut, die bei der Schlacht von Čegar im Ersten Serbischen Aufstand am 31. Mai 1809 gefallen waren. Bei der Fertigstellung sollen es 952 Schädel gewesen sein, davon sind heute noch 58 erhalten. Der Turm, errichtet an einer wichtigen Ost-West-Verbindung, genannt Via Militaris, die bereits die Römer gebaut hatten, hat seine abschreckende Wirkung sicher nicht verfehlt.

Zwei albanische *Ayane* sind in die Geschichte eingegangen: der Toske Ali Pascha von Tepelena und der Gege Mehmet Bushatliu. Beide waren durch rücksichtslose Gewalt an die Macht gekommen und hatten dem Sultan gedient, so lange ihnen selbst dies von Nutzen war. Das Geschlecht der Bushatlius ist inzwischen ziemlich vergessen; der letzte Vertreter soll 1860 in Medina gestorben sein. Anders verhält es sich mit Ali Pascha. Er muss eine schillernde Figur gewesen sein, so zumindest beschreibt ihn der britische Dichter und Weltreisende Lord Byron. Bereits im jugendlichen Alter soll er durch Verrat der eigenen Leute das Wohlwollen des Sultans gewonnen haben, was ihm zunächst das *Paschalik*, also die ihm unterstellte osmanische Provinz, von Trikala in Thessalien und später auch von Janina einbrachte. In Janina fand er seinen Lebensmittelpunkt. Ali Pascha verfügte über eine große Zahl bewaffneter Kämpfer und beherrschte um 1810 Südalbanien, Epirus, Thessalien und das südwestliche Makedonien.

Dann allerdings paktierte er mit den Aufständischen der griechischen Unabhängigkeitsbewegung, wofür sich Sultan Mahmud II. rächte, indem er die Festung Ali Paschas über ein Jahr belagern ließ. Bei einem Treffen mit Abgesandten des Kriegsministers wurde er schließlich am 5. Februar 1822 ermordet. Nach seinem Tod trennte man den Kopf von seiner Leiche und sandte ihn nach Istanbul, um ihn dort für eine Weile zur Schau zu stellen, bevor er außerhalb der Stadt begraben wurde. Sein Körper wurde in Janina, dem heutigen griechischen Ioannina, von der Familie bestattet. Vor ein paar Jahren habe ich mir sein Grab dort angesehen.

Übrigens hat Sali Berisha als albanischer Regierungschef im Jahre 2013 von der Türkei die Rückgabe von Ali Paschas Kopf gefordert. Für den in griechischer Erde ruhenden Körper scheint er sich weniger interessiert zu haben. Dass nicht der Nordalbaner Mehmet Bushatliu, sondern der Südalbaner Ali Pascha so lange und intensiv im albanischen Geschichtsbewusstsein erhalten bleiben konnte, mag auch daran liegen, dass Tepelena nur 40 Kilometer entfernt von Gjirokastra liegt, der Geburtsstadt Enver Hoxhas.

1844 kam es in Nordalbanien, 1847 in Südalbanien zu lokalen Aufständen. Sie wurden zwar unterdrückt, stärkten jedoch aufkommende Bemühungen um eine nationale Identität; die Bewegung »Albanische Nationale Wiedergeburt« (*Rilindja Kombëtare Shqiptare*) nahm endlich Fahrt auf. Der Begriff »Wiedergeburt« ist umstritten, denn weder Nationalbewegung noch Nationalstaat hat es vor dem 19. Jahrhundert in Albanien gegeben.[23] Die *Rilindja* begann zunächst als Bewegung für kulturelle Selbstbestimmung, bevor sie später zu einer politischen Bewegung wurde. 1844 erschien die erste Fibel in albanischer Sprache, herausgegeben von Naum Veqilharxhi. Jeronim de Rade veröffentlichte erste Gedichtsammlungen in albanischer Sprache.

Im Vergleich zu den anderen Balkanvölkern hat die Besinnung auf eine kulturelle Identität bei den Albanern sehr spät eingesetzt, was wesentlich darauf zurückzuführen ist, dass die Landesteile während der osmanischen Herrschaft ganz verschiedene Erfahrungen machten und unterschiedliche Wertvorstellungen entwickelten. Im schwer zugänglichen Nordalbanien konnten die patriarchalisch geführten Stämme ihre Autonomie weitestgehend behaupten, während die Südalbaner in einer osmanisch geprägten Feudalgesellschaft lebten.

Nach der Niederlage im Russisch-Osmanischen Krieg 1877 und dem Frieden von San Stefano musste das Osmanische Reich die volle Unabhängigkeit Rumäniens, Serbiens und Montenegros anerkennen. Von einem Staat Albanien war noch keine Rede; Russland hatte die albanischen Gebiete einem neuen bulgarischen Staat zugeschlagen. Das Vorgehen des siegreichen Russlands rief allerdings die anderen Großmächte mit Ausnahme des Deutschen Reichs auf den Plan. Bismarck hatte 1876 vor dem Reichstag erklärt, er sehe auf dem ganzen Balkan für Deutschland kein Interesse, welches auch nur »die gesunden Knochen eines einzigen pommerschen Musketiers wert wäre«.[24] So fiel Deutschland die Vermittlerrolle zu. Ein Kongress in Berlin beendete die Balkankrise zunächst. Unter Teilnahme von Vertretern der europäischen Großmächte sowie des Osmanischen Reiches wurde eine neue Friedensordnung ausgehandelt. Die Völker, um die es eigentlich ging, hatten keine Stimme.

Der Berliner Vertrag revidierte den Vertrag von San Stefano; der Osten des albanischen Siedlungsgebietes blieb beim Osmanischen Reich, die anderen albanischen Gebiete gingen an Serbien und Montenegro. Die wenige Tage vor dem Berliner Kongress ins Leben gerufene »Liga von Prizren« hatte sich zunächst den Zusammenhalt aller albanischen Gebiete unter osmanischer Oberhoheit zum Ziel gesetzt. So wollte man sich gegenüber expansionistischen Bestrebungen der Nachbarn verteidigen. Das politische Programm der Liga, von Sami Frashëri geschrieben, sah schließlich doch eine Orientierung auf politische Selbstverwaltung bis hin zu staatlicher Unabhängigkeit vor. Im November 1908 entschieden sich die Albaner auf dem Kongress von Monastir für das lateinische Alphabet und wandten sich damit ebenso von osmanischen Traditionen ab wie von der wachsenden kulturellen Hegemonie der Slawen und Griechen; ein wichtiger Schritt hin zur nationalen Einheit.

Unabhängigkeit, Republik und Monarchie

Nach dem Ersten Balkankrieg, mit dem die türkische Herrschaft auf dem Balkan endgültig verloren war, proklamierte ein Nationalkongress am 28. November 1912 die Unabhängigkeit Albaniens. Als Ismail Qemali, Isa Boletini und Luigj Gurakuqi auf einem Balkon in Vlora die rote Flagge mit Skanderbegs Doppeladler hissten, waren sie guter Hoffnung, dass die europäischen Großmächte sie nun unterstützen würden. Aber weder war die Existenz eines unabhängigen albanischen Staates gesichert noch dessen Zuschnitt geklärt. Ende 1912 trat in London eine Botschafterkonferenz der Großmächte zusammen, um über die Neuordnung des Balkans zu verhandeln. Durch den Londoner Vertrag vom 30. Mai 1913 wurde nicht nur der Erste Balkankrieg beendet, sondern auch das Fürstentum Albanien völkerrechtlich anerkannt. Allerdings fielen albanische Siedlungsgebiete an Griechenland, Montenegro und Serbien. Im Ergebnis des darauffolgenden Zweiten Balkankrieges ging dann auch noch ein Teil Makedoniens, der ebenfalls albanische Siedlungsgebiete umfasste, an Serbien.

Durch die Grenzziehungen nach den Balkankriegen wurden die Albaner auf verschiedene Länder aufgeteilt, ohne selbst je die Chance gehabt zu haben, einen Nationalstaat in ihrem gesamten Siedlungsgebiet zu bilden. Zweifellos liegt hierin ein Ursprung des späteren Kosovo-Konflikts. Luigi Gurakuqi, einer der Kampfgefährten Ismail Qemalis, des ersten Ministerpräsidenten Albaniens, klagte: »Sie haben uns die Städte genommen und uns die Berge gelassen (…) so gleichen wir einem Körper ohne Kopf.«[25]

Doch damit nicht genug. Zwar hatten die Großmächte einem Fürstentum Albanien zugestimmt, behielten sich aber das Recht vor, den Fürsten selbst zu benennen. Die Wahl fiel auf einen deutschen Protestanten, der auch von Österreich-Ungarn favorisiert wurde. Am 7. März 1914 betrat Wilhelm Friedrich Heinrich Prinz zu Wied als Fürst Wilhelm I. von Albanien mit seiner Frau Sophie von Schönburg-Waldenburg albanischen Boden und ließ sich in Durrës nieder.

Seine Herrschaft währte allerdings nur sechs Monate und muss für alle Beteiligten (ihn selbst eingeschlossen) ziemlich deprimierend gewesen sein. Kadare hat dazu einen Roman mit dem Titel *Das verflixte Jahr* geschrieben, der vielleicht der Wahrheit nicht besonders nahekommt, aber schön zu lesen ist. Der Fürst, auf Berater angewiesen, vermochte es nicht, beim Volk und bei lokalen Führern Ansehen zu gewinnen; sein Innen- und Kriegsminister Essad Pascha Toptani strebte selbst nach dem Thron. Mit dem Ausbruch des Ersten Weltkrieges wurde die Lage noch auswegloser und Wilhelm zu Wied verließ Albanien am 3. September 1914 wieder.

Im Ersten Weltkrieg war Albanien formell neutral, allerdings zu verschiedenen Zeiten von verschiedenen Kriegsparteien besetzt, so folgten zum Beispiel 1918 in Korça die Griechen den Franzosen. Die Entente, ein informelles Bündnis zwischen dem Vereinigten Königreich, Frankreich und Russland, machte 1914/15 sowohl Italien als auch Griechenland Versprechungen auf Gebietsgewinne in Albanien, um sie zum Kriegseintritt gegen die Mittelmächte (Deutsches Reich, Österreich-Ungarn, später auch das Osmanische Reich und Bulgarien) zu bewegen. Außerdem versuchten rivalisierende Fürsten das Machtvakuum für sich auszunutzen. Essad Pascha Toptani wollte seine Macht in Mittelalbanien mit Hilfe einer Privatarmee festigen, konnte sich aber keine landesweite Anerkennung erwerben. Während der Pariser Friedenskonferenz, bei der Albanien lediglich durch eine offiziell nicht zugelassene Delegation vertreten war, wurde 1919 über die Aufteilung des Landes verhandelt. Um das zu verhindern, akzeptierte die Delegation unter Turhan Pascha Përmeti ein Protektorat Italiens. Von den Exilgemeinden in den Vereinigten Staaten und in Konstantinopel unterstützte Albaner versuchten jedoch eine Unterwerfung unter Italien zu verhindern und organisierten im Januar 1920 den Kongress von Lushnja. Dieser setzte die Regierung Turhan Paschas ab, wählte eine neue und verabschiedete eine provisorische Verfassung.

Italien zog sich zurück, und noch im selben Jahr wurde Albanien in den Völkerbund aufgenommen. Albanologen wie die Britin Miranda Vickers sind der Auffassung, der moderne albanische Staat würde ohne den Kongress von Lushnja heute in dieser Form nicht existieren, ihn allerdings als Geburtsstunde des albanischen Staates zu bezeichnen, sei übertrieben. Allerdings habe er wohl das Fürstentum Albanien gerettet, aus dem schließlich ein unabhängiger Staat hervorgegangen sei.[26]

Die nächste prägende Figur der albanischen Geschichte ist zweifellos Ahmet Zogu, der Albanien im Januar 1925 vom Parlament zur Republik nach amerikanischem Vorbild erklären ließ und sich 1928 zum König der Albaner (nicht von Albanien) ausrief. Die spätere Königin an seiner Seite entstammte einem verarmten ungarischen Adelsgeschlecht. Geraldine, die als eine der schönsten Adligen ihrer Zeit galt, soll im Kiosk des ungarischen Nationalmuseums in Budapest gearbeitet haben, als sie gefragt wurde, ob sie nicht Gemahlin des albanischen Königs werden wolle. Die Suche nach einer passenden Frau hatte sich schwierig gestaltet, da sie einerseits dem europäischen Hochadel angehören, andererseits nicht aus einem Land kommen sollte, das machtpolitische Interessen an Albanien hatte. Die Hochzeit fand im April 1938 statt. Der König regierte unter seinem Familiennamen, um durch den »orientalischen« Vornamen Ahmet kein falsches Signal zu setzen.

Ende der 1970er Jahre hatte ich als Studentin ein Praktikum im Archiv der Humboldt-Universität in Berlin zu absolvieren, als mir eine alte Ausgabe der *Berliner Illustrirte Zeitung* mit Fotos von Zogus Hochzeit in die Hände fiel. Darauf trug er eine weiße Fantasieuniform mit goldenen Knöpfen, eine Art Papacha auf dem Kopf und einen an den Enden nach oben gezwirbelten Oberlippenbart. Die Bildunterschrift lautete in etwa so: Kein Foto der letzten Operettenpremiere, sondern der Hochzeit von König Zogu … Allerdings war Zogu alles andere als ein Operettenheld. Sein innenpolitisches Machtgefüge baute er zielstrebig und skrupellos aus. Außenpolitisch hatte er sich bereits 1925 durch ein geheimes Militärabkommen mit Italien abgesichert. In den folgenden Jahren übernahm Italien durch die »Tirana-Pakte«[27] praktisch den Schutz des Landes nach außen. Zur italienischen Besetzung Albaniens bedurfte es dann nur noch eines kurzen Feldzugs vom 7. bis zum 12. April 1939; bereits am 16. April nahm der italienische König Viktor Emanuel III. die albanische Königskrone an. Zogu floh mit seiner Frau, dem am 5. April 1939 geborenen Thronfolger Leka und den Ministern zunächst nach Griechenland ins Exil. Nach Aufenthalten in Großbritannien und Ägypten starb er 1961 in Frankreich. Am 16. November 2012 wurden seine sterblichen Überreste schließlich nach Tirana überführt, wo er am 17. November 2012 in Anwesenheit von Adel und Politik zum zweiten Mal beigesetzt wurde.

Königin Geraldine kehrte nach 64 Jahren Exil am 28. Juni 2002 nach Albanien zurück. Schon am 22. Oktober des Jahres verstarb sie allerdings im Militärkrankenhaus von Tirana. In Albanien begann sich zu der Zeit ein Monarchie-Hype zu entwickeln, der weniger mit den historischen Erfahrungen zu tun hatte als mit dem Wunsch nach einer beständigen Ordnung, nach schönen Bildern und Harmonie. Die Beisetzung von Geraldine wurde so zu einem Medienereignis, und noch heute widmet ihr das Historische Museum im Zentrum von Tirana erstaunlich viel Platz. Übrigens geriet ich ganz zufällig in ihren Trauerzug, als ich wie jeden Sonnabend mit einem Blumenstrauß vom Markt kam.

Leka, der einzige Sohn von Zogu und Geraldine, war ein Waffennarr, der seine aus dem südafrikanischen Exil nach Albanien mitgebrachte Kollektion moderner Schnellfeuerwaffen zunächst aus praktischen Gründen als Kulturgut deklarieren wollte. Er versuchte, die Monarchie wieder einzuführen. In einem zeitgleich mit den Parlamentswahlen im Juli 1997 durchgeführten Referendum zur künftigen Staatsform Albaniens entschieden sich die Wähler allerdings für die Beibehaltung der Republik. Leka weigerte sich, dieses Ergebnis anzuerkennen, und fuhr bewaffnet und begleitet von Unterstützern vor dem Gebäude der Wahlkommission vor. Nach einem Schusswechsel mit der Polizei, bei dem eine Person getötet wurde, musste er Albanien fluchtartig verlassen. Er wurde in Abwesenheit von einem Gericht zu drei Jahren Gefängnis verurteilt; 2002 verfügte das Parlament eine Amnestie. Leka starb 2011 in Tirana. Seine aus dem Exil nach Albanien zurückgekehrte Familie, darunter der 1982 in Südafrika geborene Sohn Leka II., erhielt im Jahre 2006 auf Beschluss der albanischen Regierung unter Ministerpräsident Sali Berisha den ehemaligen königlichen Palast in Tirana zurück. Der Monarchie-Hype ist inzwischen auch in Albanien verflogen, eine treue Leserschaft verfolgt allerdings weiterhin aufmerksam, was die Presse über den jungen Leka und seine Familie zu berichten hat.

Onkel Enver – der »geliebte« Diktator

Im Zweiten Weltkrieg begann der Aufstieg eines Mannes, der für vier Jahrzehnte zum Führer, Diktator und Markenzeichen Albaniens werden sollte. Enver Hoxha stammte aus einer angesehenen Familie in Gjirokastra und konnte seine Ausbildung in Montpellier, Paris und Brüssel absolvieren. Während des Zweiten Weltkriegs schloss er sich einer kommunistischen Gruppe an und engagierte sich im Widerstand gegen die italienischen Besatzer. Nach dem deutschen Angriff auf Russland entsandte der kommunistische jugoslawische Partisanenführer Josip Broz Tito im Auftrag der Komintern[28] Miladin Popović und Dušan Mugoša, beide führende Köpfe der jugoslawischen kommunistischen Partei des Kosovo, nach Albanien, um die verschiedenen kommunistischen Gruppen des Landes auf Linie zu bringen. Am 8. November 1941 wurde die Kommunistische Partei Albaniens gegründet, die sich ab 1948 Partei der Arbeit Albaniens (im Deutschen abgekürzt PAA, im Albanischen PPSh für *Partia e Punës e Shqipërisë)* nannte. Hoxha war zunächst eines von sieben Mitgliedern des vorläufigen Zentralkomitees. Im März 1943 wählte ihn die erste Nationale Konferenz der Kommunistischen Partei offiziell zum Ersten Sekretär. Die Partei mit ihm an der Spitze wurde bald zur führenden Kraft in der Widerstandsbewegung gegen Italiener und (seit 1943) Deutsche.

Aus den Anfangsjahren von Hoxhas politischer Karriere blieben eigentlich nur zwei an seiner Seite, Mehmet Shehu und Hysni Kapo: viele Jahre die Nummern zwei und drei in der politischen Hierarchie. Für das politische Albanien jener Zeit nicht unbedingt typisch verstarb Hysni Kapo 1979 eines natürlichen Todes in einem Pariser Krankenhaus. Was Mehmet Shehus Tod im Jahre 1981 betraf, ist die Deutung komplizierter. Dazu später mehr.

Am 11. Januar 1946 rief die Verfassunggebende Versammlung in Tirana die Demokratische Volksrepublik Albanien aus; Hoxha wurde Ministerpräsident. Wirtschaftliche und politische Spannungen mit Jugoslawien und dessen Staatspräsidenten Josip Broz Tito, dem Pläne nachgesagt wurden, Albanien zur siebten Republik Jugoslawiens machen zu wollen, führten ab 1948 zu einem Bruch mit dem Nachbarland und einer engeren Anlehnung an Stalin, der seinerseits mit Tito gebrochen hatte. Stalins Tod, die Entstalinisierung in der Sowjetunion und die Wiederannäherung zwischen der Sowjetunion und Jugoslawien führten ab 1956 zu einer schweren Krise in den Beziehungen zur UdSSR und deren Verbündeten. Unter dem Eindruck des XX. Parteitages der KPdSU, wo Stalins Nachfolger Chruschtschow die Verbrechen seines Vorgängers enthüllt hatte, fand im April 1956 eine Konferenz der Parteiorganisation von Tirana statt. Eine Gruppe oppositioneller Delegierter forderte auch für Albanien Veränderungen in der Politik und demokratische Reformen ein. Auf persönliche Anweisung Hoxhas wurden 44 Delegierte beim Verlassen des Konferenzraumes verhaftet. Drei davon wurden kurz darauf erschossen.

Im Sommer 1959 reiste Chruschtschow an, um die Albaner in gewisser Weise zu disziplinieren. Er schlug vor, die extensive Industrialisierung, die die Albaner einforderten, fallenzulassen, und das Land angesichts der hervorragenden klimatischen Voraussetzungen stattdessen zum Gemüse- und Obstgarten des sozialistischen Lagers auszubauen. Damit verärgerte er die Gastgeber mächtig.

Die letzte Rede auf internationalem Parkett hielt Hoxha am 16. November 1960 in Moskau.[29] Ziemlich verbittert und in tiefer Überzeugung, von Feinden umzingelt das richtige zu tun, rechnete er mit den anwesenden Vertretern von 81 kommunistischen Parteien ab. Albanien fühle sich, wie er in seiner Rede sagte, von den internationalen Freunden alleingelassen und unverstanden. In jenem Jahr war das Land von Naturkatastrophen heimgesucht worden und hatte die Sowjetunion dringend um Hilfe ersucht, insbesondere um Getreidelieferungen. Im Jahre zuvor hatte Chruschtschow bei seinem Albanien-Besuch noch unter Hinweis auf den seiner Meinung nach übermäßigen Getreideanbau Albaniens erklärt, die Albaner sollten sich nicht um ihr Brot sorgen. »Was ihr in einem Jahr verbraucht, fressen bei uns die Mäuse.« Nun aber, mahnte Hoxha an, bliebe die so notwendige Hilfe aus. Seiner Ansicht nach sei das offener Druck auf die albanische kommunistische Partei, um diese dem Willen der sowjetischen Genossen zu unterwerfen.

Es ging Hoxha allerdings nicht nur um mangelnde materielle Unterstützung, sondern vor allem um die neue Politik der Sowjetunion unter Chruschtschow und die Abrechnung mit dem Stalinismus. Und nicht nur das. Im Zuge dieser neuen Politik war es bereits wieder zu einer Annäherung zwischen der Sowjetunion und Jugoslawien gekommen. »Je mehr sich die sowjetisch chinesischen Widersprüche verschärften, desto mehr lag Chruschtschow daran, sich in dieser Auseinandersetzung auf Verbündete stützen zu können. Seit 1959 richtete Moskau seine Angriffe immer weniger gegen den Revisionismus (Belgrad), sondern immer stärker gegen den Dogmatismus (Peking).[30] Hoxha sah Stalin nach wie vor positiv, und das sollte auch sein Volk tun. Außerdem blieb Tito für Hoxha immer der Intimfeind, der Bösewicht, Prahlhans und Blender, der Albanien in den Anfangsjahren nicht die erwartete wirtschaftliche Hilfe zukommen lassen hatte. Zurückgekehrt nach Albanien ließ Hoxha Moskau-treue Politiker und Intellektuelle verhaften.

Eine der Ersten, die es traf, war Liri Belishova. Diese hatte nach

Absender: ❐ Frau ❐ Herr

____

____

____

E-Mail: __________________________

Alter: ____ Beruf: ____________________

Ich wünsche mir folgende Informationen:

Gesamtverzeichnis Sachbuch

❐ Druckausgabe ❐ digital (E-Mail)

Verzeichnis der Wissenschaftstitel

❐ Druckausgabe ❐ digital (E-Mail)

❐ Über Veranstaltungen und Neuigkeiten des Verlages möchte ich per E-Mail informiert werden.

Selbstverständlich behandeln wir alle Ihre Angaben vertraulich und nutzen sie ausschließlich für unsere interne Statistik.

08/16

Bitte ausreichend frankieren

Antwort

Ch. Links Verlag
Schönhauser Allee 36
KulturBrauerei / Haus 2

D-10435 Berlin

dem Krieg zu den wenigen Frauen in der engeren Parteiführung gehört und war derzeit auch als Mitglied der albanischen Delegation zum Staatsbegräbnis von Stalin nach Moskau gereist. Auf die Umstände ihrer Verhaftung und ihr weiteres Schicksal werde ich zurückkommen, wenn es um Enver Hoxhas Frau Nexhmije gehen wird.[31]

1961 kam es zum endgültigen Bruch. Die Sowjetunion setzte die diplomatischen Beziehungen aus, zog ihre Spezialisten ab und blockierte sämtliche Lieferungen und Zahlungen. Außerdem wollte sie ihre U-Boot-Flotte vom strategisch wichtigen Stützpunkt in der südalbanischen Bucht Pashaliman in der Nähe von Vlora abziehen. Vier der zwölf U-Boote – die von der NATO der sogenannten Whiskey-Klasse zugeordnet wurden – eignete sich Hoxha jedoch an, da sie mit albanischen Besatzungen gefahren und daher nach seiner Auffassung albanisches Eigentum waren. Diese Boote wurden zunächst mit chinesischer Hilfe weiterbetrieben. Als auch die ab den späten 1960er Jahren ausblieb, wurden sie nach und nach stillgelegt und sollen inzwischen als Alteisen verkauft und entsorgt worden sein. In der Folge des Bruchs Albaniens mit der Sowjetunion und den mit ihr verbündeten osteuropäischen Staaten trat Albanien als einziges Land des ehemals sozialistischen Lagers aus dem Warschauer Pakt aus, ein von 1955 bis 1991 bestehender militärischer Beistandspakt unter der Führung der Sowjetunion.

Probleme in den Beziehungen der Volksrepublik Albanien zu ihren Bruderländern hatten sich schon wenige Jahre nach dem Ende des Zweiten Weltkriegs angekündigt, besonders wegen des starken und nachdrücklich geäußerten Bedarfs Albaniens an unentgeltlicher Wirtschaftshilfe. Ohne Zweifel hat es Wirtschaftshilfe in großem Umfang gegeben, unentgeltlich oder zu besonders günstigen Konditionen. So wurde das Stahlkombinat Elbasan mit großer Unterstützung der Sowjetunion errichtet, und das Superphosphatwerk in Laç entstand mit tschechischer Technik und Technologie. In der Phase bis 1960/61 gewährte auch die DDR Entwicklungshilfe über Regierungsabkommen, zum Beispiel zur geologischen Erkundung, zur Entwicklung des Kartoffelanbaus (Frühkartoffel-Kredit) unter Nutzung einer Sorte, die auf Grund der klimatischen Bedingungen auf den Hochebenen sehr resistent war. Die DDR errichtete unter anderem eine Brauerei in Tirana sowie ein Fischkombinat, auch mit großen eigenen Erwartungen, die dann nicht in Erfüllung gingen, weil es in der Adria plötzlich keine Sardinen mehr gab.

Nach dem Bruch mit der Sowjetunion setzte auch für die mit ihr verbündeten osteuropäischen Staaten eine neue Etappe der Beziehungen zu Albanien ein. Die DDR entsprach mit dem Abzug des Botschafters und der Einschränkung der Zusammenarbeit einschließlich der Aufkündigung der Kredithilfen der sowjetischen Linie und beteiligte sich zunächst an der ideologischen Polemik. Ab Mitte der 1960er Jahre verzichtete die DDR allerdings mehr und mehr auf öffentliche Angriffe. Die gegenseitigen und im Grunde erfolglosen Protestnoten hatten etwas Tragikomisches. Diplomatische Arbeit reduzierte sich über lange Zeit auf Nachforschungen, ob es in öffentlichen Reden oder in Schautafeln und Propagandamaterial namentliche Angriffe gegen führende Politiker der anderen Seite gab.

Zum 1. Mai gab es jedes Jahr eine große organisierte Demonstration mit Vorbeimarsch an der Staats- und Parteiführung auf dem großen Boulevard im Zentrum Tiranas. Mitte der 1980er Jahre standen Axel und ich auch ein paar Mal auf der für die Diplomaten reservierten Nebentribüne. An uns vorbei zogen die Werktätigen, Soldaten und Soldatinnen (mit einer kleinen roten Schleife am Käppi), Sportler und Trachtengruppen, Studenten und Junge Pioniere. Dazu wurden Transparente mit Losungen auf die Partei und natürlich auf Hoxha hochgehalten, der dazu huldvoll der Menge zuwinkte. Bezeichnenderweise wurden die Losungen, die mit den »Imperialisten und Revisionisten« abrechnen sollten – und zu dieser Gruppe zählte Hoxha die Osteuropäischen Staaten –, immer erst am Ende des Demonstrationszuges gezeigt. Es war bekannt, dass die Diplomaten dieser Länder zu diesem Zeitpunkt die Tribüne verließen.

Außenpolitisch lehnte sich Albanien nach der Abwendung von der Sowjetunion an die Volksrepublik China an. Auch für die Innenpolitik hatte diese neue Partnerschaft Folgen, gehörte doch das an die Kulturrevolution angelehnte Religionsverbot – von dem noch ausführlich die Rede sein wird – zum Maoismus albanischer Prägung. 17 Jahre hielt die chinesisch-albanische Freundschaft an und brachte Albanien enorme wirtschaftliche Hilfe. Es entstanden Wasserkraftwerke und Fabriken mit chinesischer Unterstützung. Außer 1,8 Millionen Tonnen Getreide wurden circa eine Million Tonnen Stahl sowie 10 000 Traktoren von China nach Albanien gebracht. Darüber hinaus gab es einen regen Austausch zwischen Studenten, die im jeweils anderen Land studieren durften. Enver Hoxha erwies sich jedoch auch dem politischen China gegenüber als unerbittlicher Gegner jeglicher pragmatischer Reformbemühungen. So stellte der neue Kurs von Deng Xiaoping und dessen Annäherung an die USA für Hoxha einen Treuebruch dar. Angesichts der Veränderungen der chinesischen Politik schränkte Hoxha 1978 auch diese Beziehungen ein und betrieb schließlich bis zu seinem Tode 1985 eine Außenpolitik der nahezu völligen Isolation. Der »Leuchtturm des Sozialismus auf dem Balkan«, zu dem Hoxha Albanien machen wollte, schien ganz allein im Dunkeln.

Im Unterschied zur Außenpolitik blieb die Innenpolitik unter Hoxha Außenstehenden weitgehend verborgen. Vom vollen Ausmaß der Verfolgung Andersdenkender erfuhr die Öffentlichkeit erst ein halbes Jahrzehnt nach seinem Tod. Wie viele Menschen Hoxhas Diktatur in Gefängnissen, Arbeitslagern oder überhaupt nicht überlebten, ist nicht genau bekannt. Albanische Schätzungen gehen von bis zu 6000 Hinrichtungen und 17 000 Inhaftierungen aus. Ein Unrechtsbewusstsein hat sich bei den wenigen noch lebenden politisch Verantwortlichen bis heute nicht entwickelt. Hoxhas Witwe Nexhmije hat 2004 in einem *Spiegel*-Interview gesagt: »Wir töteten nur, wenn es notwendig war.«[32]

Seit 2017 gibt es im Zentrum von Tirana ein Museum mit dem Namen »Haus der Blätter«. Die zurückgesetzte und hinter hohen Bäumen fast verborgene Villa beherbergte einst Teile des albanischen Geheimdienstes *Sigurimi,* der Staatssicherheit. Sinnigerweise war in dem Haus während der deutschen Besetzung Albaniens im Zweiten Weltkrieg (1943–1944) die Gestapo untergebracht. Bis 1991 wurde es als Abhörzentrale genutzt. Inzwischen gehört das »Haus der Blätter« zu den Sehenswürdigkeiten, die jedem Touristen empfohlen werden. Ungefähr die Hälfte der jährlich 10 000 Besucher kommt aus dem Ausland. Akribisch aufgeschriebene Protokolle mit aneinandergereihten Banalitäten sind ebenso ausgestellt wie die antiquierte Abhörtechnik und Fotolabore. Außerdem sind Baupläne der Häuser, in denen Ausländer wohnten, und Grundrisse einzelner Wohnungen zu besichtigen. Auch jener, in der ich mit meiner Familie drei Jahre lang gewohnt habe.

»Die Staatssicherheit ist die scharfe und geliebte Waffe unserer Partei, weil sie die Interessen des Volkes und unseres sozialistischen Staates gegen innere und äußere Feinde schützt.« Dieser Ausspruch Enver Hoxhas untertitelt ein damals bekanntes Plakat. Entgegen der eigenen Propaganda diente die *Sigurimi* jedoch vor allem der Kontrolle der eigenen Bevölkerung, die Auslandsspionage spielte dagegen wohl nur eine geringe Rolle. Man liest öfter, dass kein osteuropäisches Land bezogen auf seine Bevölkerung eine derart große Geheimpolizei unterhalten habe wie Albanien. Die *Sigurimi* hatte nicht nur eigene Gefängnisse, sondern auch berüchtigte Internierungs- und Arbeitslager, über die in den letzten Jahren erschreckende Einzelheiten an die Öffentlichkeit gedrungen sind.

Nach der Machtübernahme Enver Hoxhas wurde die *Sigurimi* zuerst gegen Angehörige der alten Eliten eingesetzt. Vorkriegspolitiker, Intellektuelle und Geistliche der verschiedenen Religionsgemeinschaften wurden verhaftet, gefoltert und mit oder ohne Schauprozess zu langjährigen Haftstrafen verurteilt oder gar exekutiert. Später konzentrierte man sich – ganz auf der Linie Hoxhas, wonach Albanien von Feinden umzingelt sei – vor allem auf die Ausschaltung von angeblichen jugoslawischen Spionen oder Agenten des KGB. Tausende gerieten ins Visier der *Sigurimi*, darunter viele Kommunisten, Sozialdemokraten, ehemalige Partisanen und Aktivisten des Aufbaus nach dem Krieg.

Erst am 30. April 2015 nahm das albanische Parlament ein »Gesetz zur Öffnung der Akten des Geheimdienstes für alle Bürger des Landes« an. Auf dessen Grundlage wurde im darauffolgenden Jahr die »Behörde zur Information über die Dokumente der früheren Staatssicherheit« gegründet. Deren Direktorin Gentiana Sula zufolge wurden in den insgesamt 55 Jahren des Bestehens der *Sigurimi* 212 000 Akten mit 30 Millionen Seiten und 250 000 Tondokumente angelegt.

Ich traf Gentiana Sula im Frühjahr 2018 am Ende eines Arbeitstages. Sie sank ziemlich erschöpft in ihren Sessel. Ihr Büro auf dem Gelände der *Garda e Republikes*, dem Wachbataillon, würde sie gern bald räumen. Aber der Umzug an den neuen Sitz der Behörde auf dem Gelände des Verteidigungsministeriums wird sich noch hinziehen, denn nötige Umbauten sind noch nicht abgeschlossen. Für das Gesetz und die Behörde, die es implementieren soll, hat sie intensiv gekämpft, als sie noch Stellvertretende Ministerin für Jugend und Soziales war. Bereits zu der Zeit hat sie sich für die Anerkennung von ehemaligen politischen Häftlingen und Entschädigungszahlungen an deren Familien eingesetzt, an einer Strategie für das Auffinden während der Diktatur vermisster Personen und am Entwurf des Gesetzes mitgearbeitet, das sie nun mit ihrem noch kleinen Team umsetzen will. Wie es scheint, hat sie gerade an mehreren Fronten gleichzeitig zu kämpfen: Es fehlt an der nötigen finanziellen und technischen Ausstattung und an manchem mehr.

Obwohl die Behörde bis jetzt zu improvisieren scheint, soll der Bürgerservice schon funktionieren. Ein besonders großes Interesse gibt es bei Nachfahren politisch Verfolgter in der zweiten und dritten Generation, die im Ausland leben und oft auch außerhalb Albaniens aufgewachsen sind und sich ein klares Bild von ihrer Herkunft machen wollen. Die Direktorin organisierte gerade mit finanzieller Unterstützung des Bürgermeisters von

Tirana zum 27. Jahrestag des Sturzes des Hoxha-Monuments eine Kunstaktion mit dem Titel »Selbst die Wände haben Ohren«.

Die Zivilgesellschaft sieht diese Arbeit allerdings ziemlich kritisch. Von einer NGO höre ich, die neue Agentur solle lieber dem deutschem Modell folgen und eine Persönlichkeit an der Spitze haben, die durch eigenes Schicksal mit der Institution verbunden sei und eine Art Leitfigur darstellen könne. Für viele ist Gentiana Sula eine solche Leitfigur offensichtlich nicht, auch wenn sie aus einer regimekritischen Familie stammt, wie sie selbst einmal in einem Interview sagte. Außerdem bestehe bis jetzt kein wirklicher Kontrollmechanismus durch das Parlament über die Arbeit der Agentur. Die Freunde und Bekannten, die ich frage, ob sie schon ihre Akte angefordert hätten, zweifeln zum großen Teil am Sinn der neuen Behörde. Schließlich liege das alles so lange zurück. Ein Freund meint, die VIPs unter den politischen Gefangenen hätten ihre Akten doch längst. Und inzwischen hätten die Verantwortlichen genügend Zeit gehabt, die Archive zu »bereinigen«, sodass man nichts finden werde, was man nicht schon lange wisse. Und eben kein politisches Schwergewicht an die Spitze der Agentur gestellt zu haben, könne auch ein Zeichen sein: Man tut etwas für die Aufarbeitung der Geschichte, aber um Schuld und Verantwortung geht es nicht.

Axel und ich haben ebenfalls Akteneinsicht beantragt. Wir wollen sehen, ob und wie das neue System funktioniert. Die Identität der Spitzel interessiert uns nicht. Unsere Anträge sind unter den laufenden Nummern 413 und 414 registriert. Bedenkt man die Vielzahl der Opfer, sind es nicht viele, die bis jetzt ihre oder die Akten ihrer Angehörigen angefordert haben.[33]

Auch die sogenannte Nomenklatura, die Führungselite, lebte zu Zeiten Hoxhas gefährlich. Seit vielen Jahren sammle ich Fotobände, die damals in Albanien zu Jubiläen der Partei oder des Staates herausgegeben worden sind. Da die Fototechnik in Albanien zu der Zeit noch nicht so entwickelt war wie heute, sieht man nachträgliche Veränderungen an den Fotos sehr gut. Interessant ist, praktisch identische Fotos in den Bänden verschiedener

Jahre zu vergleichen. Wer immer in der Zwischenzeit in Ungnade gefallen war, wurde rigoros wegretuschiert. So sieht man dann neben Enver Hoxha auf einem Foto plötzlich eine Säule, wo vorher Mehmet Shehu gestanden hatte, der viele Jahre engster Vertrauter Hoxhas gewesen war. Zehn Minister sollen unter Hoxha zum Tode verurteilt und 20 Generäle der albanischen Armee hingerichtet worden sein.[34] Es soll übrigens kein historisches Foto geben, das Hoxha und Stalin nebeneinander zeigt. Aber auch hier waren Hoxhas Fotokünstler kreativ, wie man in diversen Prachtbänden sehen kann. Zu Lebzeiten Hoxhas prangten ganz in der Tradition des Stalinismus große Losungen auf die Partei und auf ihn selbst an den Wänden öffentlicher Gebäude, auf Hausdächern – und auch in den Bergen. An einer Felswand bei Berat war der Schriftzug ENVER mit Buchstabengrößen von je 150 mal 50 Metern in den Fels geschlagen und widerstand lange allen Versuchen, ihn zu entfernen. Erst im Jahre 2012 wurde er von der Filmkünstlerinitiative *Debatik Center* unter Leitung von Armando Lulaj so umgestaltet, dass daraus NEVER wurde.

Wie unter Stalin gab es auch bei Hoxha Sippenhaft für die Angehörigen Andersdenkender oder vermeintlicher Konkurrenten. Das zeigt der Fall Mehmet Shehus und seiner Familie. Shehu selbst starb als amtierender Ministerpräsident in der Nacht zum 18. Dezember 1981. Offiziell hat er sich das Leben genommen, ob das jedoch der Wahrheit entspricht, ist bis heute umstritten.

Ob Shehu den Isolationskurs Hoxhas nicht weiter mittragen wollte, ob er nach Ansprechpartnern eventuell auch im Westen gesucht hat, darüber lassen sich nur Vermutungen anstellen. Anfang der 1980er Jahre war Hoxha ein sichtlich gebrechlicher alter Mann geworden. Hatte Shehu wirklich die Absicht, wie zum Beispiel in Hoxhas Buch *Die Titoisten* nachzulesen, ihn auf einer Politbürositzung zu erschießen? Das scheint wenig glaubhaft. Warum sollte er dann von seinem Plan abgewichen sein und sich selbst das Leben genommen haben? Das hätte er auch tun können, nachdem er Hoxha liquidiert hätte.

Der Auslöser für Shehus (angeblichen) Selbstmord mag heute

banal erscheinen, ging es doch nicht um Krankheit, Krieg oder Tod, sondern um die geplante Heirat seines Sohnes Skënder mit einer jungen Frau, die einen für die Hoxhas offenbar unakzeptablen Makel aufwies. Nicht sie selber, nicht ihre Eltern, sondern der Bruder ihrer Mutter war das Verhängnis – Arshi Pipa hatte zu einer Gruppe junger Akademiker gehört, die bereits kurz nach dem Krieg mit der neuen Macht in Albanien in Konflikt geraten war. Von 1946 bis 1956 war Pipa politischer Häftling, floh 1957 zunächst nach Jugoslawien, ließ sich später in den USA nieder und arbeitete als Universitätsprofessor für Philosophie sowie italienische und französische Literatur.

Die Diskussionen über die geplante Verbindung der Shehu-Familie mit der Familie eines Dissidenten wurden auf der politisch höchsten Ebene – im Politbüro – geführt, wobei »Diskussion« sicher nicht der zutreffende Begriff ist. Sie fanden ein schlagartiges Ende, als die Auflösung der Verlobung bekanntgegeben worden war. Über das, was dann passierte und wer die Verantwortung wofür trug, gab es viele Geschichten; vielleicht war die Wahrheit darunter. Vor ein paar Jahren hat sich auch Albaniens großer Romancier Ismail Kadare mit der inzwischen alten Geschichte befasst und einen Roman mit dem Titel *Der Nachfolger* geschrieben. Und zur Verlobung und ihrer Aufkündigung heißt es da: »Man hatte also doch eingesehen, wie falsch sie gewesen war. Das reinste Gift. Nein, noch viel heimtückischer als Gift. Ein Krebsgeschwür, todbringend für Albanien. Eine Abschwächung des Klassenkampfes. Eine Verhöhnung von allem, was dem Land vierzig Jahre lang heilig gewesen war. Seine Widerstandskraft beruhte schließlich auf dem Prinzip: Mehr Härte, immer, Milde niemals! Das war der Schlüssel zu allen Erfolgen.«[35]

Wochen nach dem Tod des Vaters wurden Skënder und seine Mutter verhaftet. Fünf Monate nach dem Tod des Vaters beging der ältere Bruder Vladimir Suizid, weil er den permanenten Verhören des Geheimdienstes seelisch nicht mehr gewachsen war. Vorher hatte er versucht, sich vom Vater und der Mutter zu distanzieren, und einen Brief an den »lieben Genossen Enver« geschrieben.[36] Sechs Monate nach dem Tod des Vaters kam der jüngere Bruder Bashkim in Haft. Mehr Familienmitglieder gab es nicht. Etwa ein Jahr nach Shehus Tod wurden zahlreiche Partei- und Staatsfunktionäre verhaftet und 1983 in geheimen Prozessen verurteilt, darunter Verteidigungsminister Kadri Hazbiu, der vorher lange Zeit Innenminister und Geheimdienstchef gewesen war, der nicht mit Mehmet Shehu verwandte Innenminister Feçor Shehu, der zuvor lange in Führungspositionen der *Sigurimi* gearbeitet hatte, zuletzt als Leiter, weitere hohe Geheimdienstfunktionäre, Außenminister Nesti Nase und der Minister für Gesundheitswesen Llambi Ziçishti. Alle sollen unter Shehus Leitung im Auftrag der CIA, des jugoslawischen Geheimdienstes UDB und des KGB einen Staatsstreich und die Liquidierung Hoxhas vorbereitet haben.

Skënder wurde zu 15 Jahren Gefängnis verurteilt, seine Mutter und der Außenminister erhielten 25 Jahre, der Gesundheitsminister wurde erschossen. Bashkim verurteilte das Gericht in einem gesonderten Prozess zu zehn Jahren Haft

Die albanische Öffentlichkeit nahm keinen großen Anteil am Schicksal der Shehus. Mehmet Shehu selbst war zu lange im inneren Machtzirkel gewesen und nicht für Milde gegenüber politisch Andersdenkenden bekannt. Und auch seine Söhne hatten ein von der albanischen Wirklichkeit abgehobenes Leben geführt, sodass nun bei der Bevölkerung kein Mitleid mit ihrem Schicksal aufkam. Bashkim Shehu, der heute einer der bedeutendsten zeitgenössischen albanisch-sprachigen Publizisten ist, wurde einmal gefragt, wie es denn in Albanien weitergegangen wäre, hätte sein Vater Mehmet Shehu Hoxha damals wirklich entmachtet. Seine ehrliche Antwort war: »Im Wesentlichen wäre es dasselbe geblieben.«[37]

Was ausländischen Beobachtern während der Hoxha-Ära auffiel, war der Versuch einer Art Gehirnwäsche und ideologischen Gleichschaltung der gesamten Bevölkerung. Eine albanische Freundin erzählte mir Jahre später folgende Geschichte: Als sie etwa fünf Jahre alt war, saß sie einmal bei ihrer Mutter auf dem

Schoß und wurde von ihr gefragt, wen sie denn am liebsten habe. Die Kleine antwortete: »Enver Hoxha.« Die Mutter fragte weiter in der Hoffnung, sie komme wenigstens an nächster Stelle, doch das kleine Mädchen zählte stattdessen die Namen aller Mitglieder des Politbüros auf. Diese Geschichte hat die Mutter lange für sich behalten und der Tochter erst nach dem Tod Hoxhas erzählt. Sie wollte die Kleine damals nicht in einen Gewissenskonflikt bringen. Ich selbst erinnere mich an Festveranstaltungen, die im Fernsehen übertragen wurden und wo kleine Kinder in Kindergartenuniformen, die Mädchen mit großen Schleifen im Haar, mit kreischenden Stimmen im Sprechgesang laut riefen: *»Xhaxhi Enver, jemi gati kurdohere«* (Onkel Enver, wir sind jederzeit bereit).

Am 11. April 1985 starb Hoxha nicht unerwartet. Menschen nahmen weinend und tief betroffen Abschied; das Fernsehen berichtete tagelang. Die Inszenierung war der nach Stalins Tod ähnlich. Nach Hoxhas Tod übernahm sein Kronprinz Ramiz Alia die Macht. Eine wirkliche Wende in der Politik war von ihm nicht zu erwarten. Vermutlich hatte er einen der undankbarsten Posten, als die Wende in Osteuropa begann. Dass er versuchte, Albanien vom Stigma des letzten stalinistischen Bollwerks in Europa zu befreien, geschah weniger aus Einsicht denn aus Machtkalkül. Der *Guardian* schrieb damals zwar, er sei der Architekt der albanischen Perestroika. Aber schnell wurde allgemein klar, dass Alia ein paar Dimensionen kleiner dachte. Die Demokratisierung des Landes, auf die das Volk so lange gewartet hatte, vollzog sich in homöopathischen Dosen.

Auf dem 9. Parteitag der PAA hielt Alia am 3. November 1986 eine Rede ganz in der Diktion seines Lehrmeisters. Er beschwor die »monolithische Einheit von Partei und Volk« und rühmte die großen Erfolge der vergangenen fünf Jahre. Einen neuen Stil konnte man nur bei sehr aufmerksamem Lesen der Rede entdecken, die gedruckt mehr als 200 Seiten umfasste. Wer den frischen Wind, oder besser: das Lüftchen, spürte, wird entweder enttäuscht gewesen sein oder beruhigt, denn nach Reform oder gar Revolution klang das nicht.

Das Institut für Marxistisch-Leninistische Studien, dessen Direktorin noch immer Envers Witwe Nexhmije war, gab die Rede als Buch heraus, in rotes Kunstleder gebunden, goldene Buchstaben auf dem Umschlag und ein eingeklebtes Farbfoto von Alia auf der ersten Seite – genauso, wie es bei Hoxha immer gewesen war. Das Buch erschien in einer Auflage von 150 000 Exemplaren; das waren mehr als die Partei Mitglieder hatte. Außerdem war die Rede ja schon in den Tageszeitungen gewesen, von Fernsehen und Rundfunk nicht zu reden. Das Land wurde förmlich zugeschüttet mit der Parteipropaganda von den großen Erfolgen und den noch größeren Zielen. Die PAA hatte sich Lichtjahre von der Realität im Lande entfernt. Als am Abend des 2. Juli 1990 Hunderte vorwiegend junge Albaner die Mauern einiger in Tirana akkreditierten Botschaften überwanden und eine für albanische Verhältnisse riesige Fluchtwelle ihren Anfang nahm, war klar, dass der »sozialistische Leuchtturm« sein Licht ausgeknipst hatte.

Nachdem Alia von seinen Parteiämtern zurückgetreten war, wurde er am 30. April 1991 zum Staatspräsidenten gewählt. Nur ein Jahr später gewann die Opposition die vorgezogenen Neuwahlen. Freiwillig trat Alia von seinem Amt am 3. April 1992 zurück und verabschiedete sich aus dem politischen Leben. Sein Nachfolger wurde Sali Berisha. Alia starb im Oktober 2011 in Tirana.

Gibt es den kritischen Blick zurück?

Manchmal höre ich nach langen Gesprächen über die Schwierigkeiten des Alltags von albanischen Freunden und Bekannten den Satz: Früher war alles besser. Das ist schwer nachzuvollziehen, wenn man an die schwierigen Lebensbedingungen zu Zeiten der Hoxha-Diktatur denkt. Eine gute Freundin, Anfang 40, sagte mir kürzlich, früher habe man sein kleines Glück haben können, wenn man sich anpasste. Und was letztendlich doch am allerwichtigsten sei – die Familien seien zusammengeblieben. Heute müsse jeder ums Überleben kämpfen. In ihrer Familie habe sich der eine Bruder nach Depressionen umgebracht, der andere sei seit Jahren in Westeuropa unterwegs auf der Suche nach einem schöneren Leben. Und sie selbst habe nie genügend Zeit für ihre Kinder. Glück ist relativ. Das macht wohl den Blick auf die Vergangenheit milder.

Eine von der OSZE finanzierte Studie kam 2016 zu dem Ergebnis, dass ein großer Anteil der Befragten die kommunistische Vergangenheit Albaniens generell als kein großes Problem sehe im Vergleich zu den gegenwärtigen Problemen des Landes wie verfehlte Wirtschaftsplanung, Korruption und schlechte Staatsführung. Viele der Befragten meinten, das Leben unter dem alten Regime habe auch gute Aspekte gehabt, wie Sicherheit, Bildung und Beschäftigung. Kritisiert wurden jedoch einhellig der Mangel an Reisefreiheit und die Einschränkung der Menschenrechte in der Vergangenheit. Nahezu die Hälfte der Befragten gab an, der Kommunismus sei eigentlich eine gute Idee gewesen, jedoch schlecht umgesetzt worden. Auch Enver Hoxhas Rolle in der Geschichte sieht zumindest die Hälfte der Befragten inzwischen als eher positiv.[38]

Wie kann das sein? Seit dem Sturz der Diktatur und dem Ende der *Sigurimi* sind viele Jahre vergangen, aber die Aufarbeitung dieses Teils der eigenen Geschichte hat man nur sehr, sehr zögerlich in Angriff genommen. Es gab in Albanien keine Bürgerrechtsbewegung, die das gefordert hätte, und der Verband der Opfer politischer Gewalt hatte in den politischen Parteien nie viele Unterstützer. Ein radikaler Wechsel der politischen Elite hat niemals stattgefunden. Man kann davon ausgehen, dass auch heute noch viele aktive Politiker kein gesteigertes Interesse an einer Offenlegung der alten Geschichten haben. So gehört zum Beispiel der jetzige Parlamentspräsident Gramoz Ruçi bereits seit 1978 zur politischen Nomenklatura Albaniens; 1990 war er Innenminister. Er könnte sicher einiges zur Aufarbeitung der Geschichte beitragen.

Zumindest aber gibt es inzwischen eine öffentliche Diskussion über die Straf- und Arbeitslager. Initiativen haben sich gegründet, um einige von ihnen als Stätten der Erinnerung und als Museen zu erhalten. Außer guten Willen zu zeigen, hat der albanische Staat bis jetzt jedoch nicht viel dafür getan. Und auch für die ehemaligen politischen Gefangenen scheint sich niemand wirklich zu interessieren. Hier ein Beispiel: Im Dezember 2014 verabschiedete die albanische Regierung ein Gesetz, das für Bergarbeiter die Renten erhöhte und das Renteneintrittsalter auf 55 Jahre senkte, wenn sie mindestens zwölfeinhalb Jahre im Bergbau gearbeitet hatten. Fadil Daja, Ali Leka und Agim Hakcani, die als politische Gefangene im Bergwerk von Spaç ausgebeutet worden waren, erfüllten diese Anforderungen. Um ihre Rente beantragen zu können, erbaten sie von der Generaldirektion für Gefängnisse eine Bestätigung ihrer Arbeitsjahre und erfuhren zu ihrer Überraschung, dass keine entsprechenden Daten vorlägen. Nach drei langen Jahren des Kampfes einer inzwischen gegründeten Interessensgemeinschaft änderte die Regierung das entsprechende Gesetz im März 2018. Seitdem werden ehemaligen Gefangenen für jedes Jahr Zwangsarbeit in Spaç zwei Jahre für die Rente angerechnet. Aber viel kommt dabei am Ende auch nicht heraus, und nach Medieninformationen werden lediglich noch 264 ehemalige Häftlinge überhaupt davon profitieren können.

Einer der wenigen ehemaligen politischen Häftlinge, denen später eine politische Karriere gelang, war Pjeter Abnori, der »albanische Mandela«. Nach 28 Jahren Gefängnis kam er im August 1989 frei und wurde zum Mitbegründer der Demokratischen Partei. Von 1992 bis 1997 war er Parlamentspräsident. Im Jahre 1991 besuchte er in seiner Funktion als Stellvertretender Vorsitzender des Parlamentsausschusses für Menschenrechte die inhaftierte Nexhmije Hoxha und setzte sich dafür ein, dass sie Besuche ihrer Kinder empfangen konnte. Er selbst hatte Jahre in Isolationshaft zugebracht.[39]

Eine, die sich schon lange mit der jüngeren Geschichte Albaniens befasst und mit ihrer NGO »Institut für Demokratie, Medien und Kultur« einen wichtigen Beitrag zur Geschichtsaufarbeitung leistet, ist Dr. Jonila Godole. Über ihrem Schreibtisch hängen Fotos von Merkel und Thatcher. Eine kluge, selbstbewusste, attraktive, nicht mehr ganz junge Frau, die sich anscheinend am besten selbst vermarktet. Das muss wohl so sein, denn auch in der heutigen albanischen Gesellschaft müssen die Frauen in allem einen Tick besser als die Männer sein, um sich durchzusetzen. Godole macht auf mich den Eindruck, dass sie das kann. Sie ist auch im Vorstand des Instituts zur Aufarbeitung der Verbrechen der Diktatur. Ihre eigene NGO bemüht sich intensiv darum, Schüler und Jugendliche an die Aufarbeitung der Geschichte heranzuführen. Im April 2018 war sie mit Schülern – Preisträgern eines Wettbewerbs zur Aufarbeitung der Geschichte Albaniens – in Berlin. Ihr neuestes Projekt, finanziert durch die Konrad Adenauer Stiftung, heißt »Albanisches Observatorium für Erinnerungen« und ist eine Online-Plattform, die das kollektive Gedächtnis der Albaner am Leben erhalten will.

Traum und Albtraum – Groß-Albanien

Identität(en)

Die Frage der Identität(en) spielt bekanntlich in der jüngsten Geschichte des Balkans eine große Rolle. Für Albanien stellt sie sich allerdings anders als für die Nachfolgestaaten Jugoslawiens, bei denen eine Rückbesinnung auf die eigene Religion und Sprache zum Zwecke der Abgrenzung von den ehemaligen Brudervölkern innerhalb der damaligen Föderation mitunter geradezu bizarre Formen annimmt. Bei den Albanern hat das nie ganz überwundene Trauma der Bedrohung von außen und der Verhinderung eines einheitlichen albanischen Nationalstaates zu Identitätsproblemen geführt, die immer noch aktuell sind. Identität hat ja immer einen historischen und einen aktuellen Bezug. Im Falle Albaniens hat dies zu tun mit der komplizierten Geschichte zwischen rivalisierenden Großmächten und auch den oft nicht weniger komplizierten Lebensumständen der Menschen in den schwer zugänglichen Bergen Nordalbaniens. Die Identität entwickelte sich gerade deshalb, weil es weder den Nationalstaat noch die Nationalkirche gab. Dabei ist der nicht genau ins Deutsche übersetzbare Begriff *Besa* wichtig, der im Albanischen für Ehre, Waffenstillstand, Allianz, Sicherheitsgarantie, Schwur, Loyalität, Treue und noch einiges mehr steht. Was die aktuelle Komponente der Identität angeht, werden Albaner, wo auch immer in der Welt sie sich inzwischen niedergelassen haben, sagen, sie seien stolz darauf, Albaner zu sein. Sogar ihre Kinder werden das noch sagen, selbst wenn sie in Wuppertal oder London geboren sind. Albanische Wurzeln zu haben bedeutet, Albaner zu sein, egal, wo in der Welt man lebt. Um den nicht immer guten Ruf wissend, den Albaner in Westeuropa im Allgemeinen genießen, liegen Trotz und Stolz manchmal nah beieinander. Ausnahmen bestätigen allerdings die Regel. Mit den Botschaftsflüchtlingen Anfang der 1990er Jahre war auch ein junger Mann von Tirana über Umwege nach Berlin gekommen, der sich hier eine Zukunft als Imbissbetreiber und Partylieferant aufgebaut hat. Er gab seinem kleinen Restaurant einen italienischen Namen und sich gleich mit. Offensichtlich versprach er sich davon ein besseres Image.

Als ich Anfang der 2000er Jahre zum zweiten Mal in Tirana gelebt und gearbeitet habe, las ich einmal in einer albanischen Tageszeitung folgende Überschrift: »Albaner hat Kanadisches Verteidigungsministerium übernommen«. Und zur selben Zeit wurde ein Albaner beinahe Boxweltmeister im Schwergewicht. Albaner sind überall, und wenn sie irgendwo herausragen, ist man im Mutterland so unglaublich stolz, dass es einem Deutschen unheimlich wird. Wobei dieser Albaner im Verteidigungsministerium dann »nur« Staatssekretär war und Albanien seit Jahrzehnten nicht besucht haben soll, und Luan Krasniqi ist bei uns der Boxer aus Rottweil – der Rottweiler. Dass er Albaner ist, wissen wohl sicher nicht viele. Er stammt auch nicht wirklich aus Albanien, sondern aus dem Kosovo, wo er eine schöne Kindheit verbracht haben soll – so steht es jedenfalls auf seiner Website. Aber was macht das schon. Seine Boxkämpfe wurden in allen albanischen Straßencafés verfolgt, das Ergebnis konnte man durch die geschlossenen Fensterscheiben mitbekommen.

Shkodran Mustafi, der 2014 mit der deutschen Nationalmannschaft Fußballweltmeister in Brasilien wurde, ist in Bad Hersfeld geboren. Er ist Albaner, Sohn ehemals jugoslawischer Gastarbeiter aus dem nordmazedonischen Gostivar. Seine Angetraute stammt aus Albanien und hat bereits an einigen Miss-Wahlen teilgenommen. 2007 wurde sie zur schönsten Frau der Schweiz gewählt, wo sie seit Jahren lebt. Fotos der Prunkhochzeit fanden sich in allen Illustrierten Albaniens und des Kosovo. Da hatte es doch offensichtlich wieder mal einer geschafft.

Kolë Gjoka ist der erste Albaner, der ein CDU-Abgeordnetenmandat in Deutschland gewonnen hat, berichtete die albanische Presse im Mai 2018. Das sei sehr ungewöhnlich und sehr schön. Der inzwischen 48-Jährige aus der Mirdita hatte 1996 in Deutschland um Asyl gebeten und Karriere als Unternehmer gemacht. Und nun sitzt er für die CDU in Pinneberg im Kreistag.

Ein albanisches Nationalbewusstsein gibt es unabhängig von der albanischen Staatsbürgerschaft. Das ist eine Tatsache, mit der auch die internationale Gemeinschaft umgehen muss.

Sind die Kosovo-Albaner eher kosovarisch als albanisch oder umgekehrt?

Der kosovarische Präsident Hashim Thaçi sagte im Dezember 2016 vor Studenten in Tirana, es gebe keine kosovarische Nation, sondern lediglich eine staatliche Identität des Kosovo. Laut Verfassung ist der junge Staat Kosovo multi-ethnisch und nicht nur albanisch, obwohl Albaner die überwältigende Mehrheit der Bevölkerung stellen. Schätzungen gehen davon aus, dass ihr Anteil gegenwärtig 88 Prozent ausmacht, hinzu kommen sieben Prozent Serben (1948 waren es noch ungefähr 24 Prozent gewesen) und fünf Prozent andere ethnische Gruppen. Volkszählungen wurden in der Vergangenheit entweder von Serben oder Albanern boykottiert; die letzte offizielle hat es 2011 gegeben. Die Serben als größte ethnische Minderheit leben meist in kompakten Siedlungsgebieten hauptsächlich im Norden, aber auch in anderen Teilen des Kosovo. Dass sich die Identitätsfindung im Kosovo so schwierig gestaltet, hat aber nicht nur mit der multiethnischen Zusammensetzung der Bevölkerung zu tun, sondern auch mit der Geschichte der Region und der Entstehungsgeschichte des Staates, an der wir Westeuropäer einen Anteil haben.

Ich habe insgesamt fünf Jahre im Kosovo gelebt und gearbeitet, an drei verschiedenen Orten (Mitrovica, Gjilanë und Pristina). Aus der albanischen Hauptstadt Tirana kam ich direkt in die kosovarische Provinz nach Mitrovica. Größer konnte der kulturelle Unterschied kaum sein. Mitrovica, früher industrielles Zentrum der innerhalb der Sozialistischen Föderativen Republik

Jugoslawien zu Serbien gehörenden Provinz Kosovo, ist heute in einen serbischen und einen albanischen Teil getrennt. Das ehemals bedeutende Bergbauunternehmen Trepca existiert nur noch rudimentär. Grenzlinie ist der Fluss Ibar, über den mehrere Brücken führen; eine davon ist zum Symbol der Teilung und der anhaltenden Spannungen zwischen den Bevölkerungsgruppen geworden. An dieser Brücke, auf der albanischen Seite, habe ich mehrere Jahre gewohnt. Aus meinen täglichen Erfahrungen gab es größere Unterschiede jeder Art diesseits und jenseits der Brücke, was Sprache, Schrift, Kultur und Religion betrifft, als zwischen Pristina, wo kaum noch Serben leben, und Tirana.

Der junge Staat Kosovo hatte am 17. Februar 2008 seine Unabhängigkeit von Serbien erklärt. Die Schwierigkeiten mit der Identität des neuen Staates und seiner Bürger, der Kosovaren, fanden ihren Ausdruck schon bei der Suche nach nationalen Symbolen wie Fahne, Wappen und Hymne. Da sich die albanische Führung des Kosovo aus Rücksicht auf die internationale Gemeinschaft von Albanien abgrenzen musste – und von Serbien abgrenzen wollte, zeigt die Fahne sechs weiße Sterne in einem leichten Bogen über den goldenen Umrissen des Kosovo auf blauem Grund. Das Blau steht für »die Hoffnung der Bevölkerung des Kosovo auf eine Einbindung in die bestehenden euro-atlantischen Strukturen«,[40] die Sterne stehen für die ethnischen Gruppen der Albaner, Bosniaken, Roma, Serben, Türken und restlichen Minderheiten. Andere Quellen ordnen den sechsten Stern den Goranen zu, wodurch die Ashkali und Kosovo-Ägypter mit den Roma zusammengefasst würden. Der kosovarische Publizist Veton Surroi schreibt in seinem Buch *Këmbët e gjarprit* (Die Beine der Schlange),[41] das Design der Fahne erinnere ihn an ein Handtuch in einem türkischen Fünfsternehotel.

Je länger sich im neuen Staat Kosovo die versprochene goldene Zukunft hinzieht, umso weicher und versöhnlicher sehen manche meiner ehemaligen lokalen Mitarbeiter und älteren Freunde nun in ihre jugoslawische oder serbische Vergangenheit zurück. Unter Tito durften die Kosovaren, ob Serben, Albaner oder andere Volksgruppen, überallhin reisen; sie konnten als Gastarbeiter in Deutschland Geld verdienen und sich in der Heimat Häuser bauen. Jetzt sind sie gefesselt an den kleinen neuen Staat, mit dem sich seine Bürger nicht so recht identifizieren wollen.

Deshalb ist die versprochene und bis heute nicht eingelöste Visafreiheit für den Schengen-Raum entscheidend für Erfolg oder Nicht-Erfolg nicht nur der derzeitigen Regierung, sondern – so meinen viele – des gesamten Konzepts eines Staates Kosovo. Präsident Thaçi ist schlau genug, seine Versprechungen vage zu halten. Anders Ramush Haradinaj, der derzeitige Premierminister, der im Wahlkampf versicherte, er werde den Kosovaren die Visafreiheit in drei Monaten bescheren, wenn sie ihn und seine Partei wählten. Daraus ist nichts geworden, wie Haradinaj selbst zu spüren bekam: Er musste einen Besuch im US-Bundesstaat Iowa absagen, weil er mit seinem kosovarischen Pass kein amerikanisches Visum erhielt.

Peinlicherweise fand die Presse heraus, dass er Anfang Januar 2018 einen albanischen Pass für sich beantragt hat und offenbar bereits seit dem 24. April 2017 auch albanischer Staatsbürger ist. Zuvor hatte Präsidenten Thaçi seinen albanischen Amtskollegen Ilir Meta gebeten, doch alle Bürger des Kosovo mit albanischen Pässen auszustatten, um die Isolation des Landes zu durchbrechen, das als einziges in der Region noch von der Visafreiheit im Schengenraum ausgenommen ist. Der albanische Präsident lehnte ab, weil ein solcher Schritt, wie er sagte, sowohl den Interessen Albaniens als auch denen des Kosovo schade.

Von den praktischen Vor- oder Nachteilen einer Staatsangehörigkeit abgesehen, kann der Sport sehr viel zur Identifikation mit einem Land beitragen – liefert er doch Helden und Idole. Eine Sportlerkarriere ist allerdings zeitlich begrenzt; unendlich warten kann man nicht, bis der eigene Staat die Bedingungen dafür schafft, dass man unter seiner Fahne bei Wettbewerben antreten kann. Und so finden sich über die Jahre viele kosovo-albanische Sportler im Nationalteam Albaniens.[42]

Die erfolgreichste kosovarische Sportlerin ist die Judoka Majlinda Kelmendi. Bei den Olympischen Spielen 2012 trat sie noch für Albanien an. Nachdem der kosovarische Judoverband Mitglied des internationalen Judoverbandes geworden war, hat sie ihr Land bei internationalen Wettkämpfen vertreten und wurde Weltmeisterin in ihrer Gewichtsklasse. Im Juli 2016 war sie Fahnenträgerin der ersten kosovarischen Mannschaft bei Olympischen Spielen und gewann im Wettkampf das erste Olympia-Gold für den Kosovo. Acht Athleten hatte Pristina nach Rio entsandt, nachdem das Nationale Olympische Komitee im Dezember 2014 Mitglied des IOC geworden war.

In Mitrovica habe ich auf der kosovo-albanischen Seite gegenüber einem Restaurant gewohnt, wo in den Sommermonaten Hochzeiten am laufenden Band stattfanden. Beim dazugehörenden Autokorso durch die Stadt nahm man auch weiterhin die rot-schwarze Adlerfahne der Albaner. Und auf der anderen Seite der Brücke, der kosovo-serbischen, schwenkte man bei Hochzeiten nach wie vor die serbische Fahne. Eine emotionale Bindung zum neuen blau-goldenen Handtuch, um mit Surroi zu sprechen, lässt sich nicht verordnen. Als ich ein paar Jahre später für die EU in Pristina arbeitete, hatte sich daran nichts geändert. Wann immer dort eine Fahne zu schwenken war – nationale Feiertage, Hochzeiten, Beerdigungen oder Sportveranstaltungen –, war es die Adlerfahne.

Als sich am 17. Februar 2018 der Tag der Unabhängigkeitserklärung des Kosovo zum zehnten Male jährte, hatte sich Ministerpräsident Ramush Haradinaj entschieden, am bekannten Kreisverkehr an der Einfahrt ins Stadtzentrum von Pristina endlich anstelle der albanischen Adlerfahne korrekterweise die offizielle Fahne des Staates Kosovo hissen zu lassen. Als Feuerwehrleute ein paar Tage vor dem Jubiläum mitten in der Nacht die albanische Fahne einholten, wurde die kosovarische Fahne aus ihrem Auto gestohlen. Der Abgeordnete Kadri Kastrati fragte einen Tag später auf Facebook, warum die Aktion im Dunkeln ausgeführt wurde, statt die Fahne am Jahrestag von der Garde aufziehen zu lassen. Dumm gelaufen.

Groß-Albanien, der Traum

Groß-Albanien – in unseren Medien wird darüber zyklisch in Verbindung mit Kriegen oder nationalen Auseinandersetzungen auf dem Balkan und immer wieder mit Ereignissen in und um den Kosovo berichtet. Was aber wäre so dramatisch an einer »Lösung der albanischen Frage«, einem Nationalstaat für alle Albaner?[43] Hinter dem Terminus »Albanische Frage« verbirgt sich die Frage nach der Zukunftsperspektive eines Albaniens in seinen »natürlichen« (sprich: ethnischen) Grenzen. Aktuell könnte dies das Zusammengehen Albaniens mit dem Kosovo (fast 90 Prozent Albaner), dem Westteil von Nordmazedonien (25 Prozent Albaner) und möglicherweise auch den vorwiegend von Albanern bewohnten Gebieten in Südserbien und Montenegro bedeuten.

Wie schon im Geschichtskapitel erläutert, hat es eine einheitliche albanische Nation in Gestalt eines Nationalstaates bis ins 20. Jahrhundert nicht gegeben, trotz mancher Ansätze und Bemühungen. Voraussetzungen für einen einheitlichen albanischen Staat waren nicht gegeben. Ein albanisches Nationalgefühl begann sich erst Ende des 19. Jahrhunderts herauszubilden. Zunächst ging es allerdings nur um kulturelle und sprachliche Autonomie. Zur schon erwähnten »albanischen Wiedergeburt« *(Rilindja shqiptare)* zählte man Dichter und Philosophen wie die drei Brüder Frasheri, Kostadin Kristoforidhi und Jeronim de Rada. Albanische Patrioten der Liga von Prizren (heute zum Kosovo gehörig) stellten auf dem Berliner Kongress 1878 zum ersten Mal die »Albanische Frage«, nachdem diese in dem im gleichen Jahr geschlossenen Vertrag von San Stefano bekanntlich unbeachtet geblieben war.

Als Albanien während des Zweiten Weltkrieges von den italienischen und deutschen Besatzern mit dem Kosovo zusammengeschlossen wurde, empfand die albanische patriotische Bewegung das als Erfüllung eines lang gehegten Traumes – ohne zu reflektieren, wem sie das zu verdanken hatte und welche Motive dahintersteckten. Die Besatzungsmächte jedenfalls sahen in einem Groß-Albanien primär eine Möglichkeit, ein Gegengewicht zu Griechenland und zur erstarkenden Partisanenbewegung in Jugoslawien zu schaffen.

Auch die Gegner der sogenannten Achsenmächte zeigten während des Zweiten Weltkrieges ein gewisses Interesse an Albanien. Titos enger Kampfgefährte Milovan Djilas schreibt über seine Gespräche mit Stalin während des Krieges: »An einem Punkt brachte er ein Interesse für Albanien zum Ausdruck. ›Was geht dort unten eigentlich vor? Was für Leute sind die Albaner?‹ Ich erklärte: ›In Albanien geschieht so ziemlich das gleiche wie in Jugoslawien. Die Albaner sind das älteste Balkanvolk, älter als die Slawen und sogar noch älter als die ältesten Griechen.‹ ›Aber wie kommen dann ihre Orte zu slawischen Namen?‹ fragte Stalin. ›Haben sie nicht irgendeine Verbindung mit den Slawen?‹ Ich erklärte auch das. ›Die Slawen bewohnten die Täler in früheren Zeiten, daher die slawischen Ortsnamen, zur Zeit der Türken haben die Albaner sie verdrängt.‹ Stalin zwinkerte schalkhaft. ›Ich hatte gehofft, dass die Albaner wenigstens ein bisschen slawisch wären.‹«[44]

Unter den jugoslawischen Kommunisten soll ein Verzicht auf den Kosovo und damit auf das Amselfeld zugunsten einer großalbanischen Nachkriegsregelung nie zur Debatte gestanden haben. Vor der osmanischen Eroberung war ein großer Teil dessen, was wir heute den Kosovo nennen, Teil Serbiens gewesen. So galt die *Metohija* genannte Landschaft als kulturelles und religiöses Zentrum, als Wiege des Serbentums. Nach der Flucht der Serben vor den osmanischen Repressalien Ende des 17. Jahrhunderts wurden diese Territorien von Albanern besiedelt. Im Balkankrieg 1912/13 eroberten die Serben das Kosovogebiet zurück; seither war es völkerrechtlich ein Bestandteil Serbiens.

Als die albanischen Kommunisten 1943 im Namen der nationalen Befreiungsbewegung mit Vertretern des nationalistischen *Balli Kombëtar* (Nationale Front) den Vertrag von Mukje abschlossen, um eine Plattform des albanischen Widerstands zu schaffen, vereinbarte man auch, nach dem Krieg im Kosovo ein Referendum über dessen staatliche Zugehörigkeit abzuhalten. Auf jugoslawischen Druck hin distanzierten sich die Kommunisten jedoch schnell wieder von dem Vertrag. Damit wurde im Kosovo ein bürgerkriegsartiger Zustand ausgelöst, in dessen Folge tausende Kosovo-Albaner vertrieben oder umgebracht wurden. Die Beschlüsse von Jalta zur Aufteilung des Balkans in sowjetische und britische Interessensphären sowie spätere Bemerkungen Stalins zur möglichen Aufnahme Albaniens in die jugoslawische Föderation blockierten den Weg zu einem unabhängigen vereinigten Albanien.

Groß-Albanien, der Albtraum

Forderungen nach einem staatlichen Zusammenschluss des Kosovo mit Albanien gerieten nach dem Zweiten Weltkrieg rasch in Widerspruch mit der Realität, denn in den Jahren der Diktatur unter Hoxha und der zuletzt fast kompletten Selbstisolierung entfremdeten sich die Albaner beiderseits der Grenzen zunehmend. Im Kosovo sorgten albanische Studentenunruhen 1981 kurz nach dem Tode Titos für ein Wiederaufleben der »Albanischen Frage«. Im Verlauf der Demonstrationen wurden Rufe nach nationaler Selbstbestimmung laut, und schließlich wurde eine eigene Republik gefordert, allerdings im Rahmen der jugoslawischen Föderation. Was in den folgenden Jahren passierte, lief auf das Gegenteil hinaus. Denn sogar der Autonomiestatus, der dem Kosovo unter Tito im Jahre 1974 gewährt worden war, wurde 1989 durch einen Beschluss des serbischen Parlaments auf Betreiben von Slobodan Milošević stark eingeschränkt.

Mit dem politischen Umbruch in Albanien Anfang der 1990er Jahre und dem Zerfall der jugoslawischen Föderation eröffneten sich für die Albaner neue Möglichkeiten der Kommunikation und zu grenzüberschreitenden Begegnungen. Bald aber wurde klar, dass die Probleme eines möglichen Zusammenschlusses nicht leicht zu lösen waren. Außerdem stand die Frage im Raum, welchem Teil eine solche Vereinigung mehr nützen würde. Rasch fühlten sich die Mutterland-Albaner überrannt von kosovarischen Geschäftsleuten und Investoren mit mafiösem Hintergrund, die nicht nur enorme Mengen Kapital flüssig hatten, sondern auch über eine ganze Generation mehr an Erfahrungen in und mit der westlichen Welt verfügten, kriminelle eingeschlossen. Den Kosovo-Albanern wiederum war das abgeschirmte Albanien lange als Insel der Hoffnung und erstrebenswerte gemeinsame Heimat erschienen. Von der Realität, also der maroden Bausubstanz, der unterentwickelten Infrastruktur und der schlechten Versorgungslage waren sie bitter enttäuscht.

Der Kosovo-Krieg hat die aus der Sicht einiger Akteure ungelöste »Albanische Frage« stärker als zuvor in den Fokus internationaler Aufmerksamkeit gerückt. Die enorme Leistung Albaniens bei der Bewältigung des Flüchtlingsansturms aus dem Kosovo ist unumstritten. Über die Krisenphase 1999 hinaus war und ist es Ziel des albanischen Mutterlandes, als Sachwalter für die Interessen der Kosovo-Albaner aufzutreten und damit den eigenen Status in der Region aufzuwerten. Das ist zweifellos gelungen. Jahrzehntelange Selbstisolierung wich dem Wunsch nach Einbindung in die euro-atlantischen Strukturen. Mehr und mehr setzte das offizielle Tirana bei der »Albanischen Frage« auf Lösungen in ferner Zukunft durch ein integriertes Europa ohne trennende Grenzen. Im Jahre 2000 betonte der damalige Präsident der Albanischen Akademie der Wissenschaften, Ylli Popa, es sei eine historische Tatsache, dass die Albaner einen Staat haben, der von Albanern umgeben ist, die außerhalb von dessen Grenzen leben. Das lasse sich nicht ändern, indem man diese alle in einem Staat oder in einer einzigen ethnisch reinen Nation vereine. Europa eröffne allerdings eine Alternative: Alle gemeinsam in einem vereinten Europa ohne Grenzen, in dem auch die Albaner ihren Platz fänden.

Durch die im und um den Kosovo entstandene Lage fühlten sich radikale albanische Kräfte allerdings auch ermuntert, stärkere nationalistische Töne anzuschlagen. Als der im Exil lebende albanische Thronfolgers Leka durch ein Referendum wieder die Monarchie einführen wollte, umfasste sein Programm auch die »Vereinigung der Ethnie in einem Staat« nach dem Prinzip »eine Nation – ein Staat«. Das Vorhaben scheiterte bekanntlich. Ohnehin fehlte einem ethnischen Albanien unter einer Monarchie die Unterstützung der Albaner aus dem Kosovo und aus Mazedonien, wie derzeitige öffentliche Verlautbarungen führender Politiker belegten. In Albanien selbst gab es damals zwar laute Stimmen für ein Groß-Albanien, wie von der Republikanischen Partei und ihrem Führer Fatmir Mediju, allerdings passten die sich mit den Jahren der Realität an. Auch deren Parteiprogramm klingt heute weit gemäßigter: Die »Zukunft der sechs Millionen Albaner auf dem Balkan« liege in der Europäischen Union.

Im Kosovo kursierte zu jener Zeit noch eine andere Idee der Staatsbildung. Im Jahre 2004, noch vor der einseitigen Unabhängigkeitserklärung, veröffentlichte der damalige kosovarische Minister für Handel und Industrie, Ali Jakupi, ein Buch mit dem Titel *Two Albanian States and National Unification* (Zwei albanische Staaten und die nationale Vereinigung).[45] Darin vertrat er die Auffassung, dass die Schaffung eines Staates Kosovo nur eine Minimallösung darstelle. Denn die albanischen Territorien in Westmazedonien, Ostkosovo (gemeint war das Gebiet um Preshevo, Bujanovac und Medvedja; also Serbien) und Montenegro würden außerhalb von dessen Grenzen bleiben. Deshalb sei es das Beste, wenn der zweite albanische Staat alle albanischen Territorien außerhalb der Grenzen Albaniens umfasse. Das sei der »einzige Weg« zur Stabilisierung dieses Volkes und dieser Region. Wie groß die Unterstützung für diese Idee wirklich war, ist schwer zu sagen. In Albanien kamen solche Überlegungen jedenfalls nicht gut an.

Die Schaffung des Staates Kosovo mit weitgehender internationaler Unterstützung ist ein Präzedenzfall für das Völkerrecht. Von diesem abgesehen unterstützte die internationale Gemeinschaft weder damals noch später Initiativen zur Neuziehung der Grenzen nach ethnischen Kriterien. Allerdings war sich auch

Gründungsvater Ahtisaari offensichtlich durchaus bewusst, dass die Schaffung des neuen mehrheitlich albanischen Staates Risiken für weitere Konflikte barg. Im »Comprehensive Proposal for the Kosovo Status Settlement« vom Februar 2007, besser bekannt als Ahtisaari-Plan, findet sich unter 1.8 folgende Aussage: »Kosovo shall have no territorial claims against, and shall seek no union with any State or part of any State.«

Gegenwärtig gibt es nur eine, von Beobachtern als links-nationalistisch eingeschätzte Oppositionspartei im Kosovo, *Vetëvendosje* (Selbstbestimmung), die sich offen für eine Vereinigung mit Albanien ausspricht. So heißt es zumindest in ihrem Statut, der Kosovo solle ein souveräner Staat werden und das Recht zur Vereinigung mit Albanien haben. Doch alle Bestrebungen nach einer Vereinigung von Albanien und dem Kosovo oder sogar weiterer albanischer Siedlungsgebiete zu einem Gesamtstaat haben derzeit wenig Aussicht auf Erfolg, auch wegen der nicht zu unterschätzenden Aversionen der Albaner des Mutterlandes, des Kosovo und Nordmazedoniens untereinander. Der bedeutende albanische Publizist und ehemalige politisch Verfolgte Fatos Lubonja, von dem noch öfter die Rede sein wird, hat einmal treffend gesagt: »Es erwies sich, dass die Albaner eher bereit sind, sich Italienern, Deutschen oder Amerikanern anzudienen, als sich den Kosovaren unterzuordnen.«[46]

Im März 2015 fand in Tirana eine gemeinsame albanisch-kosovarische Regierungssitzung statt unter dem Motto *Një tokë – një popull – një ëndërr* (ein Boden – ein Volk – ein Traum). Die Bilder davon in den Medien waren voller Harmonie und sehr bunt mit einer Wanddekoration breit wie der Konferenzsaal in kräftigem Rot für Albanien und blau mit Sternen für den Kosovo.[47] Dabei wurden fünf bilaterale Verträge, vier Memoranden, zwei Protokolle und ein Abkommen über die Einrichtung einer Freihandelszone unterzeichnet. Sicher wollte Albanien auch ein bisschen Druck auf die EU ausüben, den Kosovaren endlich Visafreiheit zu gewähren. Mit der Vereinigung beider Staaten hätte man schließlich eine Option in petto, die kosovo-albanischen Nachbarn mit albanischen Pässen zu versorgen. Allerdings war vieles am Ende nicht mehr als heiße Luft, denn in der Realität ist die wirtschaftliche Zusammenarbeit zwischen Albanien und dem Kosovo mit einem Volumen von 160 Millionen Euro noch immer ziemlich überschaubar und durchaus ausbaufähig.

Anlässlich des Nationalfeiertages im November 2018 bekräftigte der albanische Premierminister Rama auf einer gemeinsamen Festveranstaltung in Peja (Kosovo), Albanien befürworte die Vereinigung aller Albaner unter dem Dach der Europäischen Union. In diesem Jahr unterzeichneten er und sein kosovarischer Amtskollege Haradinaj neun Abkommen, darunter eines zur Aufhebung der Roaming-Gebühren zwischen den beiden Ländern, ein Protokoll über gemeinsame Zollabfertigungsverfahren am Grenzübergang Morine-Vermice, eines zu Auslandsinvestitionen, Beziehungen zu internationalen Finanzinstitutionen und noch einige mehr. All das und die abgegebenen Erklärungen zielten wie in den Vorjahren allerdings eher auf moralischen Beistand ab.

Inzwischen tritt an die Stelle des Begriffes Groß-Albanien häufig die Formulierung von einem »ethnischen« oder einem »natürlichen« Albanien. Man orientiert sich mit diesen Formulierungen zunehmend an einer durch die Ethnie definierten Kulturnation mit vielfältigen Wechselbeziehungen, die nicht unbedingt die staatliche Einheit voraussetzt. Dieses sozusagen virtuelle Groß-Albanien existiert eigentlich schon lange. Seinen sichtbaren Ausdruck findet es zum Beispiel, wenn am 28. November in Albanien der Unabhängigkeits- und Flaggentag *(Dita e Pavarësisë dhe Festa e Flamurit)* begangen wird und auch ganz Pristina in ein Meer von roten Adlerfahnen getaucht ist. Am 28. November 1912 hatte Albanien in der Hafenstadt Vlora seine Unabhängigkeit erklärt und zum ersten Mal seine Nationalfahne präsentiert. Im November 2016 schlug der damalige Premierminister des Kosovo, Isa Mustafa, vor, den 28. November auch in seinem Land zum offiziellen Feiertag zu machen. So geschah es umgehend. Der 28. November ist allerdings auch der Geburtstag von Adem Jashari, Kommandeur der Kosovo-Befreiungsarmee UÇK,[48] der im März 1998 von serbischen Paramilitärs getötet worden war. Und am 28. November 1997, so lernen es die kosovarischen Kinder in der Schule, ist die UÇK zum ersten Mal öffentlich in Erscheinung getreten. Somit hat dieser Tag für Pristina eine überdimensionale historische Bedeutung. Die UÇK (Kurzform für *Ushtria Çlirimtare e Kosovës,* »Befreiungsarmee des Kosovo«) war eine albanische paramilitärische Organisation, die für die Unabhängigkeit des Kosovo kämpfte.

Der serbische Analyst Dusan Prorokovic vom Belgrader Institut für Internationale Politik ist allerdings der Auffassung, die Albaner hätten der Idee eines Groß-Albanien lediglich formal abgeschworen. Faktisch vollziehe sich seit einiger Zeit zwischen Albanien und dem Kosovo eine zunehmende »funktionale Verflechtung« in Wirtschaft, Kultur, Bildung und Handel. Jüngst habe diese ihren Ausdruck in der Ankündigung einer Grenzöffnung zwischen beiden Ländern gefunden. Die jedenfalls hat der albanische Minister für die Diaspora Pandeli Majko Anfang August 2018 angekündigt. Serbien müsse in den bilateralen Beziehungen mit Albanien viel tun, um den Verflechtungsprozess zu stoppen. Und gegenüber dem Kosovo dürfe es keine weiteren Zugeständnisse geben, sagt Prorokovic, und meint die unter den Augen Brüssels schwierig laufenden Verhandlungen zwischen Belgrad und Pristina, die eine Normalisierung der Beziehungen zum Gegenstand haben. Belgrad sieht das Ziel in der weitestgehenden Wahrung der Rechte der im Kosovo lebenden serbischen Minderheit; Pristina in der staatlichen Anerkennung des Kosovo durch Serbien.

Gelegentlich zeigt sich die groß-albanische Idee auch bei sportlichen Großveranstaltungen. Gut in Erinnerung ist noch ein Ereignis beim Fußball-EM-Qualifikationsspiel zwischen Serbien und Albanien 2014: In der 42. Minute flog über das Stadion in Belgrad eine Drohne mit einer Fahne hinweg, auf der die Karte Groß-Albaniens zu sehen war. Nach dem Spiel wurde unter anderem Oldi Rama, Bruder des albanischen Regierungschefs Edi

Rama, kurzzeitig in Haft genommen. Er soll die Drohne vom VIP-Bereich aus per Fernbedienung gesteuert haben. Das wurde aber nie bestätigt.

Während der Fußball-WM in Russland im Juni 2018 gehörten zum Aufgebot der Schweiz insgesamt vier Spieler mit albanischen oder kosovo-albanischen Wurzeln. Bei der Begegnung gegen Serbien wurde der in Basel geborene Spieler Granit Xhaka, dessen Eltern aus Pristina kommen, 50 Minuten lang von den serbischen Fans ausgepfiffen. Dann legte er all seinen Frust in einen Distanzschuss, mit dem er den 1:1-Ausgleich erzielte. Beim anschließenden Torjubel formte er mit seinen Händen den albanischen Doppeladler. Ein Kommentator schrieb, es sei *die* Szene des Abends gewesen, und zwar nicht etwa, weil der Treffer wirklich sehenswert gewesen sei. Es sei vielmehr der grimmige Blick Xhakas gewesen, der auch dem letzten Zuschauer deutlich gemacht habe, dass es in diesem Spiel um mehr ging als nur um WM-Punkte. Als dann in der Schlussminute Xherdan Shaqiri, geboren in der Stadt Gjilanë im Kosovo, gar noch das Siegtor für die Schweiz schoss, war der Jubel grenzenlos. Auch er feierte mit der Adler-Geste und freiem Oberkörper. Der Schweizer Kapitän Stephan Lichtsteiner, ganz ohne albanische Wurzeln, schloss sich – ob aus Unwissenheit oder Naivität – begeistert an.

Serbiens Coach Mladen Krstajic sorgte danach mit seiner Kritik an dem deutschen Schiedsrichter Felix Brych für einen weiteren Eklat. »Ich würde ihn nach Den Haag schicken«, sagte der frühere Bundesligaprofi in Anspielung auf den Sitz des Kriegsverbrechertribunals für das ehemalige Jugoslawien. Dann ergänzte er: »Dort sollte ihm so der Prozess gemacht werden, wie sie uns den Prozess gemacht haben.« Auch die serbischen Fans waren in den Fokus der FIFA geraten, weil einige von ihnen während des Spiels mehrmals »Tötet die Albaner!« skandiert hatten. Der Fußballweltverband FIFA hat inzwischen mit milden Strafen auf die Vorfälle reagiert: Shaqiri und Xhaka mussten jeweils 8680 Euro Strafe zahlen, Lichtsteiner kam mit 4340 Euro davon und der serbische Verband erhielt eine Verwarnung und eine

Geldstrafe für das Fehlverhalten der Fans in Höhe von 46 860 Euro. Trainer Krstajic und Verbandsboss Slavisa Kokeza sollten jeweils 4340 Euro zahlen.

Die Idee eines zumindest virtuellen Groß-Albaniens geht über die Beziehungen zwischen Albanien und dem Kosovo hinaus. Am 28. November 2016 wurde in Tirana mit einem Kooperationsabkommen eine »Union der albanischen Gemeinden der Region« ins Leben gerufen. Sie umfasst Tirana, Pristina, das nordmazedonische Tetovo, das montenegrinische Ulcinj und das serbische Preshevo. Bis in die deutschen Medien hat es diese Nachricht zwar nicht geschafft, die Reaktionen serbischer Politiker ließen allerdings nicht lange auf sich warten: Groß-Albanien werde sozusagen durch die Hintertür geschaffen. Der Gebietsrepräsentant von Preshevo, Arifi, dementierte umgehend. Die Union sei in erster Linie geschaffen worden, um diese fünf Städte besser auf eine EU-Mitgliedschaft vorzubereiten. Davon profitiere letztlich auch Serbien, schließlich liegt Presevo dort. Ob diese Antwort die Nicht-Albaner in der Region beruhigt, bleibt abzuwarten.

Was zunächst wenig spektakulär klingt, birgt eine Menge Sprengstoff: Im Januar 2018 wurde in Skopje ein neues Gesetz über den Gebrauch von Sprachen angenommen. Nordmazedonien hat damit sein Versprechen gehalten, mehr für die albanische Minderheit des Landes zu tun, die immerhin ungefähr ein Viertel der Gesamtbevölkerung von 2,1 Millionen ausmacht. Das neue Gesetz dehnt nun allerdings den offiziellen Gebrauch von Albanisch auf das gesamte Land aus, unabhängig davon, wie hoch der Anteil Albanisch-Sprechender in der jeweiligen Gemeinde ist. Dies erleichtert zweifellos die Kommunikation in albanischer Sprache mit Institutionen wie Gemeinden, Krankenhäusern und Gerichten. Der albanische Premierminister Edi Rama fand das sehr gut, was wenig überraschend ist.

Doch auch das russische Außenministerium gab eine Stellungnahme ab. Dieses Gesetz, das Albanisch neben Mazedonisch zur zweiten offiziellen Sprache des Landes machte, könne die verfassungsrechtlichen Grundlagen des mazedonischen Staates und des Ohrid-Rahmenabkommens aushöhlen und werde folglich neue ethnische Zusammenstöße auf dem Balkan fördern – so die Russen. Das Rahmenabkommen von Ohrid war am 13. August 2001 zwischen den größten mazedonischen und zwei großen albanischen Parteien Nordmazedoniens geschlossen worden und sollte eine »angemessene Repräsentation« der albanischen Minderheit in Politik und Verwaltung sichern. Damit wurden die gewaltsamen Auseinandersetzungen beendet, die das Land in diesem Jahr erschüttert hatten. Russland messe dem Thema Sprachen eine große Bedeutung bei, glaube allerdings, dass solche Entscheidungen nur auf der Grundlage eines breiten Konsenses in der Gesellschaft getroffen werden dürfte, sagte das russische Außenministerium.

Albanien ist auf dem Wege, Mitglied der Europäischen Union zu werden. Gerüchte über groß-albanische Ambitionen sind dabei ebenso imageschädigend wie Attacken eines virtuellen Groß-Albanien auf Sport- und Kultur-Veranstaltungen. Es hat den Anschein, als sei sich die gegenwärtige Politikergeneration in Albanien dessen noch nicht immer bewusst. Im Überschwang schöner Reden und einer Ordensverleihung anlässlich des zehnten Jahrestages der Unabhängigkeitserklärung des Kosovo äußerte der albanische Premierminister Edi Rama im Februar 2018 eine merkwürdige Idee. Wenn der Kosovo und Albanien eine abgestimmte Außenpolitik hätten, warum sollten sie dann konsequenterweise nicht auch einen gemeinsamen Präsidenten als Symbol für nationale Einheit und gemeinsame nationale Sicherheitspolitik haben? Das Großalbanien-Alarmlicht blinkte sofort rot auf. Die Sprecherin der Europäischen Kommission Catherine Ray reagierte umgehend und bezeichnete die Äußerungen sehr diplomatisch als »nicht hilfreich«.[49] Natürlich reagierte auch Belgrad, diesmal mit der Stimme des Verteidigungsministers Vulin, der früher Verhandlungsführer im Belgrad-Pristina-Dialog gewesen war und in dieser Frage ein besonders feines Gehör hat. Ein gemeinsamer Präsident sei für Serbien unakzeptabel und bereits Diskussionen in diese Richtung wären den gutnachbarschaftlichen Beziehungen zwischen Serbien und Albanien abträglich.

Die Diaspora und wem sie gehört

Wie viele Albaner im Ausland leben, in der ersten, zweiten oder schon dritten Generation, und wie viele von ihnen aus Albanien, dem Kosovo, Nordmazedonien, Südserbien oder Montenegro stammen, das ist schwer zu sagen. In Pristina gibt es seit ein paar Jahren im Sommer Aktionen, um auf Urlaub eingereiste Diaspora-Albaner zu registrieren. Als Kosovo-Diaspora?

Bereits 2006 hat das UNDP (United Nations Development Programme)-Büro in Albanien ein Programm mit dem Titel »Brain gain« aufgelegt, das darauf abzielte, Strategien zur Einbindung der Diaspora in die Entwicklung des Landes zu erarbeiten. Das Programm sah auch vor, qualifizierte Auswanderer zur Rückkehr in die alte Heimat zu bewegen, um die öffentliche Verwaltung sowie Universitäten und andere Bildungseinrichtungen zu beleben.

Laut Angaben der Weltbank hat Albanien im Jahre 2016 Überweisungen in Höhe von 463 Millionen Dollar aus Griechenland erhalten. Der südliche Nachbar ist gegenwärtig das Land mit der höchsten Zahl zugewanderter Albaner. Italien lag mit 382 Millionen Dollar Auslandsüberweisungen auf dem zweiten Platz. In beiden Ländern leben und arbeiten schätzungsweise eine Million albanischstämmige Zuwanderer. Den dritten Platz belegten die USA mit 77 Millionen Dollar, gefolgt von Deutschland mit 37 Millionen Dollar. Von den beiden Nachbarländern Nordmazedonien und Montenegro kommen 19 beziehungsweise 15 Millionen Dollar. Aus dem Vereinigten Königreich brachten albanische Auswanderer 14, aus Kanada elf Millionen Dollar nach Albanien. In Albanien wird geschätzt, dass die Rücküberweisungen von Auswanderern noch immer knapp 20 Prozent des BIP ausmachen, obwohl die Zahlungen inzwischen rückläufig sind.

Auch aus diesem Grund ist die Diaspora-Frage ziemlich wichtig für die albanische Regierung. 2016 lud sie zum ersten Mal mehr als 800 Diaspora-Vertreter zu einer Art Gipfeltreffen nach Albanien ein. In der zweiten Rama-Regierung ist Pandeli Maiko Diaspora-Minister (nicht nur Albanien hat ein Ministerium für die Diaspora, sondern auch der Kosovo und Nordmazedonien). Unter seiner Führung wollen sich Albanien, Nordmazedonien und der Kosovo nun offensichtlich im Umgang mit der albanischen Diaspora abstimmen, sozusagen den Kuchen gemeinsam verteilen. Zunächst hatten die Premierminister Albaniens und des Kosovo Ende 2017 in Korça ein Abkommen über die Kofinanzierung von Büros und Kulturzentren der albanischen Diaspora unterzeichnet. Zwei Staaten – eine Diaspora, das war die Message. Dann fand im Januar 2018 ein Dreiertreffen in Ohrid statt. Pandeli Majko, der Diasporaminister Nordmazedoniens Edmond Adam und Dardan Gashi aus dem Kosovo lobten das gemeinsame Vorgehen auf dem Gebiet der Diaspora als wichtigen Bereich für die Vertiefung der Zusammenarbeit zwischen ihren Ländern. Das ist zweifellos eine pragmatische Lösung und letztlich einfacher, als sich zu streiten, wem welcher Teil des Kuchens gehört. Es könnte hilfreich sein für den euroatlantischen Integrationsprozess auf dem Balkan. Man will nun auch gemeinsame Besuche bei der Diaspora in den USA und Deutschland unternehmen und dortige Gemeinschaften treffen.

Majko übrigens hat vor ein paar Jahren seine Facebook-Follower mit dem Aufmacher überrascht, er sei von seiner Abstammung her eigentlich Deutscher. Dabei ging es um eine sehr alte Familiengeschichte und einen deutschen Arzt, der sich im Dienste Ali Pascha Tepenelas in Gjirokastra niedergelassen habe. Deutsch spricht Majko nicht, und als Axel ihm bei einem Besuch der Deutsch-Albanischen Wirtschaftsdelegation in Tirana im Jahre 1999, als Majko Premierminister war, unseren Albanisch-Sprachführer überreichte, war auch von deutschen Wurzeln oder einem persönlichen Bezug zur deutschen Sprache noch nicht die Rede.[50]

Die Politik – der lange Weg nach Europa

Berisha und Nano – die ewigen Rivalen

Zwei Männer haben die politische Landschaft Albaniens nach dem Sturz der Diktatur Hoxhas und seines Nachfolgers Alia geprägt. Sie haben Parteien mitbegründet, die schwer zu unterscheiden waren – außer, dass sie von dem einen oder dem andern angeführt wurden –, und haben das Land regiert, jeder zu seiner Zeit. Der erste ist Sali Berisha, Mitbegründer und viele Jahre Vorsitzender der Demokratischen Partei Albaniens (DP). Er war der erste frei gewählte Präsident Albaniens. Der zweite Mann ist Fatos Nano, von 1991 bis 2005 Vorsitzender der Sozialistischen Partei (SP) und in dieser Zeit mehrfach Ministerpräsident.

Die Sozialistische Partei, auf Albanisch *Partia Socialiste,* abgekürzt PS, ist im Juni 1991 aus der 1941 gegründeten kommunistischen »Partei der Arbeit Albaniens« hervorgegangen. Sie strebt ein sozialdemokratisches Modell westeuropäischer Prägung an, ist Mitglied der Sozialistischen Internationale und assoziiert mit der Sozialdemokratischen Partei Europas. Die Demokratische Partei Albaniens (albanisch *Partia Demokratike,* abgekürzt PD) entstand als antikommunistische Sammlungsbewegung während des Sturzes des alten Regimes. Sie war die erste Partei, die nach Zulassung anderer Parteien im bisherigen Einparteienstaat gegründet wurde, orientierte sich als Gegenpol zu den Sozialisten in der »rechten Mitte« und suchte Anlehnung bei den konservativen und christdemokratischen Parteien Europas. Die PD ist assoziiert mit der Europäischen Volkspartei.

Als Berisha in die Politik ging, arbeitete er noch als Kardiologe an der Medizinischen Universitätsklinik in Tirana. Ein unbeschriebenes Blatt war er allerdings nicht: Während der Zeit der Diktatur war er Parteisekretär seiner Fakultät und Leibarzt von

Enver Hoxha gewesen. Ich habe mal einen schönen Witz über ihn gehört: Jelzin, Clinton und Berisha sitzen zusammen im Flugzeug. Plötzlich heißt es: »Wir stürzen ab. Es ist nur ein Fallschirm da.« Berisha schlägt vor abzustimmen, wer ihn kriegt. Das Ergebnis: sechs Stimmen für Berisha.

Während der Studentenunruhen 1990/91 wurde Berisha mit anderen Universitätsprofessoren von der damaligen Staatsführung unter Ramiz Alia zu Verhandlungen mit den jungen Demonstranten geschickt. Berisha verbündete sich mit ihnen und gründete am 14. Dezember 1990 auf dem Universitätsgelände die DP. Zu ihrem Vorsitzenden wurde Azem Hajdari gewählt. Sowohl Hajdari als auch Berisha stammten aus der nordalbanischen Provinz Tropoja.

Bereits bei den Parlamentswahlen vom 22. März 1992 gewannen die Demokraten die absolute Mehrheit und stellten bis 1997 mit Sali Berisha den Präsidenten und mit Aleksandër Meksi den Ministerpräsidenten. Das war die Zeit demokratischer Reformen, vergleichbar mit denen in anderen osteuropäischen Ländern. Allerdings war Albanien in vielem doch ein Sonderfall. Dazu gehörte auch die Leichtgläubigkeit und Unbedarftheit vieler im Umgang mit Macht und Geld. Das Pyramidensystem habe ich bereits erwähnt. Die Verbindungen zwischen organisierter Kriminalität, Politik und den Pyramidenfirmen sind bis heute nicht geklärt.

In der südalbanischen Stadt Vlora kam es nach dem Zusammenbruch des Pyramidensystems zu ersten Massenprotesten, die schnell gewalttätig wurden und sich auf das ganze Land ausdehnten. Die Situation eskalierte im Frühjahr 1997, als in Südalbanien die öffentliche Ordnung vollständig zusammenbrach, die Aufständischen militärische Lager plünderten und sich mit Schusswaffen versorgten – die später auch bei der kosovarischen UÇK im Einsatz waren. Die Wut und Enttäuschung der Menschen richtete sich nicht nur gegen die Regierung, die ihrer Ansicht nach ihrer Verantwortung für die Einhaltung von Recht und Ordnung im Lande nicht nachgekommen war, sondern auch gegen Geschäfte und staatliche Einrichtungen. Auf dem Höhepunkt der Anarchie wurden Ausländer auf Flugzeugträger in der Adria und nach Montenegro evakuiert. Auch Albaner flüchteten in den Westen.

Angesichts der ausweglosen Lage bat die Regierung das Ausland um Hilfe. Am 16. April 1997 rückte eine 6000 Mann starke Truppe an, zu der Soldaten aus Italien, Frankreich, Spanien, der Türkei, Rumänien, Griechenland, Österreich und Dänemark gehörten. Die Operation »Alba« stand unter italienischer Führung und sicherte auch die Abhaltung von Parlamentswahlen im Juni 1997 ab. Dass dabei die Opposition siegte, konnte nicht überraschen. Welche Absichten Italien mit seinem Engagement wirklich verband, ob es die DP-Regierung schützen oder stürzen wollte, wird wohl erst ans Licht kommen, wenn die entsprechenden Akten in den Archiven in Rom zugänglich sind.[51] Aber dazu beigetragen zu haben, dass die Wähler landesweit ihr Wahlrecht ausüben konnten, war zweifellos ein großer Erfolg der Operation »Alba«.

Nachdem Azem Hajdari am 12. September 1998 beim Verlassen der DP Parteizentrale erschossen worden war, kam es zu einer neuen Protestwelle. Dass Berisha und Hajdari eher ein Zweckbündnis als eine Herzensfreundschaft verbunden hatte, war allgemein bekannt. Jetzt war er Berisha als Märtyrer nützlich, der sich für die Demokratie geopfert habe. Eine Gedenkplatte im Stadtzentrum von Tirana wurde zum Wallfahrtsort, und ich erinnere mich daran, damals den Spruch »Azem lebt«, eine Art Treueschwur, an vielen Hauswänden gesehen zu haben. Berisha hatte das Epizentrum der Partei nun für sich allein. Ob er mit dem Tod Hajdaris zu tun hatte, oder vielmehr sein ewiger Widersacher Nano mit seiner sozialistischen Partei, das wurde nie geklärt, auch wenn ein Gericht in Tirana im Februar 2002 fünf Personen wegen Mordes zu langjährigen Haftstrafen verurteilte.

Bei den Parlamentswahlen im Juli 2005 führte Berisha seine Partei erneut zum Sieg und wurde Ministerpräsident einer Koalitionsregierung. Bei den Parlamentswahlen vom Juni 2009 erreichte seine Partei wiederum die Mehrheit und ging nun eine Koalition mit der Sozialistischen Bewegung für Integration (LSI) unter dem Vorsitzenden Ilir Meta ein. Die Demokraten haben nie davor zurückgeschreckt, wechselnde Bündnisse mit wem auch immer einzugehen. Mit den Wahlen vom Juni 2013 war die Siegessträhne allerdings erstmal vorbei, Berisha und seine Allianz erreichten nur noch 56 von 140 Sitzen. Berisha trat als Vorsitzender der Demokratischen Partei zurück, versprach jedoch, als einfaches Parteimitglied weiter aktiv zu bleiben. Er ist nach wie vor nicht nur im Hintergrund präsent, was es für jeden Nachfolger – zumal einem mit wenig eigenem Charisma – nicht einfach macht.

Der neue Mann an der Spitze der DP wurde Lulzim Basha. Das wirklich neue an ihm ist seine Herkunft, denn er ist kein Mann aus dem Norden, sondern aus Tirana. Unter den vielen Posten, die er als DP-Spitzenpolitiker im Verlaufe seiner politischen Karriere innehatte, war der als Bürgermeister von Tirana vielleicht der dankbarste. Als Minister für Infrastruktur hat er das Desaster beim Autobahnbau mit zu verantworten. Dass er auch die schweren Verluste bei den Wahlen 2017 im Amt überstand, hat mich überrascht. Man sagt, Berisha halte noch immer seine Hand über ihn – vermutlich in Ermangelung einer Alternative.

Berishas Gegenspieler Fatos Nano hat politische Ökonomie in Tirana studiert, promoviert und war von 1984 bis zur politischen Wende 1990 Mitarbeiter des Instituts für Marxistisch-Leninistische Studien in Tirana, das bekanntlich von Nexhmije Hoxha geleitet wurde. In den letzten Monaten der Amtszeit von Staats- und Parteichef Ramiz Alia wurde er als Zeichen für die Reformbereitschaft des alten Regimes in die Regierung geholt und im Februar 1991 zum Regierungschef ernannt. »Die Hoffnungen Albaniens ruhen auf einem etwas untersetzten, polyglotten Beatles-Fan, der Schwächen für Literatur, Boxen und Fußball hat. Und für sich selbst: auf Fatos Nano, dem neuen Ministerpräsidenten«, schrieb die *Welt* 1997.[52] Begünstigt durch die lange Erfahrung mit der Macht, konnte die einst unter Hoxha gegründete PAA die ersten demokratischen Wahlen im März 1991 noch einmal gewinnen; die Opposition steckte noch in den Kinderschuhen. Allerdings hatte die katastrophale Wirtschafts- und Versorgungslage bereits eine Massenflucht ausgelöst. Allein im Sommer des Jahres sollen mehr als 10 000 Menschen auf dem Seeweg nach Italien gelangt sein.

Im Juni 1991 erzwang ein Generalstreik den Rücktritt der kommunistischen Regierung und führte zur Bildung einer Regierung der nationalen Einheit. Nano trat von seinem Amt zurück, eine Regierung unter seinem Parteifreund Ylli Bufi mit Beteiligung der Opposition wurde gebildet.

Die Partei änderte ihren Namen von Partei der Arbeit Albaniens (PAA) in Sozialistische Partei (SP), reformierte ihr Statut und wählte Nano zum Vorsitzenden. Seitdem war er immer dann an der Macht, wenn Berisha in der Opposition war. Zu Beginn der 2000er Jahre dominierten Nano und Berisha die albanische politische Szene. Die Wahlvolk war gespalten in »entweder oder«, in »für oder gegen«. Die Unterschiede in den Parteiprogrammen waren unerheblich geworden. War der eine an der Macht, kam es nicht selten vor, dass der andere mit seiner Partei die Arbeit des Parlaments boykottierte. Albanien war nach dem Zusammenbruch des Pyramidensystems über Jahre in einer innenpolitisch dramatischen Situation. Dazu hatte das Land angesichts des bewaffneten Konflikts um den Kosovo eine wichtige Rolle als Aufnahmeland für Flüchtlinge und als Vermittler im Konflikt auszufüllen. Ein Bündnis der demokratischen Parteien im Lande und ihrer Führer war notwendig. Damals kam der Präsenz der Organisation für Sicherheit und Zusammenarbeit in Europa (OSZE) eine besondere Rolle zu. Die OSZE-Präsenz hatte ihre Arbeit in Albanien im März 1997 mit einem weit gefächerten Mandat aufgenommen. Dazu gehörten Unterstützung für den Bereich der Entwicklung der Rechtsstaatlichkeit, insbesondere der Eigentumsgesetzgebung und der Reform der Wahlgesetzgebung; die Unterstützung der nationalen Strategie im Kampf gegen Menschenhandel, ein Zeugenschutzprogramm, die Koordinierung von Polizeiaktivitäten im grenzüberschreitenden Bereich sowie die Überwachung der Einsammlung von Klein- und Kleinstwaffen sowie Munition. Aber auch Stärkung der Zivilgesellschaft und Unterstützung bei der qualitativen Verbesserung der Arbeit des Parlaments gehörten dazu wie auch eine Koordinierungsrolle unter den in Albanien agierenden internationalen Partnern.

Chef der OSZE-Präsenz damals war der finnische Botschafter Osmo Lipponen. Zu jener Zeit waren einige Finnen in ähnlichen internationalen Vermittlungsmissionen unterwegs, Martti Ahtisaari als Sonderberater des UN-Generalsekretärs für den zukünftigen Status des Kosovo, Harri Holkeri als zeitweiliger Chef der Mission der Vereinten Nationen im Kosovo (UNMIK), Elisabeth Rehn als Sonderberichterstatterin der Vereinten Nationen für Menschenrechte und schließlich Olli Rehn als Erweiterungskommissar der Europäischen Union. Offensichtlich sind Finnen sehr gut geeignet, in komplizierten Situationen zu vermitteln. »In praktischen Verhandlungen sind wir der finnischen Tradition gefolgt: Wir ringen bis zum Letzten, wir werden nicht wütend, und wir bringen immer einen neuen Vermittlungsvorschlag auf den Tisch«, meinte jedenfalls Lipponen, ein erfahrener Diplomat und ehemaliger Eishockey-Nationalspieler.[53] Noch viele Jahre später erinnerten sich sowohl Nano als auch Berisha mit Achtung und Respekt an die Vermittlungsgespräche, die Osmo Lipponen mit ihnen geführt hatte oder die auf seine Initiative zwischen den beiden Kontrahenten direkt in den Räumen der OSZE stattfanden.

Im Juni 2005 kam ich von einem Urlaubsaufenthalt zurück nach Tirana und fragte den Fahrer, der mich vom Flugplatz abholte, wie die Dinge ein paar Tage vor den Wahlen stünden. Von ihm hörte ich zuerst von dieser Lotterie. Eine private Firma für Sportwetten war auf die Idee gekommen, Wetten auf hundert Kandidaten der drei einflussreichsten politischen Parteien zu organisieren, der DP Berishas, der SP Nanos und der LSI von Meta. Zeitungen veröffentlichten bereits die errechneten Quoten – unter einem Logo wie für Fußballwetten. Die Sache begann eine Eigendynamik zu entwickeln: Was bringt es bar auf die Hand, wenn ich diesen oder jenen wähle und er wirklich gewinnt, was, wenn ein ganzer Clan auf einen Außenseiter setzt – und ihn auch wählt? Diese Lotterie wurde für gesetzeswidrig erklärt, Parlamentswahlen seien schließlich keine Sportveranstaltung.

Ich unterhalte mich also eine Weile mit Arian und frage ihn dann, denn wir kennen uns wirklich gut, wen er denn wählen wird. Ich wähle den reichsten, gab er mir zur Antwort. Und dann erzählte er ein Märchen von Hodza Nasredin, der einst ein sehr reicher Mann gewesen sein soll. Eines Tages stellte er erschrocken fest, dass sein langjähriger Diener ihn über Jahre hinweg bestohlen hatte. Er stellte ihn zur Rede und wollte ihn entlassen. Der Diener zeigte ihm daraufhin zwei große Kisten mit Geld. »Dies, oh Herr, habe ich mit den Jahren entwendet. Jetzt bin ich versorgt. Wenn du mich entlässt und einen neuen einstellst, wird dieser mit einem leeren Kasten anfangen und viel Zeit wird vergehen, bis er genug für sich beiseitegeschafft hat. Dies wird dich teurer zu stehen kommen, als wenn du mich behältst.« Der weise Nazredin stimmte ihm zu und behielt den Diener. Ich ging im Kopf die in Frage kommenden Kandidaten durch und antwortete, ob er denn also den korrupten Zolldirektor wählen wird, weil der seinen Kasten schon voll hat. Ja, denn der habe bereits ausgesorgt und werde nun auch etwas für andere tun, war die Antwort. Was solle man einen armen Schlucker wählen, auch wenn er schöne Ideen verkauft. Korrupt seien sie doch alle.

Die Parlamentswahlen vom 3. Juli 2005 verloren die Sozialisten, und Sali Berisha löste Nano im September 2005 wieder als Regierungschef ab. Nano trat auch als Parteichef zurück. Sein Nachfolger wurde Edi Rama, der damalige Bürgermeister Tiranas. Nano verabschiedete sich übrigens – im Unterschied zu Berisha – wirklich aus dem politischen Leben. In diese Zeit fallen die Unterzeichnung des Stabilisierungs- und Assoziierungsabkommens mit der EU 2006, die Einladung zum NATO-Beitritt 2008 und der Beitritt am 1. April 2009 auf dem NATO-Gipfel in Straßburg/Kehl. Dazu im nächsten Kapitel mehr.

Die jungen Wilden und Politikwechsel light

Es war schon lange Zeit für neue Ideen und neue Köpfe. Die Generation von Edi Rama und Ardian Klosi, die der jungen Künstler und Intellektuellen, hatte nichts mehr mit den alten Parteikadern gemein. Sie hatten sich im Westen umgesehen und kamen mit Ideen und Enthusiasmus zurück.

Ardian Klosi, Jahrgang 1957, der leider früh verstorbene bekannte Publizist und Übersetzer, hatte in München studiert. In den 1990er Jahren leitete er zeitweilig den albanischen Rundfunkrat. Zusammen mit Edi Rama gab er eine Reihe politischer Essaybände heraus. Ich besitze einen schmalen Band aus dem Jahr 1991 mit dem Titel *Refleksione,* in dem sich beide mit der damaligen politischen Situation in Albanien auseinandersetzen. Es könne nicht angehen, dass nach einer Zeit der extremen Gewalt des Kommunismus eine Zeit der extremen Gewalt des neuen Regimes anbreche. Gerichte hatten gerade Jugendliche für dilettantisch organisierte Raubzüge zu bis zu 20 Jahren Haft verurteilt. Das könne nicht der Weg in die Zukunft sein. Aber wer bringt die Demokratie nach Albanien, fragten Klosi und Rama. Das mussten sie wohl selbst tun.

Klosi organisierte Bürgerbewegungen zu Umweltfragen und zum Erhalt eines pompösen Bauwerks im Zentrum von Tirana, der sogenannten Pyramide, von der noch die Rede sein wird, nicht aus nostalgischer Zuneigung zu Hoxha, sondern im Interesse einer aktiven Auseinandersetzung mit der Vergangenheit. Mit der deutschen Fotografin Jutta Benzenberg, seiner späteren Frau, gab er einen Schwarz-Weiß-Fotoband mit dem Titel *Albanisches Überleben* heraus. Die Fotos stammten aus der Zeit unmittelbar nach dem Ende der Diktatur. Mehrere davon sind im ehemaligen Internierungsdorf Saver bei Lushnja aufgenommen. Der Porträtband zeigt Erwachsene mit leeren Augen, Kinder mit ernstem Blick in einer unwirtlichen Umgebung. Die ehemals Verbannten konnten nun nach dem Ende der Diktatur zwar ihre Lager verlassen. Doch wohin sollten sie gehen? Niemand kümmerte sich, Wiedergutmachungen gab es nicht. So blieben die meisten notgedrungen da wo sie waren, in ihren ärmlichen Bretterbuden mit wenig Hoffnung. Die Zeit des Erwachens nach der Diktatur war für viele in Albanien schmerzhaft und lang.

Edi Rama hat eine Statur, wie von einem ehemaligen Basketball-Nationalspieler nicht anders zu erwarten. Aus seiner Zeit in Frankreich, wohin er 1994 ausgewandert war und sich seinen Lebensunterhalt als bildender Künstler verdient hatte, brachte er eine Weltgewandtheit und Frische mit, die in der albanischen Parteienlandschaft ungewöhnlich waren. Nano hatte ihn 1998, als er zur Beisetzung seines Vaters zurück nach Albanien gekommen war, gleich zum Minister für Sport und Kultur gemacht. Von 2000 bis 2011 war Rama Bürgermeister von Tirana, seit dem 10. September 2013 ist er Ministerpräsident. Aus den vorangegangenen Parlamentswahlen war ein von der SP geführtes Wahlbündnis als Sieger hervorgegangen. Die Sozialisten unter Rama hatten allerdings viele Wahlversprechen gemacht, die, so sagten mir Freunde, eigentlich nicht nötig gewesen wären, denn das Volk war bereit für einen Wechsel. Durch sein unkonventionelles Auftreten und seinen Kleidungsstil unterschied sich Rama von Anfang an deutlich von seinem Vorgänger. Und unkonventionell ist Rama noch heute manchmal. So spazierte er im Juli 2017 beim Staatsempfang zum Westbalkangipfel im italienischen Triest in Adidas-Superstar-Sneakers mit knallroten Streifen über den roten Teppich. Auf einem Pressefoto steht er grinsend neben Emmanuel Macron, der ihm bis zur Schulter reicht.

Demokraten und Sozialisten wechseln sich noch heute an der Spitze des Staates ab. Zwar hat sich die von Ilir Meta gegründete Sozialistische Bewegung für Integration (LSI) als dritte Kraft etabliert. Doch wirklich neu im politischen Geschäft ist Meta, bis 2017 Parteivorsitzender, auch nicht. Zu Beginn seiner langen Politikerkarriere gehörte er Berishas Demokraten an und saß für sie schon 1992 im Parlament; zwischen 1999 und 2002 war er sogar Ministerpräsident. Dann überwarf er sich jedoch mit Berisha und rief seine eigene Partei ins Leben. Die LSI war bei

Wahlen wiederholt das Zünglein an der Waage und hat Meta in verschiedenen Konstellationen immer wieder ein Stückchen von der Macht ermöglicht.

Inzwischen wurde er zum Staatspräsidenten gewählt. Den Parteivorsitz hatte er rechtzeitig an seine Frau Monika Kryemadhi übergeben. Ja, so etwas geht in Albanien. Würde mein Freund Arian Meta wählen, weil er seinen Kasten schon voll hat? Eventuell ja. Meta verfügt offenbar über ein enormes Vermögen (die albanische Yellow Press vermeldet gern, er habe mehr Geld als Donald Trump) und Verbindungen in zwielichtige Kreise. *Fiks Fare*, eine sehr beliebte Fernsehshow des Senders Top Channel, die mit satirischen und investigativen Mitteln politische und soziale Missstände aufdeckt, hat sich schon öfter damit und mit Metas Familien(clan)strukturen befasst.

Die Abspaltung von den Sozialisten im Jahre 2016 heißt *Lista e Barabartë* (Partei der Gleichen) und nennt sich abgekürzt LIBRA, was wiederum im Albanischen »Buch« heißt und sicher nicht unbeabsichtigt darauf hindeutet, dass diese neue Partei einen intellektuellen Anspruch hat. Sie selbst sieht sich als linksliberal. Ihr Gründer heißt Ben Blushi und hat ebenfalls bereits eine lange Politikerkarriere hinter sich. 1997 wurde er vom frisch gewählten Ministerpräsidenten Fatos Nano in dessen neues Kabinett geholt, war später kurze Zeit Minister für Bildung und Wissenschaft und in der Nano-Regierung ab 2002 Minister für Lokalverwaltung und Dezentralisierung. Die Erfolge seiner neuen Partei LIBRA sind allerdings noch überschaubar. Wenn ich meine Freunde danach frage, winken sie meist ab. Blushi fehle die Hausmacht. Mein Freund Arian würde ihn vermutlich nicht wählen. Inzwischen ist Blushi von der Parteiführung zurückgetreten und hat damit die Verantwortung für das schlechte Wahlergebnis vom Juni 2017 übernommen. Ob die Partei überhaupt noch eine Zukunft hat, bleibt abzuwarten.

Der lange Weg nach Europa und das »Sultan-Syndrom«

Am 15. Dezember 2010 trat endlich die lange erwartete Visaliberalisierung im Schengenraum für Albanien in Kraft. Nach mehreren Anläufen wurde im Juni 2014 auch der EU-Kandidatenstatus gewährt. Politisch zur Ruhe kam das Land jedoch nicht. Nachdem der Präsident turnusgemäß im Dezember 2016 Parlamentswahlen für den 18. Juni 2017 anberaumt hatte, begann die DP im Februar 2017, die Parlamentsarbeit zu boykottieren, und behauptete, die SP-geführte Regierung bereite einen massiven Wahlbetrug vor. Glaubwürdige Wahlen könnten unter diesen Bedingungen nicht stattfinden. Intensive Verhandlungen mit internationaler Vermittlung führten zu einer Einigung, die die Teilnahme der DP und ihrer Verbündeten bei den Wahlen sicherte. Für die Übergangszeit einer technischen Regierung vor den Wahlen bekam die DP mehrere Schlüsselpositionen, darunter die eines Stellvertretenden Premierministers, sechs Minister, den Vorsitz der Wahlkommission, Direktorenposten mehrerer öffentlicher Behörden und den Ombudsmann. Darüber hinaus sah das Abkommen die Verschiebung der Wahlen auf den 25. Juni sowie die Verlängerung der Anmeldefristen für Parteien und Kandidaten bis zum 26. Mai vor.

Die heiße Zeit des Wahlkampfes war kurz und gnadenlos. Der DP-Vorsitzende Lulzim Basha machte sich für sein Projekt einer »Neuen Republik« stark, das unter anderem Steuersenkungen sowie Förderprogramme und Stipendien für Jugendliche vorsah. Die häufig verarmten Bauern sollten Subventionen erhalten, um sie davon abzuhalten, Drogenpflanzen anzubauen. Ministerpräsident Rama versprach Maßnahmen für das Wirtschaftswachstum und die Umsetzung der von Brüssel geforderten Reformen im Justizwesen. Da die Opposition ihm unter anderem vorgeworfen hatte, der Ausweitung des Drogenkonsums in Albanien keinen Einhalt zu gebieten, schritt er nun energisch ein und ließ die Drogenfestung Lazarat im Süden des Landes stürmen. Die Fernsehbilder davon waren spektakulär und trugen sicher dazu bei, dass er die Wahlen klar gewann und nicht einmal mehr den bisherigen Koalitionspartner LSI brauchte. Die DP war abgeschlagen.

Aber warum sprachen die Wähler den Sozialisten abermals das Vertrauen aus? Viele Versprechen der ersten Regierungszeit hatte die SP nicht halten können, wichtige Reformprojekte waren auf halbem Weg stecken geblieben. Die SP sei heutzutage eine neoliberale Partei und »rechter« als die DP, sagte mir ein junger albanischer Journalist. Allein Ramas Charisma habe die Wahlen entschieden, einen Besseren könne die Opposition einfach nicht bieten.

Die Wahlen verliefen überraschend glatt und ruhig, allerdings war die Wahlbeteiligung historisch niedrig. ODHIR, das Büro für Demokratische Institutionen, Menschenrechte und Wahlen der OSZE, verfolgt die Wahlen auf dem Balkan seit Jahren mit speziell eingerichteten Beobachtermissionen. An der Mission im Juni 2017 habe ich teilgenommen und war im Gebiet um die Stadt Lezha eingesetzt. Was hier auffiel, war das tiefe Misstrauen zwischen den beiden großen Parteien. Die hatten ihre Anhänger mobilisiert, um in und vor den Wahllokalen sowie später in den Auszählungszentren präsent zu sein und auch den kleinsten Versuch einer Wahlmanipulation im Keim ersticken zu können.

Das führte bei den Stimmenauszählungen in technisch nicht immer perfekt ausgestatteten Zentren zu chaotischen Zuständen. Das Zentrum, in dem ich die ganze Nacht die Stimmenauszählung zu beobachten hatte, war in einer Turnhalle ohne Klimatisierung untergebracht. Hunderte Wahlhelfer öffneten an vielen Arbeitstischen parallel Wahlurnen, um die Stimmen auszuzählen, und nochmal hunderte Wahlbeobachter verschiedener Parteien standen hinter den Barrieren vor den Zähltischen und an den großen Bildschirmen, um die Auszählung zu verfolgen und laut zu kommentierten. Als die Hitze unerträglich wurde und der Sauerstoff in der Halle zu Ende ging, goss man sich den Inhalt der angelieferten Trinkwasserflaschen gegenseitig über den Kopf.

Auch die Regierung Rama II bekommt bis jetzt die bekannten Probleme Albaniens nicht in den Griff, die Frustration in der Bevölkerung wächst und gerade die Jugend sieht keine Zukunft im eigenen Land. Beobachter sehen eine wesentliche Ursache für den schleppenden Fortschritt im Mangel an Transparenz von Machtstrukturen. Das »Sultan-Syndrom« sei die eigentliche albanische Krankheit, sagt zum Beispiel der Künstler Zef Bushati. Seien Politiker einmal an der Macht, verlören sie rasch die Bodenhaftung, versorgten die ganze Familie mit guten Posten und gäben Geld, das ihnen nicht gehöre, für manchmal sinnlose Prestigeprojekte aus. Zum »Sultan-Syndrom« gehöre es jedoch auch, den Mächtigen nach dem Mund zu reden, sich bei ihnen beliebt zu machen, sich zu fügen und sich – bildhaft gesprochen – in den Staub zu werfen. Mit anderen Worten, die Untergebenen machten dcn Sultan eigentlich erst möglich. Solange das so sei und die führenden Oppositionspolitiker keine wirkliche Alternative darstellten, werde sich nichts grundlegend ändern.

Jugend ohne Zukunft

In Albanien studieren die jungen Leute heute Jura und enden als Kellner, sagt mir eine Freundin frustriert. Wie hoch die Jugendarbeitslosigkeit ist, kann mir keiner genau sagen. Sie wird bei etwa 30 Prozent liegen, vielleicht auch höher. Der Arbeitsmarkt funktioniert in Albanien noch immer über familiäre Netzwerke. Die wenigen Jobs, die man ansonsten finden kann, sind oft saisonabhängig. Dass diese Situation die Jugend aus dem Land treibt, ist kein Wunder. Als ich im Jahre 2018 in Tirana eine Tageszeitung kaufte, sprangen mir auf der Titelseite gleich zwei Artikel zu diesem Thema ins Auge. Der erste trug die Überschrift »50 000 freie Arbeitsplätze in Deutschland – Arbeitskräfte aus Albanien dringend gesucht«. Interviewaussagen von Bundesgesundheitsminister Jens Spahn gegenüber der *Bild am Sonntag,* wonach händeringend Arbeitskräfte aus Osteuropa im Gesundheits- und Pflegebereich gesucht würden, hatten es mit Schallgeschwindigkeit auf die Titelseiten der albanischen Zeitungen geschafft. Der andere Artikel, überschrieben mit »Migration nach Deutschland ist keine Lösung für Albanien«, kam wesentlich weniger spektakulär daher und hat vermutlich auch weniger Leser gefunden. Die stellvertretende deutsche Botschafterin hatte auf einer von der Friedrich-Ebert-Stiftung (FES) organisierten Konferenz bestätigt, dass Albaner in Deutschland so gut wie keine Aussicht auf Asyl hätten. Sie gab außerdem zu bedenken, dass Albanien die gut ausgebildeten Arbeitskräfte selber am dringendsten brauche.

Laut EUROSTAT haben im Jahre 2017 27 575 Albaner aus ökonomischen Gründen Asyl in EU-Mitgliedsstaaten beantragt. Bei einer Umfrage der FES unter Jugendlichen antworteten auf die Frage: »Wo würdest du gerne leben und arbeiten?« nur 32 Prozent: »Albanien«, aber 39 Prozent gaben an: »In einem Land der EU.« 20 Prozent wollten Europa gleich ganz verlassen. Insgesamt wollten zwei Drittel der Befragten in den nächsten zwölf Monaten emigrieren, falls sie die Möglichkeit dazu hätten.

Die Apathie, die schwer auf einem großen Teil der Bevölkerung liegt, trifft die Jugend noch stärker. Eine politische Alternative sehen die meisten nicht. Der FES-Umfrage nach interessierten sich lediglich elf Prozent der Jugendlichen überhaupt für Politik, dabei die Jungen etwas mehr als die Mädchen. Von den Medien wird diese Altersgruppe kaum noch erreicht. Mobilisierung, wenn überhaupt, ist nur durch Social Media möglich. Und wenn über Social Media zu Protestkundgebungen aufgerufen wird, sind sich die Anwesenden, wenn überhaupt, dann nur darüber einig, wogegen sie sind. Und wofür? Für ein schönes Leben – im Ausland. Wie gehen die politischen Parteien mit dem Frust der Jugend um, nehmen sie ihn ernst genug? Was ich von Freunden und in Gesprächen mit den Vertretern der deutschen politischen Stiftungen höre, klingt bisher nicht danach.

Hindernisse auf dem Weg in die EU

Zwischen 1999 und 2008 gab es den Stabilitätspakt für Südosteuropa, an den sich mancher Leser noch erinnern wird, vielleicht auch, weil dieser in seiner ersten Phase mit dem Namen Bodo Hombach verbunden war. Als Organisator der ersten Geber-Konferenz im Jahre 2000 sammelte Hombach, den Kanzler Schröder in die große Politik gebracht hatte, mehrere Milliarden Euro für die Balkanländer ein, auch für Albanien. Geld, das unter anderem zur Bekämpfung von organisierter Kriminalität, Korruption und Terrorismus eingesetzt wurde. Der Stabilitätspakt für Südosteuropa wurde mit dem Ziel beschlossen, den betroffenen Ländern zu helfen, ihre Kriege und Konflikte mit friedlichen Mitteln zu beenden und zu lösen. Darüber hinaus sollten demokratische Prozesse unterstützt und die Sensibilität für den Respekt von Menschenrechten entwickelt werden. Der Pakt wollte den Staaten der Region auch mit finanziellen und anderen Mitteln bei ihrer Integration in Europa und in die transatlantischen Strukturen beistehen und war alles in allem erfolgreich, auch wenn Erfolge hier manchmal schwer messbar sind. Später wurden andere sogenannte »Instrumente« eingesetzt, um Südosteuropa, das man heute meistens den Westbalkan nennt, in die westliche Friedensordnung einzubinden und auf dem Weg zur Mitgliedschaft in der Europäischen Union weiter voranzubringen. Ein solches Instrument ist der »Berliner Prozess«, den es seit August 2014 gibt. Damals fand auf Einladung von Angela Merkel das erste Treffen der EU (repräsentiert durch die EU-Außenbeauftragte), Vertretern von EU-Mitgliedsstaaten und den Staats- und Regierungschefs des Westbalkan in Berlin statt. Es folgten Gipfeltreffen in Wien (2015), Paris (2016), Triest (2017) und London (2018). Bei solchen Anlässen sagt unsere Kanzlerin regelmäßig, ein stabiler und sich gut entwickelnder Westbalkan sei wichtig für die Bundesregierung und die Europäische Union.

Allerdings gibt es inzwischen eine beinahe überbordende Anhäufung von Treffen mit ähnlicher Agenda. Für das Jahr 2018 fragt sich der Beobachter nach einem Treffen zwischen der EU und den westlichen Balkanstaaten in Sofia im Mai, einem EU-Gipfel in Brüssel Ende Juni und dem schon erwähnten Gipfeltreffen in London allerdings, was dabei eigentlich herausgekommen ist – abgesehen von schönen Fotos (in London steht Rama in der ersten Reihe neben Angela Merkel; wie immer grinsend und diesmal mit weißen Turnschuhen zum blauen Anzug). Deutschland steht der Aufnahme von EU-Beitrittsverhandlungen mit Albanien nach wie vor skeptisch gegenüber – schöne Fotos hin oder her.

Im Unterschied zu den Zeiten des Stabilitätsabkommens hat die Europäische Union gerade so dramatische andere Probleme, dass die Aufnahme von neuen Mitgliedern nicht weit oben auf der Wichtigkeitsskala rangiert. Das könnte sich als großer Fehler herausstellen, denn eine schwindende EU-Beitrittsperspektive könnte dazu führen, dass die Länder des Balkans nach regionalen oder globalen Alternativen suchen. Starke Partner stünden mit Russland und China bereit. Das will man weder in Brüssel noch in Berlin. Auch deshalb wurde auf den vielen 2018 abgehaltenen Westbalkan-Konferenzen versucht, die Beitrittsperspektive für die Westbalkan-Kandidaten nicht aus den Augen zu verlieren.

Laut dem »Fortschrittsbericht Albanien 2018« der EU-Kommission hat der Kandidat allerdings noch eine Menge zu tun. Im Bereich der organisierten Kriminalität hätten sich offensichtlich lediglich die Machtverhältnisse zwischen den Clans geändert. »Experten gehen davon aus, dass ein Großteil der Gewinne der organisierten Kriminalität in korrupte Bereiche der Verwaltung und Polizei investiert wurde, um mehr Erträge zu generieren, Parlamentswahlen zu beeinflussen sowie private Unternehmen zu kontrollieren.«[54] Schleppende Justizreform, Versäumnisse bei der Korruptionsbekämpfung, ungenügende Einhaltung von Minderheitsrechten, die Notwendigkeit einer Wahlrechtsreform – die Liste der Kritikpunkte im EU-Fortschrittsbericht ist lang.

Auf der Facebook-Seite der US-Botschaft in Tirana erschien 2018 ein Cartoon, auf dem Botschafter Donald Lu in einem kleinen Boot mit einer Angel zu sehen war. Die Karikatur bezog sich auf die Aussage Lus, er erwarte, dass Albaniens Kampf gegen das organisierte Verbrechen und die Korruption nun nach den Wahlen (und den Wahlversprechen) zur Festnahme und Verfolgung von »mehreren großen Fischen« führen werde. Wie realistisch seine Erwartung ist, bleibt abzuwarten. Im jüngsten Korruptionsindex von Transparency International ist Albanien vom 83. auf den 91. Platz gefallen. Zwar wurden Fortschritte bei der Bekämpfung der Kleinkorruption im öffentlichen Sektor erzielt, aber bei größeren Themen wie Korruption in der Justiz bleibe noch viel zu tun, heißt es in dem Bericht.[55] Eine Tendenz, wie sie auch in anderen Transitionsländern zu beobachten ist. Abkommen zu diesem Thema sind genug unterzeichnet worden, aber wirksame Schritte bleiben noch immer aus.

Korruption gibt es überall in Albanien, im Kleinen, im Großen und, davon kann man ausgehen, im ganz Großen. Ein Alltagsbeispiel: Arian begleitet seinen 22-jährigen Sohn zur praktischen Prüfung in der Fahrschule. Der Fahrlehrer kommt vor Beginn der Prüfung zu ihm und verlangt 5000 Lek (circa 40 Euro) dafür, dass er den Sohn die Prüfung bestehen lasse. Arian lehnt zunächst ab, sein Sohn sei schließlich schon ein recht guter und sicherer Fahrer. Da stellt der Fahrlehrer die Kegel zum rückwärts einparken so eng, dass es unmöglich scheint, die Aufgabe zu lösen. Arian, der am Rande des Parkplatzes steht, holt daraufhin einen 5000er Schein aus dem Portemonnaie und winkt damit. Der Fahrlehrer stellt die Kegel weiter auseinander, und der Sohn schafft die Prüfung. Warum hast du dich darauf eingelassen, frage ich. Man könne die Korruption nicht von unten nach oben bekämpfen, nur von ganz oben nach unten, erklärt mir Arian. Der Fahrlehrer müsse doch den Besitzer der Fahrschule schmieren, und der den Beamten, der die Lizenzen verteilt, und der habe auch noch einen über sich.

Ein Freund erzählt von Korruption im Gesundheitswesen. Wann immer seine Mutter ihn aus dem Krankenhaus anrief und über starke Schmerzen klagte, fuhr er zu ihr, suchte eine Krankenschwester und gab dieser Geld, damit sie der Mutter Schmerzmittel verabreichte.

Auch im Bildungssektor ist Korruption noch immer an der Tagesordnung. Im März 2018 wurde der ehemalige Präsident der privaten Universität »Kristal« in Tirana verhaftet, weil er für 2500 Euro das Stück einen schwunghaften Handel mit Diplomen betrieben hatte.

Aber das sind die kleinen Fische. Was Botschafter Lu gern an der Angel hätte, sind Leute wie der ehemalige Innenminister Samir Tahiri, dem vorgeworfen wird, in Drogenhandel im ganz großen Stil involviert gewesen zu sein. Der Fall hat schon so große Wellen geschlagen, dass selbst Deutschland – die Kanzlerin persönlich soll es gewesen sein – Tahiris Festnahme forderte. Doch so einfach ist das nicht in Albanien, wo alle mit allen und jedem verbandelt sind. Am 26. Mai 2018 gab es in Tirana mal wieder eine große Demonstration der DP gegen die amtierende Regierung. Dabei wurde ein großes Transparent im Demonstrationszug mitgeführt, eine Karte derjenigen Mafia-Familien Albaniens, die nach Auffassung der DP ziemlich eng mit den regierenden Sozialisten verbandelt sind. Man las Namen wie Frroku im Norden und Habilaj im Süden und natürlich den Namen Tahiri.

Die Karte wird allerdings nicht vollständig gewesen sein, denn die DP hätte natürlich auch einige eigene Kandidaten beizubringen. Jozefina Topalli, die kaltgestellte stellvertretende Parteivorsitzende und ehemalige Parlamentspräsidentin, ist diesbezüglich im Moment besonders mitteilsam und bezeichnet ihre eigene Partei als die »Partei der Schwäger«, die Partei der undurchsichtigen Finanzierung durch Hintermänner. Bashas Finanz-»Schwäger« seien, so Topalli, die Magnaten Samir Mane und Shefqet Kastrati. Von ihnen wird noch die Rede sein.

Tahiri ist ein eloquenter Mann Ende 30, der seit 2009 für die SP im Parlament sitzt und in Ramas erster Amtszeit 2013 Innenminister wurde. Er ist bekannt für seine PR-Stunts, hat sein eigenes Kamerateam und soll einen Choreografen für die Polizeiparaden engagiert haben. Er wird nicht müde, interessierten Journalisten von seiner Unschuld zu erzählen. Es handele sich schlicht um ein Missverständnis; mit den berüchtigten Habilaj-Brüdern, die zufällig entfernte Verwandte von ihm sind, habe er eigentlich nichts zu tun, außer dass er ihnen einmal eine größere Summe Geld anvertraut hat oder ein Auto oder ein Boot oder die Papiere für ein Boot, nichts Wichtiges jedenfalls. In die Details will ich nicht gehen, die füllen seit Langem die Tagespresse, aber gelöst ist der Fall noch lange nicht. Nach stetigem Druck sitzt Tahiri nun zumindest in Hausarrest. Aber Botschafter Lu befürchtet, dass die zuständigen Richter und Staatsanwälte dem enormen Druck, der auf sie ausgeübt wird, womöglich nicht lange standhalten werden. Medienberichten zufolge wurden ihnen schon Schmiergelder in enormer Höhe angeboten.

Nun hat die amtierende Generalstaatsanwältin Marku den zuständigen Staatsanwalt Hajdarmataj vom Fall abgezogen. Marku war mit Stimmen der SP gegen den Willen der Opposition in die Position gebracht worden, die sie bekleiden soll, bis nach Abschluss der Justizreform ein Generalstaatsanwalt ordentlich ernannt wird. Hajdarmataj wiederum war einer der drei Staatsanwälte, die im letzten Jahr das Parlament um Zustimmung zur Verhaftung Tahiris angerufen hatten. Der Tahiri-Fall, bei dem es um Verquickung von Politik und Kriminalität geht, ist nicht der einzige, aber im Moment der größte Fall, und er ist ein Indiz dafür, dass der Kampf gegen organisierte Kriminalität ebenso dringend notwendig ist wie ein rascher Abschluss der Justizreform. Mit Blick auf den angestrebten Status als Beitrittskandidat beziehungsweise die Eröffnung von Beitrittsverhandlungen mit der EU laufen derzeit intensive Justizreformen in allen Westbalkan-Staaten. Was Albanien betrifft, hatte ja bereits das Mandat der OSZE-Präsenz von 1997 eine umfassende Reform des Rechtssystems im Focus. Zwar hatte sich die DP bereits in ihrem ersten Regierungsmandat um eine Entpolitisierung der Justizstrukturen bemüht und die Entlassung einiger unzureichend ausgebildeten Richter des alten Regimes veranlasst. Allerdings war der Eifer rasch abgeflaut und inzwischen hat jede neue Regierung ihren Einfluss im Justizbereich nach Kräften geltend gemacht.

Im Sommer 2018 hat das albanische Innenministerium der Öffentlichkeit die Ergebnisse bei der Bekämpfung von organisierter Kriminalität und Geldwäsche vorgestellt. Laut Minister Fatmir Xhafaj hätten die letzten acht Monate Arbeit große Erfolge gebracht. Botschafter Lu sah das anders und verwies auf den Fall Klement Balili. Seit zwei Jahren seien Regierung, Polizei und Staatsanwaltschaft nicht in der Lage oder nicht gewillt, Balili zu verhaften. Der in Abwesenheit verurteilte Drogenhändler war Direktor für Straßenbau und Verkehr in der Stadtverwaltung der südalbanischen Stadt Saranda gewesen, bis ihn griechische Fahnder als Kopf eines internationalen Drogenrings enttarnten. Der britische Botschafter Duncan Norman ergänzte, die großen Fische schwömmen noch immer im Meer. Und auch die kleineren Fische machen zunehmend Probleme. Die deutsche Botschafterin verkündete, Deutschland habe sich einer »Anti-Falken«-Initiative angeschlossen. »Falken«, so nennen sich die jungen albanischen Kriminellen in international agierenden Banden, die vorwiegend in Italien Ferienhäuser plünderten. Offensichtlich ziehen sie ihren Aktionsradius inzwischen weiter.

Ein Eckpunkt der Justizreform ist das im August 2016 verabschiedete Gesetz »Über die Übergangs-Re-Evaluierung der Richter und Staatsanwälte in der Republik Albanien«, kurz: Vetting-Gesetz. Es beinhaltet die umfassende Überprüfung der fachlichen Eignung, des Vermögens und der Integrität von Richtern und Staatsanwälten. Das Verfahren hat Albanien nicht erfunden; ähnliches hat es auch – mal mehr, mal weniger erfolgreich – in anderen osteuropäischen Ländern gegeben. Ende 2017 waren erst wenige der notwendigen Institutionen eingerichtet und eine ziemlich chaotische Lage war entstanden mit »alten« Gremien, die nicht mehr zuständig, und »neuen«, die noch nicht arbeitsfähig waren. Letztere sollen mit einer von der EU finanzierten internationalen Beobachtermission zusammenarbeiten. Wie der Name sagt, werden die internationalen Spezialisten beobachten, nicht entscheiden. Man richtet sich darauf ein, dass die Mission mehrere Jahre dauern wird, und hat ein wirklich schönes Quartier bezogen, die renovierte ehemalige Villa des Schriftstellerverbandes in der Kavaja Straße in Tirana.

Mit Stand Sommer 2018 sollen sich ungefähr 800 Richter und Staatsanwälte sowie weitere Justizbeamte dem Vetting-Prozess unterziehen. Seit dies bekannt ist, haben 17 Staatsanwälte und Richter ihre Positionen freiwillig verlassen. Bisher wurden nur fünf Beamte von der Unabhängigen Qualifikationskommission neu bewertet. Von diesen wurden drei entlassen, zwei Richter und ein Staatsanwalt. Ein Verfahren läuft noch. Der einzige, der den Prüfprozess bisher erfolgreich bestanden hat, ist der Richter des Obersten Gerichtshofs, Vitore Tushaj. Gratulation.

Die Vetting-Kommission sollte mit ihrer Arbeit die Justizreform unterstützen. Stellt sie ihr nun eher ein Bein, weil sie Richter entlässt? Im Moment sind weder das Verfassungsgericht noch der Oberste Gerichtshof personell wirklich arbeitsfähig. Ein guter Bekannter, der für die Opposition im Parlament sitzt, postete im April 2018 auf Facebook einen fiktiven Brief an EU-Erweiterungskommissar Hahn, nachdem dieser im Juli in Tirana gewesen war und drohend den Zeigefinger gehoben hatte, den Vetting-Prozess bloß nicht zu stoppen. Herr Hahn möge sich doch einmal vorstellen, in welcher Situation sich die normalen Bürger mit ihren Rechtsanliegen befänden. Wie solle das Justizsystem restrukturiert werden ohne Leute oder nur mit komplett unerfahrenen? Wie hoch werde der Berg unbearbeiteter Akten am Ende sein?

Ministerpräsident Rama hat bekanntlich ein gutes Gespür für die öffentliche Meinung und ist gelegentlich auch zu rasanten Schwenks in der Lage. So versteht er es, zwischen den Forderungen der EU einerseits und den Erwartungen der albanischen Öffentlichkeit zu lavieren. Ende Juni 2018 hieß es in der *Bild-Zeitung:* »Schwerer Dämpfer für EU-Pläne zum Aufbau von Asylzentren für Flüchtlinge in Drittstaaten! Nach Libyen lehnt auch Albanien die Errichtung von Flüchtlingslagern für die EU ab.« »Wir werden niemals solche EU-Flüchtlingslager akzeptieren«, wird Edi Rama in einem Interview mit der Zeitung zitiert. Denn es bedeute, »verzweifelte Menschen irgendwo abzuladen wie Giftmüll, den niemand will«. Albanien werde immer bereit sein, einen gerechten Beitrag zur Bewältigung der europäischen Last zu leisten, betonte Rama. Aber das könne nicht heißen, dass sein Land die Probleme für alle schultere. Das klingt überzeugend und wirklich sympathisch. Ein Freund, der das gelesen hatte, schrieb mir gleich begeistert, Rama habe Charakter gezeigt. Hat er das?

Es ist zu vermuten, dass Ramas Gespräche mit Kanzlerin Merkel in Berlin und Sofia im Frühjahr 2018 nichts an der skeptischen Haltung Deutschlands gegenüber einer EU-Mitgliedschaft Albaniens geändert haben. Hat es danach Gespräche über Auffanglager gegeben, um Deutschland und andere EU Staaten positiver zu stimmen? Auszuschließen ist es jedenfalls nicht. Der österreichische Regierungssprecher Peter Launsky-Tieffenthal hatte der Deutschen Welle schon während des Sofia-Gipfels gesteckt, es gebe solche Gespräche mit Albanien. Auch der Präsident des Europaparlaments Antonio Tajani erwähnte Albanien im Zusammenhang mit Aufnahmezentren. Ein CDU-Abgeordneter sprach gegenüber der Deutschen Welle sogar von einem »albanischen Vorschlag« für solche Einrichtungen, den er »interessant« finde. Dass so etwas an Rama vorbei diskutiert wurde, ist ziemlich unwahrscheinlich. Als dies jedoch in Albanien durchsickerte, gab es laute Proteste nicht nur von der Opposition. Der ehemalige Präsident Bujar Nishani griff Rama direkt an und warf ihm vor, das Land an den Westen zu verkaufen. Intellektuelle, Künstler und Politiker aller Parteien sprachen sich dagegen aus. Angesichts dieses Sturms der Entrüstung ist Rama offensichtlich medienwirksam zurückgerudert. Bis jetzt ist die Zustimmung zu einem EU-Beitritt in der albanischen Bevölkerung hoch, aber, so erklären mir Freunde, mit einem schmutzigen Deal wolle man sich die Mitgliedschaft nicht erkaufen.

Die albanische Zivilgesellschaft rafft sich selten zu einem solchen Sturm der Entrüstung auf und übt sich eher in leisen, intellektuellen Debatten. Nexhat, ehemaliger Sportreporter und heutiger Repräsentant des Islam im staatlichen Komitee für interreligiösen Dialog, hatte mich einmal gefragt, wie der derzeitige amerikanische Botschafter in Deutschland heißt. Ich wusste es nicht. In Albanien kennt jeder den amerikanischen Botschafter Lu und die kroatische Botschafterin Romana Vlahutin, die seit Jahren – manche sagen: ein paar Jahre zu viel – die EU-Delegation leitet. Nexhat war aufgebracht: Sind sie unser Gewissen? Hat unsere Gesellschaft nicht eigene Mechanismen, um zu werten und zu kritisieren? Für viele sei es offensichtlich einfacher, immer auf die Einschätzungen von Lu und Vlahutin zu warten, dann könne man selbst nichts mehr falsch machen.

Im Sommer 2018 war sowohl für Lu als auch für Vlahutin die Zeit in Albanien abgelaufen. Vlahutins Nachfolger als Leiter der EU-Delegation wurde der Italiener Luigi Soreca, zuvor Direktor der Abteilung Sicherheit im Generaldirektorat für Migration and Home Affairs in Brüssel. Er war mitverantwortlich gewesen für die Koordinierung des Dialogs zur Visaliberalisierung mit den Staaten des Westbalkan. Ungeachtet seiner Person und seiner Erfahrungen könnte die albanische Zivilgesellschaft diesen Wechsel als Zäsur aufnehmen und mehr Raum für kritische Stimmen beanspruchen. Zeit würde es ja.

Die Wirtschaft – von Erdöl bis Tourismus

Me forcat e vete – aus eigener Kraft

Chruschtschow hatte Hoxha und Genossen ziemlich verletzt, als er forderte, Albanien solle sein hervorragendes Klima nutzen und Zitrusfrüchte anbauen, für Brotgetreide und alles andere habe der Ostblock genügend Flächen und Produzenten. Nach dem Bruch mit dem großen Bruder und der Einschränkung der Beziehungen zu den osteuropäischen kleineren Brüdern wurde die Selbstversorgung mit Brotgetreide zur Kampfaufgabe, und man war stolz darauf, sie – wenn auch unter Schwierigkeiten – lösen zu können. Aber das Albanien unter Hoxha wollte bekanntlich unabhängig sein und sich nicht nur mit Brotgetreide, Obst und Gemüse selbst versorgen können. Ähnlich wie Rumänien wollte man möglichst keine Kredite aufnehmen, um wirtschaftliche und daraus folgende politische Abhängigkeiten zu vermeiden. Der Slogan *Me forcat e vete* (aus eigener Kraft) bestimmte das Leben in nahezu allen Bereichen.

Im rückständigen Agrarland Albanien eine Industrie aufzubauen, bedeutete eine große Herausforderung. Um sie zu meistern, setzte man in den Anfangsjahren auch auf »Aktionen konzentrierter Schläge«, womit freiwillige und unentgeltliche Arbeitseinsätze, meistens von Jugendlichen, gemeint waren. Freiwillige Arbeitsaktionen, die in Russland und der späteren Sowjetunion Subbotniks genannt wurden, weil sie meist am Samstag stattfanden, gab es in den jungen Volksdemokratien überall, Albanien hat sie nicht erfunden. Die »Aktionen konzentrierter Schläge« gingen jedoch über Tageseinsätze weit hinaus. Auf diese Weise wurden im Jahre 1967 zum Beispiel nach einem Erdbeben in den Bezirken Dibra und Librazhd binnen kürzester Zeit mehr als 6000 Wohnungen neu gebaut. Auch die Terrassierung von Hügelland im Süden zum

Anbau von Zitrusplantagen wurde überwiegend durch Freiwilligenarbeit ermöglicht. Auf Anweisung der PAA wurde zum Beispiel der Auf- und Ausbau des albanischen Eisenbahnnetzes zu einem Aktionsprogramm der Jugend erklärt. An dieser Aktion gab es allerdings von Anfang an Kritik, denn da die meisten Jugendlichen ungelernt, unerfahren und schlecht ausgerüstet waren, konnte es nur eine Frage der Zeit sein, bis dabei jemand ernsthaft zu Schaden kam. Es traf Shkurte Vatra, ein erst 15 Jahre altes Mädchen, das nach einem tödlichen Sturz posthum in die Partei aufgenommen und zur Märtyrerin gemacht wurde. Die Schuldfrage an ihrem Tod wurde nicht gestellt, und als der damalige Jugendsekretär Agim Mero daran Kritik zu üben wagte, verlor er zwar nicht sein Leben, aber seinen Posten.[56]

Wenn ich Mitte der 1980er Jahre mit dem Fahrrad durch Tirana fuhr, kam ich oft an einem neuen Gebäude mit großen Säulen am Eingang vorbei. Es beherbergte die Ausstellung »Albanien heute«. Bereits 1979 eröffnet, waren für sie Exponate zusammengetragen worden, die alles dokumentieren sollten, was Albaniens Wirtschaftskraft ausmachte. Manches davon war allerdings nicht viel mehr als nur schöner Schein. Albanien versuchte sich an praktisch allem, von Schwer- und Chemieindustrie bis zu Schiffbau und Elektronik, und erfand dabei mehrfach das Rad neu. Ausgestellt waren Modelle des Stahlwerks »Stahl der Partei« in Elbasan, des Wasserkraftwerks am weißen Drin »Licht der Partei« und auch des Superphosphatwerkes in Laç, das sicher auch einmal einen Namen getragen hatte, der Verbundenheit mit der Partei ausdrückte. Auf dem Weg nach Shkodra passierte man das Werk damals, und ich kann mich gut an die gelb-grüne Farbe erinnern, die alles in dieser Gegend hatte: die Hausdächer, die Bäume, das Wasser. Die schon beim Bau veraltete Technologie war schwierig in Gang zu halten, und Investitionen in Filteranlagen waren ein Luxus, den man sich nicht leisten konnte. In Elbasan, wo das Stahlwerk stand, sah es nicht viel besser aus, nur Geruch und Farbton der Umgebung waren etwas anders.

Mit dem Sturz des alten Regimes wurde in Albanien alles auf

Anfang gestellt. Die Industrieanlagen waren zwar rettungslos veraltet, aber natürlich hätte man zumindest Textil- und Lebensmittelproduktionstechnik noch eine Weile verwenden können. Stattdessen kam es – ob aus Unwissenheit oder Zerstörungswut – zu einer Art Maschinenstürmerei. Ramazan, ein alter Freund, hat erzählt, wie das Lebensmittelkombinat »*Ali Këlmendi*«, das sein Lebenswerk gewesen war, von den eigenen Arbeitern zerschlagen wurde, bis kein Stein mehr auf dem anderen stand. Auch viele der (üblicherweise roten) Traktoren wurden demoliert. Anders als in der ersten Hälfte des 19. Jahrhunderts in Deutschland war das kein Kampf gegen eine beginnende Industrialisierung, sondern die Vernichtung von Produktionsmitteln, die man offenbar mit dem alten Regime gleichsetzte. Dabei gab man sich der irrigen Hoffnung hin, der Westen würde für neue Technik sorgen. Vielleicht blaue Traktoren? Die Folgen waren verheerend. Hatte es früher von allem zu wenig und in zu schlechter Qualität gegeben, gab es nun eigentlich nichts mehr, und es begann die große Zeit des Schwarzmarkts.

Chaos, Anarchie und Stillstand wirkten sich rasch auf alle Bereiche aus. Axel und ich hatten eine kleine Im- und Exportfirma gegründet und versuchten 1997, für einen Kunden in Weißrussland Tomatenmark aus Albanien zu organisieren. Für Tomaten und Tomatenmark war Albanien im ganzen Ostblock bekannt gewesen. Und Hightech war für die Herstellung von Tomatenmark nicht nötig. Nach langen Bemühungen teilte uns ein guter Freund, der Handelsrat an der albanischen Botschaft in Berlin gewesen war, frustriert mit, dass nicht einmal das noch in Albanien produziert würde.

Albaniens Wirtschaft heute

Albanien ist reich an natürlichen Ressourcen wie Erdöl, Gas, Bauxit, Chrom, Kupfer, Eisenerz, Nickel, Salz und Holz. Aufgrund der geologischen Bedingungen ist die Förderung allerdings teils sehr schwierig und erfordert eine Infrastruktur, die es in der Vergangenheit nicht gab und die auch heute noch nicht ausreichend ist, um im internationalen Rohstoffhandel maximale Profite zu erwirtschaften. Erhebliches Potenzial gibt es auch für die Produktion von erneuerbarer Energie, das heißt Wasserkraft, Wind- und Solarenergie. Lange hat es gedauert, aber seit 2003 weist die albanische Volkswirtschaft nach einer schwierigen Phase der Um- und Neuorientierung ein sichtbares Wachstum auf. Der Dienstleistungssektor macht momentan knapp 50 Prozent des BIP aus. Zusammen mit der Land- und Forstwirtschaft ist der Tourismus zu einer der beschäftigungsintensivsten Branchen der albanischen Wirtschaft geworden. Die Industrieproduktion macht nur zehn Prozent aus, ebenso die Bauwirtschaft, die in den letzten Jahren dennoch zum Motor der rasanten Wirtschaftsentwicklung wurde. Albanien hat die wirtschaftlichen Rahmenbedingungen inzwischen liberalisiert, dazu gehören Investitionsanreize wie die 2008 eingeführte Flat Tax von zehn Prozent für Unternehmen. Außerdem wurde die Registrierung von Unternehmen durch die Einrichtung von sogenannten One-Stop-Shops wesentlich vereinfacht. Die laufenden Reformen zielen auf die Bekämpfung der immer noch mächtigen Korruption und eine effizientere Finanzverwaltung ab.

Die albanische Wirtschaft wird heute von einer Handvoll Oligarchen dominiert, die – damals jung, clever und dynamisch – nach dem Sturz des alten Regimes ihre Chance beim Schopf gepackt haben und inzwischen unglaublich reich sind. Wie in anderen osteuropäischen Ländern pflegen sie eine enge, gelegentlich undurchschaubare Nähe zu Politik und Macht. Zu diesen sehr erfolgreichen Männern gehören Samir Mane, Shefqet Kastrati, den die Zeitung *Koha Jone* (Unsere Zeit) zum albanischen Unternehmer des Jahres 2017 gekürt hat, und Aleksandër Frangaj, dem unter anderem die *Koha Jone* gehört. Samir Mane ist Präsident der Balfin Group und der Mane TCI, zu der auch Euromax gehört, eine der größten albanischen Handelsketten. Auf seiner Firmenseite stellt er sich selbstbewusst vor: »Mein Prinzip ist, dass ich die Nummer eins in meinem Geschäftsbereich sein will. Wenn mir das nicht gelingt, dann verkaufe ich oder beende das Geschäft. Im Augenblick bin ich in all den Geschäftsbereichen, in denen ich tätig bin, führend.«

Bereits 2005 eröffnete Manes Firma das Univers-Einkaufszentrum in Tirana. Auf einer Fläche von 21 500 Quadratmetern befinden sich mehr als 30 Läden einschließlich eines Hypermarkts von 4000 Quadratmetern; es ist das größte Einkaufszentrum Albaniens. Mane soll übrigens auch der erste albanische Milliardär gewesen sein. Woher sein Reichtum stammt, darüber gibt er wenig preis. 1967 in Korça geboren, hatte er in Tirana Geologie und Bergbau studiert und war Anfang der 1990er Jahre nach Österreich emigriert. Dort hat er später, wie er in Interviews selber sagte, als Dolmetscher Kontakte zu westlichen Unternehmen geknüpft und sich das nötige Rüstzeug für eigene geschäftliche Unternehmungen geholt. Seit März 2012 ist er auch Honorarkonsul von Thailand.

Die Kastratis sind einer der führenden Hochlandclans Nordalbaniens. Shefqet Kastrati gründete seine Kastrati Group Anfang der 1990er Jahre. »Wir sind bestrebt, langfristiges Wirtschaftswachstum, soziale Stabilität, Wohlstand und Fortschritt in den Regionen, in denen wir tätig sind, zu unterstützen sowie die Umwelt zu schützen und eine nachhaltige Nutzung der natürlichen Ressourcen sicherzustellen«, heißt es auf der Webseite der Firma, die in ihrem Kerngeschäft das größte albanische Ölunternehmen in Privatbesitz ist. Darum herum hat sie ein engmaschiges Firmennetz geknüpft und einen für albanische Verhältnisse beträchtlichen Mischkonzern geschaffen. Shefqet Kastrati ist auch der Mann, der hinter dem Konzessionsprojekt der albanischen Autobahn steht, über das noch zu lesen sein wird. Im Oktober 2017 war der Presse ein Deal zwischen Mane und Kastrati zu entnehmen, wonach die Balfin und die Kastrati Group nun zu gleichen Teilen Mehrheitseigentümer der INSIG-Life (Lebensversicherung) sind.

Aleksandër Frangaj ist vor allem Medienunternehmer. Als am 11. Mai 1991, einige Monate nach dem Sturz des alten Regimes, die erste Ausgabe von *Koha Jone* erschien, war er einer der beiden Chefredakteure. Im Gründungsjahr entwickelte sich die Zeitung zu einer der einflussreichsten des Landes und zog viele bekannte Journalisten und Publizisten an. *Koha Jone* entwickelte sich zum Sprachrohr der Opposition und erreichte 1994 eine von keiner anderen Zeitung jemals wieder erreichte Auflagenhöhe von 73 000 Exemplaren. Nach 1997 verfielen ihr Einfluss und Gewicht zunehmend, bis Aleksandër Frangaj die siechende Zeitung, die inzwischen seinem früheren Partner gehörte, aufkaufte und in seine Mediengruppe eingliederte.

Kernstück dieser Mediengruppe ist TV Klan, ein privater Fernsehsender, der sich seit 1997 vor allem durch die politische Unterhaltungsshow *Opinioni* und diverse Unterhaltungssendungen sehr gut auf dem umkämpften Markt etabliert hat und inzwischen zu den beliebtesten TV-Sendern Albaniens gehört. Zum Imperium von Aleksandër Frangaj gehören aber auch Bauunternehmen, die nicht nur das Gelände um das ehemalige Kinostudio »Neues Albanien« dicht bebaut haben, sondern auch für touristische Objekte wie die »Blaue Lagune« in der Nähe von Durrës verantwortlich sind. Inzwischen werden ominöse Bauprojekte im Zentrum von Tirana diskutiert, für die Frangaj auch Unterstützung aus Regierungskreisen genießen soll. Luxusimmobilien und Luxus-Tourismus-Ressorts scheinen sehr einträgliche Geschäftsfelder für den ehemaligen kritischen Journalisten geworden zu sein, bei dem sich einige seiner damaligen Kollegen fragen, woher dieser ganze Reichtum eigentlich stammt.

Auf meinem Berliner Schreibtisch liegen ein paar neue Hochglanzprospekte, die vermuten lassen, Albanien sei gerade der Zukunftsmarkt Europas. Die abi, die American Bank of Investment, wirbt mit dem Slogan *Investo në optimizem* (Investiere in Optimismus) dafür, zum Beispiel Geld in erneuerbare Energien in Albanien anzulegen. Überzeugungshilfe leisten soll eine knallbunte Drehscheibe mit den Top-ten-Gründen, um in Albanien zu investieren. Grund Nummer eins soll das liberale Investitionsklima sein, Nummer zwei die Existenz und Kompetenz der albanischen Investitionsentwicklungsgesellschaft, Nummer drei der Top Gründe, und diesen müsste man ehrlicherweise an den Anfang stellen, ist die Wettbewerbsfähigkeit bei Löhnen und Überstunden. Die Durchschnittslöhne in Albanien (derzeit bei 260 Euro, Mindestlohn bei 140 Euro) gehören zu den niedrigsten in Europa, und gegen Überstunden könnten nur eine starke Gewerkschaft oder eine Arbeitsgesetzgebung etwas ausrichten. Beides gibt es nicht. Die junge und gut ausgebildete Bevölkerung ist Investitionsgrund Nummer vier. Schließlich sind 57 Prozent der albanischen Bevölkerung unter 35 Jahre alt. Mehr als 100 000 Erstsemester jedes Jahr an den albanischen Universitäten versprechen nicht nur viele, sondern auch gut ausgebildete Arbeitskräfte. Dazu kommen die albanischen Studenten in Italien, Griechenland, Frankreich und Deutschland, die – falls es attraktive Jobangebote gäbe – natürlich gern in die Heimat zurückkehrten.

Als Nummer fünf werden wettbewerbsfähige Steuern und Investitionsanreize gepriesen. Grund Nummer sechs ist die optimale geografische Lage; das kann man leicht nachvollziehen.

Trotzdem kommen nur schleppend ausländische Investitionen ins Land. Ohne Zweifel stellt sich mit der zweiten Rama-Regierungszeit eine Kontinuität ein, die für die Entwicklung der Wirtschaftsbeziehungen vorteilhaft ist oder werden kann. Noch immer machen sich allerdings internationale Großunternehmen rar. Hinter den Investitionsgründen sieben bis zehn verbergen sich das prognostizierte hohe Wachstumspotenzial, Freihandelszonen, der freie Zugang zu Märkten und eine makroökonomische Stabilität.

Entwicklungspotenzial für die albanische Wirtschaft sieht Ministerpräsident Rama besonders in den Bereichen Energie, Tourismus und Infrastruktur. Und hier tut sich tatsächlich manches. Das in London ansässige Marktforschungsunternehmen BMI hob seine Wachstumsprognose 2018 für Albanien von 3,3 auf 3,7 Prozent an, da eine lockere Geldpolitik und eine geringere Wahrnehmung politischer Risiken Investitionen und privaten Konsum unterstütze. Durch den Bau der Trans-Adria-Pipeline

(TAP) werde die Wirtschaft insgesamt einen Schub erfahren, was sich positiv auf die Arbeitslosenquote und das außenwirtschaftliche Umfeld auswirke.

Mit dem Bau der TAP wurde 2015 begonnen; sie soll Erdgas aus dem kaspischen Raum durch die Türkei nach Westen transportieren. Rund 870 Kilometer Röhren werden durch Griechenland, Albanien und die Adria nach Süditalien verlegt und in Kipoi an der türkisch-griechischen Grenze mit der Transanatolischen Pipeline (TANAP) verbunden. 2020 soll die TAP in Betrieb gehen. Ihre Transportkapazität ist auf zehn bis 20 Milliarden Kubikmeter Erdgas pro Jahr veranschlagt. Zur Pufferung der Gaslieferung bei Engpässen und Unterbrechungen soll auch ein Gasspeicher in Albanien errichtet werden. Die transadriatische Pipeline-Route durch Albanien wird circa 215 Kilometer lang sein. Ob der Pipeline-Bau allerdings wirklich zu einer nachhaltigen Wirtschaftsentwicklung führen wird oder nicht eher nur ein kleiner Schub ist, bleibt abzuwarten.

Die Geschichte vom Erdöl

Die Erdölindustrie war und ist einer der wichtigsten Wirtschaftszweige Albaniens. Mit den Öl- und Gasvorkommen konnte nicht nur der Bedarf des eigenen Landes gedeckt werden, sie waren immer auch eine der wichtigsten Deviseneinnahmequellen. Die Anfänge der Erdölförderung in Albanien gehen bis in die Zeit von König Zogu zurück. Seit 1928 war die Stadt Kuçova Zentrum der Erdölförderung und damit einer der wichtigsten Industriestandorte des Landes gewesen. Gefördert wurde das Erdöl zunächst von italienischen Firmen; im Jahre 1934 sollen es circa 900 000 Tonnen gewesen sein.

Ein rüstiger Herr Mitte 80 hat mir erklärt, wie sich der Industriezweig seit dem Zweiten Weltkrieg entwickelt hat. Tarja Hysi ist früher Ingenieur in der Erdölindustrie gewesen, bevor er in der Regierung Alia im Range eines stellvertretenden Ministers für den Bereich Erdölindustrie zuständig wurde. Zunächst zeigte er mir alte Fotos, auf denen er an der Spitze einer Delegation neben Ramiz Alia stolz durch Ballsh schreitet. In der 20 Kilometer südöstlich von Fier gelegenen Stadt stand einmal die größte Raffinerie des Landes. Gebaut ab 1978 mit einer Technologie aus den 1960er Jahren, hatte sie eine theoretische Verarbeitungskapazität von einer Million Tonnen Rohöl pro Jahr. Diese Mengen wurden jedoch nur um 1980 erreicht.

Hysi bestätigte, was ich vermutet hatte: Die Entwicklung der albanischen Erdölindustrie ist eng mit dem Namen Enver Hoxhas verbunden, sowohl die Erfolge als auch das Scheitern. 1944 wurde Koço Theodhosi von der kommunistischen Partei als Kommissar für besondere Aufgaben mit der Leitung des Standortes Kuçova beauftragt. Theodhosi brachte für diesen Job die besten Voraussetzungen mit, hatte er doch an der Universität Lyon Chemie studiert und zu den Gründungsmitgliedern der Kommunistischen Partei Albaniens gehört. Die Zeit zwischen 1944 und 1947 war die komplizierteste für die albanische Erdölwirtschaft, denn man musste wegen der Kriegsschäden und unzureichender Wartung der Anlagen faktisch bei null beginnen. Zunächst wurde die Pipeline Kuçova-Vlora wieder instandgesetzt, und die seit den 1930er Jahren bestehenden Ölfelder in Kuçova und Patos wurden reaktiviert und ausgebaut.

Nach dem Krieg wurden die italienischen Eigentümer enteignet und die Erdölwirtschaft verstaatlicht. Bis 1947 mussten auch die ausländischen Spezialisten das Land verlassen; sie waren schwer zu ersetzen. Tarja Hysi meint, die Kommunisten hätten derzeit eine geradezu pathologische Angst vor Ausländern gehabt, insbesondere vor den Deutschen und den Italienern. Am 24. Februar 1947 wurde eine albanisch-jugoslawische Aktiengesellschaft Erdöl mit Sitz in Tirana gegründet. Dahinter stand die Idee, das Öl gemeinsam zu fördern und in der Raffinerie von Rijeka (gehört heute zu Kroatien) weiterzuverarbeiten. Beide Länder sollten davon gleichermaßen profitieren. Diese Idee wurde nicht in die Tat umgesetzt, denn schon ein Jahr später kam es zum Bruch mit

Jugoslawien. Schließlich übernahmen sowjetische Spezialisten Schlüsselfunktionen in der albanischen Erdölindustrie. Mit sowjetischer Hilfe entwickelte sich Kuçova in den 1950er Jahren rasant und erhielt den Namen Qyteti Stalin (Stalinstadt).

Als auch die sowjetischen Spezialisten 1961 des Landes verwiesen wurden, verfügte Albanien bereits über eine eigene, wenn auch wenig erfahrene junge Generation von Ingenieuren. Die Partei hatte auf Weisung Hoxhas junge Leute zum Studium nicht nur in die Sowjetunion, sondern nach Rumänien, Polen und in die DDR geschickt.

Als nach dem Abzug der sowjetischen Spezialisten die erste Ölquelle in den Karbonformationen von Visoko entdeckt wurde, waren Freude und Erleichterung groß. Hoxha formulierte allerdings umgehend einen politischen Vorwurf gegenüber den sowjetischen Spezialisten, die die Suche nach neuen Ölquellen in diesem Gebiet als wenig erfolgversprechend abgetan hatten. Erste Anschuldigungen gegen sogenannte Saboteure wurden laut.

Die neu entdeckten Vorkommen in der Karbonschicht weckten großen Optimismus und gaben der gesamten Wirtschaft neue Impulse. »Erdöl bricht die Blockade«, hieß es nun überall. 1974 förderte die albanische Erdölindustrie 2,4 Millionen Tonnen Erdöl, und dies, wie man nicht müde wurde zu betonen, ausschließlich aus eigener Kraft. Auf persönliche Anweisung Hoxhas wurde in diesen Jahren viel in die Ausbildung von Fachkräften für die Erdölindustrie investiert. So wurden an vier Fach(mittel)schulen ungefähr 1400 Spezialisten mit unterschiedlichen Profilen ausgebildet. 45 Betriebe wurden neu gegründet, die Spezialausrüstungen für die Erdölindustrie herstellten und in denen bis zu 30 000 Arbeiter beschäftigt waren. Darüber hinaus wurden zwei wissenschaftliche Institute gegründet und eine Fakultät für Erdölindustrie an der Universität in Tirana. Schließlich war Albanien in den 1970er Jahren in der Lage, den gesamten Zyklus der Erdölindustrie, von der geologischen Erkundung über die Förderung bis zur Weiterverarbeitung im Land stabil zu realisieren.

Die Planziele für die Erdölindustrie allerdings legte die Partei fest. Diese Ziele orientieren sich an einem stetigen Wachstum der Fördermengen. Genug Spezialisten waren ja inzwischen ausgebildet worden, unberücksichtigt blieb jedoch, dass die Bohrtiefen mit der zur Verfügung stehenden Technik begrenzt waren und die mittlerweile vorgefundenen Gesteinsformationen immer tiefere Bohrungen schwieriger bis unmöglich machten. Die Fachleute hatten keinen Einfluss auf Planvorgaben, und das Nichterreichen der Planziele wurde als Sabotage eingestuft. Tarja Hysi meinte nachdenklich, er persönlich glaube nicht, dass es in der Erdölindustrie Fälle von absichtlicher Sabotage gegeben hat. Die Planziele seien einfach unrealistisch gewesen.

In den 1970er Jahren wurden einige führende Spezialisten der Erdölindustrie abberufen und unter Spionageanklage gestellt. Im »Haus der Blätter« in Tirana gibt es Fotos der politischen Prozesse gegen sogenannte Saboteure in der Erdölwirtschaft, die Mitglieder der »Erdölgruppe«. Allerdings war der Trend, das Nichterreichen von Planzielen mit Sabotage zu begründen, keineswegs auf die Erdölindustrie beschränkt. In allen Bereichen der Wirtschaft wurden für Probleme die äußeren Feinde und ihre Verbündeten, die Saboteure im eigenen Land, verantwortlich gemacht. Theodhosi, Kommissar der ersten Stunde, der es bereits 1954 zum Industrieminister gebracht hatte, wurde im September 1975 wegen vorgeblicher Planungsfehler beim Bau des Wasserkraftwerkes von Fierza sowie des Stahlkombinats von Elbasan abgesetzt. Wie damals nicht ungewöhnlich, wurde ihm gleich noch die Teilnahme an einer militärwirtschaftlichen Verschwörung vorgeworfen, eine zu große Nähe zur Sowjetunion, zum Ministerpräsidenten der Volksrepublik China, Zhou Enlai, und zu Jugoslawien. 1977 wurde er zum Tode verurteilt und hingerichtet.

Tarja Hysi erzählte mir, dass er sich damals öfter gefragt habe, wann er selbst an der Reihe sei. Es habe sich ein Gefühl der Angst und Unsicherheit ausgebreitet, niemand traute mehr jemand anderem. Auch für die Forschung waren die Auswirkungen fatal, viele Wissenschaftler hielten dem hohen Anforderungsdruck nicht stand. Dabei waren die Erfolge der albanischen Erdölwirtschaft wirklich beachtlich. Von 1928 bis 1944 wurden 984 022 Tonnen Erdöl gefördert, 1961 bis 1990 45 823 935 Tonnen.[57] Nach 1990 brachen die Förderzahlen dramatisch ein; von 1991 bis 2004 wurden lediglich noch 3 060 964 Tonnen gefördert. Auf Initiative der technischen Intelligenz der Erdölwirtschaft fand im November 1991 eine Konferenz in Fier zum Thema »Erdöl und Weltmarkt« statt, auf der man Ideen für einen Neuanfang diskutierte. Als einer der ersten Schritte wurde das Staatsunternehmen Albpetrol gegründet. In der Folge wurden die nationalen Ressourcen allerdings verschleudert, erzählt Tarja Hysi resignierend. Die Berisha-Regierung war nur an schnellem Geld interessiert und nicht an langfristigen Lösungen im Interesse der gesamten Wirtschaft. Am 3. Oktober 2012 verkaufte sie Albpetrol für rund 850 Millionen Euro an Vetro Energy, ein US-amerikanisches Konsortium. Laut Kaufvertrag sollte das Staatsunternehmen für die nächsten 25 Jahre an Vetro Energy übergehen. Die vereinbarten Zahlungen sind jedoch nie geleistet worden, und die Umsetzung des Vertrages kam faktisch nie zustande; Albpetrol ist als Erdölproduktions- und Erdölvermarktungsgesellschaft noch immer im Besitz des albanischen Staates. Das Unternehmen hat seinen Hauptsitz in Patos und eine Repräsentanz in Tirana. Albpetrol verwaltet derzeit nach eigenen Angaben 1350 Ölbohrungen in Patos, Ballsh, Karbunarë, Kuçova, Gorisht-Kocul, Cakran-Mollaj und Amonicë. Gemessen am Umsatz ist Albpetrol das elftgrößte Unternehmen Albaniens und das drittgrößte staatliche Unternehmen. Im Geschäftsjahr 2016 betrug der Gewinn nach eigenen Angaben 13 Millionen US-Dollar. Nachdem Mitte der 1990er Jahre eine Reihe internationaler Ölfirmen nach Albanien gekommen waren und von Albpetrol verwaltete Ölfelder durch Konzessionen übernommen hatten, veränderte sich die Struktur des Unternehmens. Gegenwärtig tritt Albpetrol nicht nur als Ölproduzent auf dem Markt auf, sondern fungiert auch als Regulierungsbehörde zwischen dem albanischen Staat und ausländischen Unternehmen.[58] 2017 hat der albanische Ölraffineriebetreiber ARMO den Betrieb aufgrund eines Stopps der Rohöllieferungen eingestellt. Die ARMO-Ölraffinerie ist ein privates Unternehmen in Ballsh, das nach Angaben der albanischen Zollverwaltung noch im Jahre 2017 184 Millionen Liter Diesel produziert hatte für die Märkte nicht nur von Albanien, sondern auch für den Kosovo und Nordmazedonien. Doch dann kam die große Krise, denn der kanadisch-chinesische Ölproduzent Bankers Petroleum, der durch den Erwerb an Konzessionen von Albpetrol inzwischen zum größten Rohöllieferanten in Albanien aufgestiegen ist, verkaufte seine Produkte lieber auf dem ausländischen Markt als an albanische Raffinerien. In den letzten zehn Jahren hat sich Bankers nach eigenen Angaben zum größten ausländischen Direktinvestor und zum größten Steuerzahler in Albanien entwickelt. Allerdings lohnt sich das Geschäft offensichtlich mehr für Bankers als für die albanische Erdölwirtschaft und ihre Beschäftigten. In den ersten neun Monaten des Jahres 2017 beliefen sich die Schulden von ARMO bereits auf rund 100 Millionen Euro. Steuerschulden sind ohne Frage ein ernstes Problem, ein noch ernsteres für die Arbeiter stellten jedoch die anhaltend ausbleibenden Gehaltszahlungen dar. Als einer der bisher größten Streiks der Erdölarbeiter begann, beschäftigten die Raffinerien in Fier und Ballsh noch rund 1000 Arbeiter. Ein Marsch von mehr als 100 Erdölarbeitern von Fier bis vor das Energieministerium in Tirana machte auf die schwierige Lage der Arbeiter aufmerksam, von denen viele über die letzten Jahre nur sporadisch ihr Gehalt bekommen hatten. Die Streikenden forderten wenigstens zwei ausstehende Monatsgehälter vor dem Neujahrsfest. Das albanische Wirtschafts- und Finanzministerium, das Anteile von 14,7 Prozent der Raffinerie hält, hielt sich mit Kommentaren zurück und versuchte wie immer, die Sache auszusitzen.

Und wieder kam ein glücklicher Umstand zur rechten Zeit: Man stieß auf neue Vorkommen. Es sei gerade ein sehr guter Moment, in die Erdölindustrie in Albanien zu investieren, erklärte Edi Rama im Frühjahr 2018. Die Regierung betrachte den Energiesektor als einen strategischen Sektor. Albanien sitze faktisch auf einem der größten Erdölfelder Europas mit wenigstens 220 Millionen Barrel. Die Zukunft in diesem Bereich sei glänzend. Shell hatte sich inzwischen für das albanische Öl interessiert, und das Land brauchte ohne Zweifel die Zusammenarbeit mit internationalen Riesen der Branche, die über das nötige finanzielle Potenzial und moderne Technologien verfügten. Für solch eine Zusammenarbeit ist die albanische Regierung wieder einmal offen und schafft ein freundliches Klima für ausländische Investitionen. Für Shell und BP hat sie das bereits getan. Zu hoffen ist, dass sich das neue Engagement endlich auch mal für die eigenen Arbeiter, die darbenden Kommunen und die ölgeschädigte Umwelt auszahlen wird. Die Umweltschäden, verursacht durch die Öl- und Gasfelder, gehören inzwischen zu den Hotspots nicht nur albanischer Umweltaktivisten. UNDP hat ein Sonderprogramm aufgelegt, um sie untersuchen zu lassen und die Ergebnisse bekannt zu machen. In der Gegend von Fier ist inzwischen wegen der hohen Bodenbelastung eine landwirtschaftliche Nutzung kaum noch möglich. Ein ernstes Problem stellt die hohe Konzentration von Ölkomponenten wie Phenol im Fließwasser dar. Eine Grüne Partei oder Ökobewegung ist in Albanien noch in den Anfängen. Und die Menschen, die in der Nähe der Erdölfelder leben sind oft in ihrer wirtschaftlichen Existenz mit der Erdölwirtschaft verbunden. Angesichts ihrer existenziellen Probleme sind Umweltschäden nicht weit oben auf ihrer Prioritätenliste.

Verkehr – Chaos und Ordnung

Heutzutage kann man nach Albanien fliegen, man kann mit dem Auto kommen oder per Fähre aus Italien oder die paar Kilometer von Korfu. Aber mit dem Zug dorthin fahren kann man nicht. Tirana ist vermutlich die einzige Hauptstadt Europas, die momentan keinen Bahnhof hat. Das ehemalige Bahnhofsgebäude ist einem Straßenbauprojekt gewichen. Das albanische Schienennetz, wie gesagt zu großen Teilen als Jugendinitiative zu Zeiten Hoxhas ausgebaut, war sowieso marode. In den 1990er Jahren zerstörten Vandalen und Alteisen-Diebe die Waggons und stahlen die Schienen, sodass das staatliche albanische Bahnunternehmen zeitweilig den Betrieb ganz einstellen musste. Seit 2015 wurden nun einige Stationen entlang der Durrës-Tirana-Linie renoviert und die alten tschechischen ČKD-Diesel-Loks mit roter und weißer Farbe aufgehübscht. Vielleicht entschließt man sich aber auch in näherer Zukunft, das Eisenbahngeschäft über die wenigen momentan betriebenen Streckenabschnitte hinaus zu beleben. Machbarkeitsstudien gibt es bereits, potenzielle Investoren noch nicht.

Im Juli 2018 wurde in Tirana in einer Art Kunstinstallation mit Lichtshow und lauter Musik eine alte Dampflok dort platziert, wo früher einmal der Bahnhof gewesen war. Bürgermeister Veliaj versprach vollmundig, die Hauptstädter könnten bald elektrisch von Tirana zum Flugplatz Rinas oder nach Durrës ans Meer fahren; ganz schnell, umweltschonend und modern. Dabei hatte er zunächst ein Straßenbahnprojekt im Auge. Was den Zeitpunkt der Fertigstellung betraf, wollte er sich noch nicht festlegen. Finanziert haben das Spektakel das Ministerium für Infrastruktur und Energie und der Hemingway-Fanclub Tirana.

Für den Transport auf dem Wasserwege sind die Seehäfen von Durrës, Vlora, Saranda und Shëngjin zuständig. Die günstige Lage von Durrës macht den dortigen Hafen zum größten Albaniens und zu einem der bedeutendsten in der Adria und im Ionischen Meer. Bereits vor Jahren wurde eine Fährverbindung zwischen Saranda und der griechischen Insel Korfu eingerichtet und eine andere verbindet über den Ohridsee die nordmazedonische Stadt Ohrid mit Pogradec. Seit dem Zusammenbruch des ehemaligen sozialistischen Staates sind Pkw-Besitz und Busnutzung erheblich gestiegen. Dies hat zeitweilig zu chaotischen Zuständen geführt, denn der Erwerb einer Fahrerlaubnis war komplizierter als der Erwerb eines Autos und die Polizei der Situation nicht immer gewachsen. Doch das ist Vergangenheit. Die Straßen Albaniens sind in den letzten Jahrzehnten wesentlich besser geworden, als ich sie aus meinen ersten Jahren dort kannte. Allerdings ist die Unfallrate nicht gerade gering, was aber wohl mehr mit dem schlechten Zustand der Autos und dem teils verwegenen Fahrstil als mit dem Zustand der Straßen zu tun hat. Busunglücke wie das von 2010 bei Fushë-Arrëz, als ein Bus einen Abhang hinunterstürzte und 14 Insassen ums Leben kamen, sind zum Glück selten.

Der Bau einer Autobahn, die Albanien mit dem Kosovo verbindet, brachte auch den verkehrstechnisch unterentwickelten Norden näher an die großen Städte heran und machte das Leben vieler Menschen leichter. Besonders profitiert hat davon die Stadt Kukës, die nicht weit von der Grenze zum Kosovo entfernt liegt. Während des NATO-Luftkrieges im Frühjahr 1999 waren zehntausende Kosovo-Albaner über die Berge nach Albanien geflohen. Ende April sollen es ungefähr 160 000 gewesen sein, die in und um Kukës kampierten. Die sehr schlechte Verkehrsanbindung des Berglands im albanischen Nordosten erschwerte damals eine Versorgung der Flüchtlinge erheblich. Man erinnerte sich an das kleine, 1941 von italienischen Besatzern ausgebaute Flugfeld in Kukës, das dann 1999 in kurzer Zeit von Militäringenieuren der Vereinigten Arabischen Emirate notdürftig ausgebaut, erste Hilfsflüge ermöglichte. Später wurde der Flugplatz nicht mehr genutzt und Schafe grasten auf der großen freien Fläche zwischen den alten Verwaltungsgebäuden. Ansonsten war die Lage wieder normal, das heißt: Die Gegend war sehr weit weg von der übrigen Zivilisation. Eine Reise von Tirana nach Kukës war damals eine zeitaufwendige Unternehmung und nicht unwesentlich vom Wetter abhängig. Es kam vor, dass unsere OSZE-Kollegen dort in den Wintermonaten für längere Zeit überhaupt nicht erreichbar waren.

Die Arbeiten an der Autobahn, die auch gern die »Patriotische Autobahn« genannt wird, weil sie Albanien mit dem Kosovo verbindet, wurden im Sommer 2006 aufgenommen und sollten vor den Parlamentswahlen am 28. Juni 2009 abgeschlossen sein. Doch am 20. März 2009 stürzte der noch im Bau befindliche Tunnel zwischen Rrëshen und Kalimash ein. Das Bauunternehmen versuchte dies mehrere Tage zu verheimlichen. »Wenn es sein muss, verkaufen wir den Schmuck unserer Frauen, um diese Autobahn fertig zu bauen«, tönte Berisha damals vor dem Parlament. Seine politische Zukunft hing auch vom Erfolg dieses gigantischen Projekts ab, das das Land für Jahrzehnte verschulden sollte.

Wie das benötigte Geld eigentlich zusammengekommen ist, und wer wem was wofür zahlen musste, ist nie ganz klar geworden.[59] Die beim albanischen Straßenbau übliche Korruption verstärkte das Problem. Zwei ehemalige Direktoren der albanischen Straßenbehörde wurden am 2. Februar 2018 von einem Gericht in Elbasan verurteilt, weil sie Geld für eine Straße abgerechnet hatten, die nie gebaut worden ist. Der Schaden soll mehrere Millionen Euro betragen. Einer der Verurteilten, Andi Toma, war bereits im Zusammenhang mit dem Autobahnbau wegen Veruntreuung angeklagt worden, hat danach aber wohl weiter unbehelligt in der Straßenbaubehörde gearbeitet.

Bereits im November 2008 hatte die Staatsanwaltschaft eine Untersuchung gegen Lulzim Basha eingeleitet, der bei Baubeginn Verkehrsminister in Albanien war. Damals gerade um die 30, galt er als einer der engsten Vertrauten von Ministerpräsident Berisha. Spezialisten schätzten, dass die amerikanische Firma Bechtel, die die nicht sehr transparenten Ausschreibungen gewonnen hatte, mit dem Projekt einen Gewinn von 44 Prozent machen könnte. Welche Verbindungen zwischen dem Minister und dem Unternehmen bestanden, konnte nicht geklärt werden. Lulzim Basha hat die Bechtel-Affäre mit einigen Kratzern problemlos überstanden. Als Vorsitzender der DP ist er im Moment gerade Oppositionsführer.

Bechtel ist weltweit eines der größten Unternehmen im Straßenbau und hat beste Kontakte zur US-Regierung. Man kann vermuten, dass die amerikanische Botschaft in Tirana manches unternommen hat, um bei der Auftragsvergabe eine Entscheidung für dieses Unternehmen zu befördern. Ein nicht unwesentliches Argument war sicher die Tatsache, dass die Autobahntrasse auf kosovarischem Territorium nicht weit an »Bondsteel« vorbeiführen sollte. Das ist eine der größten US-amerikanischen Militärbasen in Europa und eine der größten auf dem Balkan. Die neue Autobahnanbindung sichert dieser nun den Zugang zum Meer und damit zu den Schiffen der 5. US-Flotte, die vor der albanischen Küste kreuzen. Die USA, die die Unabhängigkeit des Kosovo unterstützt und ermutigt haben, gewinnen so einen schnellen und gesicherten Verbindungsweg ins Zentrum Europas.

Der Vertrag zum Bau des kosovarischen Abschnittes der Autobahn wurde im April 2010 nach Lobbyarbeit des damaligen US-Botschafters im Kosovo, Christopher Dell, dem gleichen Konsortium wie dem für den Bau des albanischen Abschnittes zugesprochen, also Bechtel. Dell ist inzwischen aus dem diplomatischen Dienst ausgeschieden und ganz offiziell zu Bechtel gewechselt, als Country Director in Afrika. Ein Schelm, wer Böses dabei denkt.

Der Transportminister in Pristina, also auf der anderen Seite der Berge, Fatmir Limaj, stand seinen Partnern in Tirana in Großspurigkeit in nichts nach. Diese Autobahn werde alle Beziehungen in der Region beeinflussen, wenn sie eines Tages bis nach Niš in Serbien führe, prahlte er. Limaj war zu meiner Zeit im Kosovo der beliebteste Minister dort. Er gab das viele Geld, das seinem Ministerium zur Verfügung stand – überwiegend internationale Projektgelder – für Straßen und Fußgängertunnel aus, als wäre es sein eigenes, und ließ sich dafür feiern. Als die Routenführung der Autobahn auf kosovarischem Territorium feststand, erhöhten sich die Landpreise der betroffenen Parzellen gewaltig. Vorher waren viele der dort ansässigen Kosovo-Serben allerdings ziemlich geräuschlos enteignet worden, und manche Kosovo-Albaner wurden nun über Nacht sehr reich. Wie nahe sie Limaj und seinen politischen Freunden standen, ist nie wirklich ans Licht gekommen.

Noch ist die Autobahn-Saga nicht zu Ende, denn 2018 wurde in Albanien eine Maut eingeführt. Die Konzession zur Eintreibung dieser Maut wurde der privaten Firma Kastrati übertragen.

Nachdem der Gemeinderat von Kukës Ende März 2018 zu Protesten dagegen aufgerufen hatte, kam es zu Zusammenstößen von Tausenden Demonstranten mit der Polizei; Mautstationen wurden in Brand gesetzt.

Übrigens hat der Handel zwischen Albanien und dem Kosovo seit der Eröffnung der Autobahn nur einen bescheidenen Anstieg erlebt. Experten schätzen außerdem, dass die Straße im Jahresdurchschnitt nur zu zehn Prozent ausgelastet ist.

Tourismus – der Wirtschaftszweig der Zukunft

Der Tourismus als Wirtschaftszweig hat in Albanien noch keine lange Tradition. Enver Hoxha hat einmal geschrieben: »Was den Tourismus betrifft, so betreiben wir ihn weder nach Umfang und Form so, wie ihn die kapitalistischen und revisionistischen Länder entwickeln, noch mit profitorientierten und damit auch verkommenen Zielen wie sie. (…) Der Tourismus ist bei uns weder eine Industrie noch ein Mittel zur Korruption oder Herumtreiberei.«[60] Der Staat hatte zwar das Monopol in diesem Bereich, sah aber nicht sein ökonomisches Potenzial. Der Staatsbetrieb Albtourist übernahm die wenigen Hotels, die nach dem Zweiten Weltkrieg noch nutzbar waren. Ende der 1950er Jahre entstand mit dem Hotel »Adriatiku« in Durrës dann das einzige Hotel an der Küste, das internationalen Standards entsprach.

Ein paar wenige organisierte Reisen gab es, zum Beispiel über die deutsch-albanische Freundschaftsgesellschaft und die damals eng mit ihr verbundene Kommunistische Partei Deutschlands (Marxisten/Leninisten), KPD (ML). 1968 gegründet, lehnte diese die Deutsche Kommunistische Partei (DKP) als revisionistisch ab und orientierte sich zunächst am Maoismus; nach dem Bruch zwischen Albanien und der Volksrepublik China bevorzugte man das albanische Sozialismusmodell. Manchmal sah man im Sommer Gruppen dieser Genossen im »Adriatiku« oder in der Hauptstadt im Hotel »Tirana«.

In den 1980er Jahren war die Bewegungsfreiheit in Albanien – nicht nur für Ausländer – stark eingeschränkt. Unsere Ausflüge waren mehr oder weniger auf Durrës im Sommer und Kruja im Winter beschränkt. Außerdem waren noch Shkodra, Elbasan und ein paar andere Städte für Diplomaten frei erreichbar. Für alle anderen Orte benötigte man eine Sondergenehmigung. Diese *Leje Speciale Udhëtimi* musste man im Büro für Diplomatische Vertretungen so lange im Voraus beantragen, dass sich das Personal der *Sigurimi* mit Menschen und Material auf den Ausflug vorbereiten konnte. So hatten wir auf unseren nicht so häufigen längeren Touren immer einen Peugeot im Rückspiegel – das war das übliche »Begleit«-Fahrzeug. Spontane Gespräche mit Leuten unterwegs auf der Straße waren nicht erwünscht. Das wussten auch die meisten Albaner und hielten sich tunlichst daran.

Groß waren unsere Erwartungen, als wir nach dem Zusammenbruch des alten Systems Albanien privat bereisen konnten. 1993 durchquerten wir das Land mit dem Wohnmobil. Die Zeit der Anarchie war in manchen Gegenden noch nicht überwunden, deshalb waren wir froh, als wir ohne größere Verluste (jemand hatte versucht, den Benzintank anzuzapfen und dabei den Wassertank erwischt) die griechische Grenze erreicht hatten. Zu der Zeit gab es in Albanien noch vor jeder Stadteinfahrt eine Polizeikontrolle, und die Polizisten trugen Sonnenbrillen wie in italienischen Mafiafilmen. In einem Ort nahe der Grenze zu Montenegro wurden wir einmal von einem Polizisten angehalten und nach Waffen gefragt. Wir verneinten nachdrücklich. Als der Mann nach kurzem Zögern um etwas Geld für einen Kaffee bat, verstanden wir. Er hatte nicht kontrollieren wollen, ob wir Waffen mit uns führten, sondern hätte uns gern eine verkauft. Wir kurbelten das Fenster hoch und rasten so schnell davon, wie der kaputte Asphalt es erlaubte.

Inzwischen ist Albanien als Urlaubsdestination schon lange kein Geheimtipp mehr. Immer mehr Neugierige und Entdecker finden Gefallen an Reisen dorthin. Die teils noch unberührte Schönheit des Landes und der entwickelte Service im

Gastgewerbe müssen keinen Vergleich mit den Nachbarländern scheuen. Dass die touristische Entwicklung hier wesentlich später eingesetzt hat als bei den Nachbarn Griechenland und Italien, hat den großen Vorteil, dass die touristische Infrastruktur durchweg eigentlich neu und modern ist. Manches ist jedoch nach 1990 ziemlich improvisiert gebaut worden und hat nicht lange gehalten. Mit unverbauten Sandstränden kann man leider nicht mehr überall an der Küste werben. Manche Baufrevel der Anfangsjahre lassen sich nicht mehr oder nur schwer wieder rückgängig machen. Auch eine strategische Ausrichtung des Tourismus als Wirtschaftszweig war nicht einfach. Wollte man den Massentourismus, der das schnelle Geld bringt, oder eher den Individualtourismus fördern? Inzwischen gibt es von jedem etwas: den Strandurlaub an den übervollen Stränden von Durrës und Vlora, die Bergwandertouren durch die Nordalbanischen Alpen, Städtereisen und inzwischen auch den Agrotourismus.

Zu den touristischen Stoßzeiten sollte man Albanien möglichst meiden. Das sind natürlich in erster Linie die Ferienzeiten im Sommer. Im August für ein Wochenende vom Kosovo über die neue Autobahn ans Meer zu fahren, ist wirklich eine Herausforderung. Trotzdem tun das die meisten Kosovo-Albaner immer wieder. So trifft sich dann halb Pristina am Strand oder in den Bierkneipen und Fast-Food-Restaurants. Die heißen übrigens oft nach dem Herkunftsort ihrer kosovarischen Betreiber »Gjakova«, »Peja« oder »Prizren«. Es ist ziemlich offensichtlich, dass Kosovo-Albaner hier gut im Geschäft sind.

Mehr als die Hälfte der Touristen in Albanien sind im Moment noch Albaner aus den Nachbarländern und der weiter entfernt lebenden Diaspora. Die albanische Statistikagentur INSTAT vermeldete für das Jahr 2017 einen Touristenrekord von 4,6 Millionen Übernachtungen und damit eine Steigerung von 7,1 Prozent zum Vorjahr. Diese Zahlen nehmen sich allerdings bescheiden aus im Vergleich zu den Nachbarn an der Adria. Laut EUROSTAT, der Statistikbehörde der EU, hatte Kroatien im selben Jahr 86,1 Millionen Übernachtungen – ein Anstieg im Vergleich zu

2016 um 10,6 Prozent (der EU-Durchschnitt betrug 5,1 Prozent). Obwohl Kroatien stolz auf seine boomende Tourismusindustrie ist, weisen Wirtschaftsanalysten darauf hin, dass fast das gesamte Wirtschaftswachstum des Landes auf die Küstenregionen beschränkt sei, mit lediglich geringen Auswirkungen auf den Rest. Ob eine ähnliche Gefahr in Albanien besteht, wird man wohl erst mit den Jahren und bei einem weiteren Wachstum der Tourismusindustrie sehen. Das albanische Ministerium für Wirtschaft und Tourismus erklärte gegenüber BIRN,[61] dass es nun vor allem darum gehe, den Aufwärtstrend fortzusetzen. Der Anstieg der Einnahmen aus dem Tourismus lässt glauben, dass Albanien zu einem wettbewerbsfähigen Land für den Tourismus in der Region wird, heißt es aus dem zuständigen Ministerium. Laut einem Bericht der albanischen Zentralbank hat Albanien im Jahre 2016 einen Gewinn von 1,5 Milliarden Euro aus dem Tourismus erwirtschaftet. Für das Jahr 2015 waren es rund 1,35 Milliarden Euro gewesen. Allein der Anstieg von rund 13 Prozent in einem Jahr macht optimistisch.[62]

Als die kroatische Präsidentin Kolinda Grabar-Kitarović im Juli 2018 zu ihrem ersten Staatsbesuch in Albanien war, stand bei ihr ein Umweltprojekt ganz oben auf der Agenda: Ihr Land wird Albanien dabei helfen, den Plastikmüll abzubauen, der nicht wenige albanische Flüsse und Strände belastet. Natürlich hat Kroatien dabei auch die Tatsache im Auge, dass ein Teil dieser Abfälle bereits jetzt an den Stränden Dalmatiens landet. Sollte das Projekt erfolgreich sein, könnte es der Tourismusindustrie beider Länder nutzen.

Auch mit Serbien hat Albanien im Mai 2018 eine Kooperationsvereinbarung unterzeichnet. Auf Messen im Ausland will man sich künftig gemeinsam präsentieren, da Touristen aus Übersee auf einer Reise erfahrungsgemäß mehrere Ziele in Europa besuchen. Das Abkommen schließt die Kooperation der beiden Länder in internationalen Tourismusorganisationen und die Förderung der Zusammenarbeit zwischen Organisationen beider Länder ein, die im Bereich Tourismus tätig sind.

Die zuständigen Minister Rasim Ljajić (für Serbien) und Blendi Klosi (für Albanien) sind beide nicht neu im Geschäft und ihre derzeitigen Posten nicht die Höhepunkte ihrer Karriere. In den Medien präsentierten sie den Deal wie einen Friedens- und Beistandsvertrag. Damit gaben sie der Tourismuswirtschaft ihrer Länder einen Stellenwert, der ihr tatsächlich noch zukommen könnte. Neben den internationalen Touristen wollen beide Seiten auch die eigenen Bürger ansprechen und zum gegenseitigen Kennenlernen und kulturellen Austausch einladen. Laut Ljajić besuchen jährlich nur 3000 bis 5000 serbische Staatsangehörige Albanien; umgekehrt sei die Zahl der albanischen Touristen in Serbien so gering, dass sie nicht einmal registriert werde. Klosi fügte hinzu, dass er mit seinem Amtskollegen über die Organisation einer Konferenz von Tourismusministern der Region diskutiert habe, auf der eine gemeinsame Tourismusstrategie entwickelt werden solle, die Nordmazedonien, Montenegro, Bosnien und Herzegowina und den Kosovo umfassen würde.

Auch in Albanien gibt es inzwischen den Trend, dass sich vermögende Exilbürger oder Westeuropäer Wohnungen oder Häuser in Ferienorten kaufen. Die Immobilienpreise steigen, wenn auch das erreichte Preisniveau noch nicht dem an der kroatischen Adriaküste vergleichbar ist. Bauunternehmen, Makler und Servicefirmen wittern das große Geschäft – und auch Anwaltsbüros. Allerdings, so schreiben albanische Medien, sei es natürlich nicht der Durchschnittstourist, der am Ende eines Urlaubs gleich sein Apartment kauft. Die Mehrzahl der westeuropäischen Urlauber sieht Albanien als ein Land mit verhältnismäßig geringen Kosten für Unterkunft und Essen und bevorzugt den aktiven Urlaub für wenig Geld. Daran sollten sich Investoren orientieren und an den Küsten und in den Bergen touristische Camps mit der nötigen Infrastruktur errichten, die für junge Familien und Studenten bezahlbar sind. Auch dem in Westeuropa lange bekannten Agrotourismus wird ein großes wirtschaftliches Potenzial nachgesagt. Dabei steht Agrotourismus als Urlaub auf dem Lande für die Kombination aus aktiver Erholung, Naturerlebnis und ländlicher

Kultur. Die Nähe zu Gastfamilien soll Landwirten ein Zusatzeinkommen ermöglichen. 100 Dörfer will das Landwirtschaftsministerium als Tourismusziele in diesem Bereich identifizieren und modellmäßig in den nächsten Jahren entwickeln. Eines der Dörfer ist Fishta, wo sich das schon beschriebene Restaurant »Mrizi i Zanave« befindet. Bereits jetzt gibt es steuerliche Anreize für Investitionen in Agrotourismus. Bessere Organisation und Ausbildung der Kleinbauern müsse der Staat jedoch auch fördern, meint *»Mrizi i Zanave«*-Inhaber Altin Prenga dazu.

Neben Strandurlaub an der Adriaküste und Agrotourismus im Landesinneren hat Albanien auch insgesamt 14 Nationalparks zu bieten, die über das ganze Land verteilt Gebirge, Pinien- und Kiefernwälder und Gletscherseen bieten. Dazu kommt das Meeresschutzgebiet Karaburun-Sazan im Süden des Landes. Die transnationale Trekkingroute »Peaks of the Balkans« führt über zehn Tages-Etappen und 192 Kilometer durch das Prokletije-Gebirge; vielleicht einer der letzten Abenteuer-Trails Europas. Das Prokletije-Gebirge, übersetzt »die verwunschenen Berge«, gehört zu den Dinarischen Alpen. Der Fernwanderweg führt durch Albanien, den Kosovo und Montenegro. 2005 begann die Deutsche Gesellschaft für Internationale Zusammenarbeit (GIZ) mit den Markierungen für den Rundweg, der Menschen in der Region wieder näher zueinander bringen und gleichzeitig den sanften Tourismus fördern und Arbeitsplätze für die Bergbewohner schaffen sollte. Ähnliche Projekte stoßen sowohl die GIZ als auch die österreichische Partnerorganisation ADA seit Jahren in der Region an. Familien, die sich beteiligen wollen, erhalten günstige Kredite, um Übernachtungsmöglichkeiten für die Touristen zu schaffen, die dann im lokalen Ambiente untergebracht und landestypisch bewirtet werden.

Das albanische Dorf Theth ist Start- und Zielort des Fernwanderwegs. Das Dorf hat dadurch eine rasante Entwicklung genommen. Inzwischen sollen schon circa 16000 Besucher pro Saison kommen. Auf alten Karawanen- und Hirtenpfaden verläuft die Wanderroute abwechslungsreich auf Höhen zwischen 600 und

2000 Metern durch saftig grüne Täler und atemberaubende Hochgebirgslandschaften, vorbei an Wasserfällen und Bergseen. Auf den einzelnen Etappen passieren Wanderer teilweise Naturschutzgebiete wie die Nationalparks Theth, das Valbonatal und das Naturreservat Lumi i Gashi. Die Anreise zum »Peaks of the Balkans« kann mit Auto oder Minibus von Shkodra aus erfolgen. Eine Fahrt mit der Fähre über den Koman-Stausee ins Valbonatal ist ein besonderes Erlebnis.

Auch Städtereisen erfreuen sich wachsender Beliebtheit, zum Beispiel in die Hauptstadt Tirana oder nach Berat, eine der ältesten Städte des Landes. Berats Altstadt ist von osmanischer Architektur geprägt und zählt seit 2008 zum UNESCO-Weltkulturerbe. Viele Besucher zieht es auch nach Gjirokastra, die Geburtsstadt von Hoxha und Kadare. In Hoxhas wiederaufgebautem Geburtshaus ist heute das Ethnografische Museum untergebracht. Dass Hoxha zu Lebzeiten seine Heimatstadt in vielem bevorzugt hat, entspricht sicher den Tatsachen. Seit 2005 zählt auch Gjirokastra zum UNESCO-Weltkulturerbe.

Die kommunistische Regierung hat die Stadt bereits 1961 zur »Museumsstadt« erklärt, dadurch entging das Stadtbild einer radikalen Veränderung. Den Beinamen »Stadt der Steine« verdankt Gjirokastra seinen markanten, oft erstaunlich großen Steinhäusern, die seit Jahrhunderten die Viertel um die Burg prägen und die heutige Altstadt bilden. Helle Außenfassaden, hohe Holzfenster mit geschnitzten Fensterläden und riesige hölzerne Hoftore, hinter denen das Alltagsleben verborgen blieb, sind charakteristisch für sie. Kunstvoll gepflasterte Gassen verbinden die einzelnen Viertel miteinander. Alle fünf Jahre findet in der Burgfestung das bedeutendste albanische Folklorefestival statt, bei dem auch Musikgruppen aus allen von Albanern bewohnten Gebieten der Welt auftreten.

Ismail Kadare hat seiner Heimatstadt in dem Roman *Chronik in Stein* ein liebevolles poetisches Denkmal gesetzt. Erzählt aus der Sicht eines heranwachsenden Kindes, verknüpft er darin die Geschichte des Zweiten Weltkrieges mit dem Mythischen und dem Aberglauben des albanischen Volkes. Der Anfang geht so: »Es war dies eine seltsame Stadt, die anmutete, als sei sie in einer Winternacht wie ein vorzeitliches Wesen plötzlich im Tal aufgetaucht und habe dann, unter großen Mühen emporklimmend, sich an den Abhang des Berges geschmiegt. Alles an dieser Stadt war alt und steinern, die Straßen und Brunnen ebenso wie die Dächer ihrer mächtigen jahrhundertealten Häuser, die mit riesigen grauen Schuppen gleichenden Steinplatten gedeckt waren. Schwer zu glauben, dass sich unter diesen festen Panzern das weiche Fleisch des Lebens regte und erneuerte.«[63] Weiterlesen und dann hinfahren, ist jedem Albanienreisenden ans Herz zu legen.

Wo ist es am schönsten? Für mich ist Ksamil der Albanien-Urlaubs-Geheimtipp schlechthin. Nachdem die globale Reise-Website *booking.com* das kleine Feriendorf ganz im Süden zur »Hot Destination 2019« und einem der zehn besten Orte für abenteuerlustige Reisende gekürt hat, dürfte es mit dem Geheimtipp aber endgültig vorbei sein. Ksamil ist ein kleiner Badeort am Ufer des Ionischen Meeres, aber auch der Name von vier kleinen Inseln und der langen Halbinsel zwischen dem Butrintsee im Osten und dem Meer. Am Ende der Halbinsel befinden sich übrigens die Ruinen der antiken Stadt Butrint, die zum UNESCO-Weltkulturerbe gehören und die man sich unbedingt auch ansehen sollte.

Das Dorf Ksamil liegt ungefähr 15 Kilometer südlich von Saranda, einem der Zentren des albanischen Tourismus, und ist nur circa vier Kilometer von der griechischen Insel Korfu entfernt; Fähren in beide Richtungen gibt es inzwischen mehrmals täglich. Die Fähre von Korfu nach Saranda benötigt nur gut 80 Minuten für die Überfahrt, mit dem Tragflächenboot geht es noch schneller. Das Dorf Ksamil ist eigentlich nicht alt, obwohl der Ort auch einen antiken Namen hat, Heksamilion. In den 1960er Jahren wurden als Jugendinitiative große Teile der Halbinsel Ksamil terrassiert und Kulturen mit Zitrusfrüchten sowie Olivenhaine angelegt. Das Dorf Ksamil hat man dann als Wohnort für die Arbeiter der Staatsfarm gebaut. Die befestigte Straße nach Butrint übrigens wurde 1959 anlässlich des Besuches des sowjetischen Ministerpräsidenten Nikita Chruschtschow angelegt, womit auch die Halbinsel von Ksamil erschlossen wurde. Von den Zitrusplantagen und Olivenhainen haben nicht viele Bäume die blinde Zerstörungswut der 1990er Jahre überstanden, und unter der planlosen Bautätigkeit, die darauf folgte, hat die einst kaum berührte Schönheit der Gegend stark gelitten. Aber die Natur hat sich erholt, und Ksamil ist so schön, dass man es sich unbedingt ansehen sollte – möglichst rasch, bevor die Werbung von *booking.com* zu hohe Wellen schlägt.

Tirana – eine etwas andere Hauptstadt

Alles kann passieren, wir leben in Tirana

Das albanische Hiphop-Trio West Side Family um den inzwischen im Alter von 35 Jahren verstorbenen Frontmann Dr. Flori landete 2004 mit dem Song »*Tirona*« einen Hit. Er ist im Slang der Hauptstadt vorgetragen (*Tirona* ist gegisch, man hat dort früher einen süd-gegischen Dialekt gesprochen) und erzählt alles, was man über Tirana wissen muss. Edi Rama hat ihn in seinem Wahlkampf um das Bürgermeisteramt der Stadt nicht nur verwendet, sondern hat auch selbst mitgerappt. Die Liedzeile »*Gjithçka mund të ndodhë, jetojmë në Tironë*« (Alles kann passieren, wir leben in Tirana) ist als Redewendung inzwischen in den allgemeinen Sprachschatz eingegangen. Das Video zu dem Song ist jedem wärmstens zu empfehlen, der zum ersten Mal nach Tirana reist. Einfach bei *YouTube* suchen. Der Refrain klingt in etwa wie »tam-tam-tam« lautet »*shumë, shumë, shumë*«, das heißt »sehr, sehr, sehr«. Der Duden nennt für »sehr« unter anderem folgende Synonyme: auffallend, außergewöhnlich, außerordentlich, beachtlich, bedeutend, bemerkenswert, besonders, erstaunlich, extrem, grenzenlos, leidenschaftlich, maßlos, peinlich, übermäßig, unanständig, unbändig, unbeschreiblich, unerträglich, ungewöhnlich, unmäßig, unsagbar, unübersehbar, unvergleichlich …

Tirana ist von allem etwas. Tirana ist das politische, wirtschaftliche und kulturelle Zentrum Albaniens. Die Stadt liegt sehr günstig in der Mitte des Landes auf einer Höhe von 113 Metern über dem Meeresspiegel. Im Westen ist die Adria mit dem beliebten Strand von Durrës nur 32 Kilometer, im Osten der 1612 Meter hohe Berg Dajti nur 26 Kilometer vom Stadtzentrum entfernt. Früher konnte man den Dajti nur über eine enge Bergstraße erreichen, seit Juni 2005 bringt eine Seilbahn die Besucher vom östlichen Stadtrand von Tirana ganz bequem nach oben. Die Anlage wurde von der österreichischen Firma Doppelmayr gebaut und soll mit 4356 Metern die längste des Balkans sein. Damit ist Wochenend-Naherholung sowohl am Strand als auch im Gebirge möglich. Die Gründung der Stadt wird meist auf das Jahr 1614 datiert. Damals ließ Sulejman Pascha Bargjini, ein albanischer Feudalherr und Militär im Dienste des Osmanischen Reiches, eine Moschee (die Sylejman-Pascha-Moschee), ein Han (eine Karawanserei), eine Bäckerei sowie ein Hamam (ein Bad) errichten. Was davon noch übriggeblieben ist, gehört zum architektonischen Erbe Tiranas.

1816 übernahm die Familie Toptani aus Kruja das Sagen in der Stadt, die zu dem Zeitpunkt noch nicht mehr als ein unbedeutender Marktflecken war. Ein Architekturdenkmal aus dieser Zeit ist die Et'hem-Bey-Moschee am Skanderbeg-Platz. Ihren Bau initiierte 1794 Mullah Bey, ein Nachfahre des Stadtgründers, fertiggestellt wurde sie 1821 unter seinem Sohn Et'hem Pascha. Wenig später wurde auch der benachbarte Uhrturm *(Kulla e Sahatit)* errichtet. Die Zeit des Religionsverbots ab 1967 hat die Moschee, zum albanischen Kulturerbe erklärt, gut überstanden. Im Jahre 2018 hat die Albanische Gemeinschaft der Muslime mit dem Ministerium für Kultur vereinbart, die Moschee für die Dauer von zwei Jahren zu schließen und gründlich zu restaurieren. Bis zur Wiedereröffnung wird wohl auch die Umgestaltung des Skanderbeg-Platzes abgeschlossen sein, mit hoffentlich vernünftigen Lösungen für Autofahrer und Fußgänger und einem angemessen repräsentativen Zugang zur Moschee.

Auf dem Kongress von Lushnja im Februar 1920 wurde Tirana zur provisorischen Hauptstadt von Albanien erklärt, fünf Jahre später bekam sie diesen Status dann endgültig. Die Stadtbevölkerung wuchs, und als König Zogu sich hier um 1930 einen Palast erbauen ließ, hatte Tirana nicht mehr viel Ähnlichkeit mit dem Marktflecken von einst. In den 1930er Jahren, als das Land faktisch ein italienisches Protektorat war, wurden mit italienischer Hilfe auch Ministerialgebäude errichtet und eine Prachtstraße angelegt, der heutige *Bulevardi Dëshmorët e Kombit* (Boulevard Märtyrer der Nation), kurz: Boulevard, denn alle anderen Boulevards sind weit weniger zentral gelegen und weniger bedeutend. Der zentrale Platz *Skënderbej* ist zwischen 1928 und 1929 entstanden. Zum 500. Todestag Skanderbegs wurde dort ihm zu Ehren ein Denkmal aufgestellt, das der berühmte Bildhauer Odhise Paskali geschaffen hatte. Noch heute gibt es dem Platz sein Gesicht.

Nicht weit entfernt wurde 1988 ein anderes Denkmal errichtet: das von Enver Hoxha. Es hat die Zeitenwende nicht überstanden und wurde am 20. Februar 1991 von einer wütenden Menge vom Sockel gestürzt. Axel war zufällig gerade vor Ort und hat Fotos gemacht, auf denen junge Männer den abgeschlagenen Daumen der Skulptur triumphierend durch die Straßen tragen und ihn schließlich auf einem Zaungitter aufspießen. Am 29. November 1944 hatte Enver Hoxha in Tirana das Ende des Krieges verkündet, nachdem die Reste der deutschen Truppen abgezogen waren, und den Sieg der Nationalen Befreiungsbewegung unter seiner Führung proklamiert. Beim Aufbau des neuen Staates spielte die Hauptstadt von Anfang an eine große Rolle. »Tirana soll die liebste Stadt des ganzen Volkes werden«, wird Hoxha auf der ersten Seite eines Bildbandes über Tirana zitiert. Sozialistische Wohnsiedlungen und Fabriken – insbesondere für Nahrungsmittel und Maschinen – wurden errichtet. Ein Stadtteil heißt noch heute *Kombinati,* obwohl es das dazugehörige Textilkombinat mit dem Namen »Stalin« schon lange nicht mehr gibt. Aus dieser Zeit stammen auch Kultur- und Bildungseinrichtungen, die noch heute prägend im Stadtbild sind, wie die 1956 gegründete Universität am Ende des Boulevards, neben der für ein paar Jahre ein unscheinbares Denkmal für Mutter Teresa stand. Niemand konnte mir sagen, wo es geblieben ist.

Links und rechts des Boulevards gab es noch zwei weitere Denkmäler, eins für Stalin und eins für Lenin. Das Stalin-Denkmal wurde in einer Nacht- und Nebelaktion am 21. Dezember 1990 entfernt; das Lenin-Denkmal ein halbes Jahr später. Auf den Sockel des leeren Lenin-Denkmals schrieb jemand mit weißer Farbe »Pink Floyd«. Kurz danach waren auch die beiden Sockel verschwunden. Ebenfalls am Boulevard im Zentrum der Stadt liegt das altehrwürdige Hotel »Dajti«, das während des italienischen Protektorats im Architekturstil des Faschismus erbaut worden ist. Viele Jahre war es das erste Hotel des Landes und diente auch zur Unterbringung der (wenigen) internationalen Gäste. Außerdem beherbergte es das beste Restaurant und eine legendäre Nachtbar, in der die überschaubare Zahl der ortsansässigen Diplomaten gern Gerüchte austauschte, die nach dem Stille-Post-Prinzip irgendwann ziemlich verändert wieder beim Erzähler ankamen. Und da Ausländer hier fast unter sich blieben, waren Mitarbeiter der *Sigurimi* zu einem beachtlichen Prozentsatz unter dem Personal vertreten. Nach der politischen Wende gab es zunächst ein Gerangel um die Eigentumsrechte. 2002 wurde der Hotelbetrieb eingestellt und das Gebäude dem Verfall preisgegeben. Schließlich beanspruchte der Staat das Haus für sich, wusste aber lange nicht wirklich etwas damit anzufangen. Gerüchte, wonach es einmal das Außenministerium beherbergen soll, haben sich bisher nicht bestätigt. Als die Regierung 2010 dringend Geld brauchte, verkaufte der Staat das Gebäude pro forma an die Staatsbank. Nun hatte es zwar einen potenten Eigentümer, aber trotzdem passierte erstmal nichts. Im Juni 2015 wurde staatlicherseits beschlossen, das Hotel zu restaurieren. Heute umgibt ein hoher Bauzaun das Gelände. Plakate zeigen Entwürfe von schönen Konferenz- und Bibliotheksräumen. Aber der Bestimmungszweck des Ganzen ist immer noch unklar.

Am Skanderbeg-Platz ist das Hotel »Tirana International« neben dem Kulturpalast und dem Historischen Museum der dritte Prunkbau im Stil spät-stalinistischer Architektur. Nach rund zehnjähriger Bauzeit wurde es 1979 eingeweiht. Mit 15 Stockwerken und einer Gesamthöhe von 56 Metern war es bis weit in die 1990er Jahre hinein das höchste Gebäude Albaniens. Vorher hatte der 35 Meter hohe Uhrturm den Rekord gehalten – Minarettspitzen ausgenommen. Nach dem Krieg waren die neugebauten Straßenzüge so angelegt worden, dass das Stadtzentrum – wenn die

Straßenbeleuchtung funktionierte – vom Gipfel des Dajti wie ein fünfzackiger Stern leuchtete. Bis zum Ende der 1980er Jahre war der Dajti allerdings militärisches Sperrgebiet und die Zufahrt für Ausländer gesperrt. Als wir Anfang der 1990er Jahre zum ersten Mal auf dem Gipfel waren, konnte man die Umrisse eines Sterns noch erahnen. Inzwischen fährt man bequem mit der Seilbahn nach oben. Wenn die Sicht gut ist, sieht man die Adria und davor das endlose Häusermeer von Tirana, aber keinen Stern mehr. Die Hauptstädter haben übrigens großen Respekt vor ihrem Berg. Jede Veränderung an ihm muss mit Menschenleben bezahlt werden, sagt man. Aberglaube hin oder her, im Jahre 1972 verunglückte der chinesische Techniker Cen Pao Y beim Aufbau der großen Fernsehantenne tödlich. Im Juni 2005, genau um 12 Uhr mittags, kam der albanische Arbeiter Hilmi Osmani beim Bau der Drahtseilbahn ums Leben.

Als Axel und ich mit unseren beiden kleinen Söhnen 1982 nach Tirana kamen, war die Stadt überschaubar. Von unserer Wohnung in einem der für Ausländer errichteten Häuser aus brauchte man mit dem Fahrrad keine zehn Minuten bis zur Botschaft, und um die Ecke gab es einen Brotladen. Die Mehrzahl der alten kleinen Wohnhäuser war von hohen Mauern umgeben. Die Mauern bildeten lange Schluchten, durch die uns unsere sonntäglichen Spaziergänge führten. Im Winter roch es nach feuchtem Holz, das überall verfeuert wurde. Nur der Skanderbeg-Platz hatte Luft und Licht, und im Café des neuen Hotels, das damals nur »Tirana« hieß, gab es heiße Schokolade und Kekse für die Kleinen.

Die meisten Neubauten waren nicht höher als fünf oder sechs Stockwerke und erdbebensicher konstruiert – sagte man zumindest. Das Mauerwerk der Häuser war zumeist unverputzt. Es hieß, die Bevölkerung spende das Material für den Außenputz dem Bunkerbau, nach dem Motto: Besser ein unverputztes Haus als schutzlos den Feinden ausgeliefert. Jeder Stadtbewohner von Tirana hatte zu Zeiten Enver Hoxhas seinen Bunkerplatz. Am Ufer der Lana, die das Zentrum quert, sah man große Eingangstore zu unterirdischen Bunkern. Bei unserer Köchin Lumnije, die alle *Shoqe Lume* (Genossin Lume) nannten, gab es einen Bunker auf dem Innenhof. Im ganzen Land wurden diese Bauwerke errichtet, vor allem zwischen 1972 und 1984; insgesamt sollen es etwa 200000 gewesen sein. Militärisch gesehen waren sie im Grunde nutzlos. Im Ausland wusste man jedoch, dass ihr Bau auch und gerade innenpolitisch eine disziplinierende Wirkung haben sollte. Schließlich war durch die Bunker die von Hoxha permanent ausgegebene Losung der Bedrohung durch den äußeren Feind für jeden Bürger sichtbar und erlebbar.

Auf dem Platz zwischen Bürgermeisteramt und Nationaltheater steht neuerdings ein kuppelförmiger Bau, der wie einer der im Landesinneren üblichen Mannschaftsbunker aussieht. Er passt hier eigentlich nicht her und soll offensichtlich nur als markantes Eingangsfoyer für einen unterirdischen Bunker herhalten, dessen Zugänge sich früher sicher unauffällig in den umstehenden Ministerialgebäuden befanden. Das unterirdische Labyrinth, das einmal der Bunker des albanischen Innenministeriums gewesen ist, trägt mittlerweile die Bezeichnung »Bunk'Art 2« und wurde im November 2016 mit einer großen Zeremonie der Öffentlichkeit zugänglich gemacht. Errichtet worden war der Bunker zwischen 1981 und 1986 und sollte im Falle eines Atomkrieges den Ministeriumsmitarbeitern Schutz bieten. Angeblich ist der Bunker kein einziges Mal von einem amtierenden Innenminister benutzt worden. Allerdings soll es drei Mal konkrete Pläne gegeben haben, ihn als Fluchtort zu verwenden: zuerst 1991 während der Studentenunruhen, in deren Verlauf die Hoxha-Statue gestürzt wurde, das zweite Mal 1998 während der zugespitzten innenpolitischen Situation nach der Ermordung Azem Hajdaris, und schließlich 1999, als man nach der NATO-Bombardierung Belgrads Vergeltungsschläge der Serben auf Tirana befürchtete.

Wir wohnten mit unseren Botschaftskollegen und anderen Ausländern in der Skanderbeg-Straße, in der sich auch die meisten Botschaften befanden und noch befinden. Die Vertretung der DDR lag damals hinter dem Qemal-Stafa-Stadion. Anders als die Bundesrepublik unterhielt die DDR diplomatische Beziehungen zu Albanien, wenn auch für viele Jahre nicht auf Botschafter-, sondern nur auf Geschäftsträger-Ebene. Erst nach dem Tod Enver Hoxhas nahm auch die Bundesrepublik mit Albanien diplomatische Beziehungen auf, als letztem Staat Europas. Nach dem Besuch von Hans-Dietrich Genscher in Tirana im Jahre 1987 wurde mit dem Bau einer Botschaft begonnen. Sie ähnelt einem überdimensionierten bajuwarischen Landhaus und befindet sich in eben dieser Skanderbeg Straße.

Unsere am Landesdurchschnitt gemessen luxuriösen Wohnungen – nur die Nomenklatura wohnte vergleichbar gut – hatten wir allerdings nicht nur der Gastfreundschaft der Albaner zu verdanken. Im Bemühen, alles und jeden unter Kontrolle zu haben, war es für das Regime praktisch, die Ausländer zentralisiert unterzubringen. Unten in unserem Wohnhaus gab es zwei Läden, dic nur uns Ausländern zugänglich waren: einen für Lebensmittel und einen nur für Obst und Gemüse. Abgesehen von albanischem Mineralwasser »Glina«, hochprozentigem Raki, ein paar Konserven, trockenen Keksen und Obst und Gemüse der Saison gab es nicht viel zu kaufen. Ganz hinten im Lebensmittelladen war die Fleischtheke. Dort thronte der von den Deutschen als *Shoku Mish* (Genosse Fleisch) bezeichnete Herr über die Verteilung von Fleisch und Fisch. Besonders begehrt waren Schweinefilets, die gab es vermutlich sonst nirgends in Albanien in einem Laden zu kaufen. *Shoku Mish* kannte seinen Wert, und man musste sich schon gut mit ihm stellen, um zu bekommen, was man wollte. Dort, wo seine Theke früher war, befindet sich jetzt der Bierausschank einer deutschen Kneipe, in der es deutsches Essen und deutsches Bier gibt. Man kann auch draußen unter den Pflaumenbäumen sitzen, auf denen schon unsere Kinder herumgeklettert sind.

In den letzten 20 Jahren hat Tirana einen unglaublichen Bauboom erlebt. Damit waren und sind allerdings viele Probleme verbunden, etwa bei der Strom- und Wasserversorgung. Viele davon hat Edi Rama angepackt, der im Oktober 2000 mit 57 Prozent der Stimmen zum Bürgermeister gewählt worden war.

Angetreten war er als unabhängiger Kandidat mit Unterstützung der Sozialistischen Partei. Er übte dieses Amt bis 2011 aus. Für sein Projekt »Clean and Green« wurde er von den Vereinten Nationen ausgezeichnet und im Jahre 2004 in einer Internetabstimmung zum »World Mayor« gewählt. Seit 2013 ist er Ministerpräsident von Albanien.

Als Bürgermeister nahm Rama unter anderem das Problem mit der Müllentsorgung der Stadt in Angriff, von der niemand genau wusste, wie viele Einwohner sie inzwischen hatte. Und er gab der Stadtplanung endlich den Stellenwert, der ihr zukam. Als er die illegal am Ufer der Lana mitten in Tirana errichteten Bars und Cafés abreißen ließ, glaubten viele internationale Beobachter nicht – ich eingeschlossen –, dass er dieses Kräftemessen mit den neuen Reichen und den Mafia-Strukturen überleben würde. Er sprach jedoch offensichtlich eine Sprache, die verstanden wurde, und genoss vermutlich auch etwas Rückendeckung. Da er bildender Künstler war, kam ihm eine großartige Idee, für die man ihn europaweit gefeiert hat: Warum nicht die alten heruntergekommenen Häuser von Tirana knallbunt anmalen? Daraus wurde ein Konzept, und Tirana bekam, was es vorher nicht hatte: ein architektonisches Gesicht. Das war schrill und bunt, und so wollte Tirana sich in der Welt bekannt machen. Dass damit vieles im wörtlichen wie im übertragenen Sinne übertüncht und Probleme nicht gelöst wurden – Geldwäsche in der Bauindustrie wurde nie wirklich bekämpft –, sieht man nicht auf den ersten Blick. Plötzlich war Tirana schick. Man konnte in angesagten Restaurants Italienisch oder Französisch essen, musste für Kunst und Kultur nicht mehr weit reisen, es war auch zu Hause schön – zumindest für die, die es sich leisten konnten.

Zu den Herausforderungen für Rama und seine Nachfolger gehörte auch ein ordentliches Adressensystem mit Straßennamen und Hausnummern. Im Jahre 2002 hatte ich eine Wohnung direkt hinter dem »Block«, dem ehemaligen Wohnviertel der Partei- und Staatsführung. Als ich zum ersten Mal nach der Adresse der Wohnung fragte, um sie mir ansehen zu können, habe ich die unterschiedlichsten Angaben zu hören bekommen. Eigentlich waren es eher Wegbeschreibungen: »Hinter der Grundschule ›Edith Durham‹ über dem ›Klub Acht‹.« Aber auch das war nicht eindeutig, denn die Schule hieß früher »11. Januar«, nach einem ehemaligen Feiertag des sozialistischen Albanien. Das hätte man noch dazu sagen müssen. Als wir zu jener Zeit mal in Durrës bei Freunden Pizza geliefert bekamen, stand auf dem Pappkarton: »Pizzeria hinter dem Springbrunnen am Strand von Durrës hinter dem ehemaligen Kühlhaus der ehemaligen Fabrik für ...« Das Problem existierte also auch außerhalb von Tirana, ist inzwischen allerdings überwunden.

Ein noch nicht ganz gelöstes Problem in Tirana ist der Straßenverkehr. Solange unter Enver Hoxha private Kraftfahrzeuge verboten waren, gab es so wenige Autos, dass man ihnen mühelos ausweichen konnte. In der damaligen Straßenverkehrsordnung war sogar vorgeschrieben, dass man mit Kinderwagen auf der Straße zu fahren hatte. Dort stand übrigens auch, dass man vor dem Überholen hupen musste, um dem vorausfahrenden Fahrer seine Absicht klar erkenntlich zu machen – nur wenige Autos hatten damals noch ihre Außenspiegel. Als Anfang der 1990er Jahre alles anders wurde und der Autoverkehr, der im Wesentlichen von gebrauchten robusten Pkw vom Typ Mercedes und alten Bussen bestritten wurde, enorm zunahm, kam man kaum noch unbeschadet über den Kreisverkehr um den Skanderbeg-Platz. Die darauf folgende Zeit der großen Straßenbauarbeiten, etwa für die Autobahn nach Durrës und die Flugplatzanbindung, brachte für Autofahrer viel Leid und schiere Verzweiflung mit sich, denn der Zeitaufwand für bekannte Destinationen wie etwa zwischen Stadtzentrum und Flugplatz konnte sich um Stunden unterscheiden.

Inzwischen hat es erstaunliche Fortschritte gegeben. Aber manche Lösung erscheint mir doch etwas schildbürgerhaft, zum Beispiel die neue Verkehrsführung im Stadtzentrum. Edi Rama hatte als Bürgermeister von Tirana auch mit dem Umbau der Stadtmitte begonnen; seine Nachfolger führten das fort. Als ich das Ergebnis zum ersten Mal sah, habe ich nicht schlecht gestaunt. Der Autoverkehr wird nun in erheblichem Abstand um den Skanderbeg-Platz herumgeleitet. Der Platz selbst ist um die nicht mehr genutzte Fläche des ehemaligen Kreisverkehrs erweitert und scheint unendlich groß und leer – eine Art Aufmarschplatz. Als Berlinerin musste ich gleich daran denken, wie man in den 1990 Jahren den Alexanderplatz zurückbauen wollte. Zumindest hat man die Straßenbahn darüber geführt und ihn so optisch verkleinert. Hier in Tirana wird groß gedacht. Von einem Ende des Platzes sieht man das andere kaum noch.

Das Projekt startete im Jahre 2008 mit einem Architekturwettbewerb, den ein belgisches Büro gewann. Dessen Konzept sah vor, aus dem alten Skanderbeg-Platz eine sehr flache Pyramide zu machen, die an ihrer Spitze 1,80 Meter höher ist als an den Rändern. Diese Pyramide sollte die verschiedenen architektonischen Zeitzeugnisse am Rand des Platzes verbinden. Abweichend vom ursprünglichen Konzept ist der ganze Platz nun allerdings von einem mehrreihigen Baum-Korridor umgeben. Steht man in der Mitte des Platzes, also etwas erhöht, sieht man um sich einen Ring von Bäumen. Wenn diese einmal ihre volle Höhe erreicht haben, wird man sich fühlen wie auf einer Insel.

Für das Pflaster wurden Steinplatten aus jeder Ecke Albaniens verwendet. Keine schlechte Idee, allerdings sind die Steine nicht exakt zugeschnitten und verlegt. Spötter sagen, das Ganze sehe aus wie ein schlecht gefliestes Badezimmer – die Ägypter hätten schon vor tausenden Jahren gewusst, dass man zum Pyramidenbau besonders zugeschnittene Steine benötigt. Dazu durchziehen viele kleine Rinnsale teils unterirdisch den Platz, die dann plätschernd größere Flächen bewässern. Es ist zu vermuten, dass dies in der langen Sommerzeit Abkühlung schaffen soll. Aber zunächst einmal sorgt es in kurzer Zeit für sehr dreckige Kinderkleidung.

Der neu gestaltete Platz wird von den Hauptstädtern erstaunlich gut angenommen. Hier geht man allabendlich spazieren und trifft sich; früher nannte man das Korso und sperrte dafür den großen Boulevard. Und auch im Ausland gibt es Menschen, denen der neue Skanderbeg-Platz besser zu gefallen scheint als mir. Für das Jahr 2018 erhielt er den »European Prize for Urban Public Space«, eine Auszeichnung, die seit dem Jahr 2000 alle zwei Jahre vom Centre de Cultura Contemporània de Barcelona vergeben wird.

Erion – Superman

Traditionell ist das Bürgermeisteramt von Tirana ein gutes Sprungbrett für Politiker mit noch größeren Ambitionen. Seit 2015 wird es von Erion Veliaj für die Sozialisten bekleidet. Eloquent und noch keine 40 Jahre alt repräsentiert er die im Ausland gut ausgebildeten und dann nach Albanien zurückgekehrten Aktivisten, die sich meist die ersten Sporen in der Zivilgesellschaft verdient haben. Ein Journalist hat Veliaj mal als Vertreter einer Generation beschrieben, die in völliger Freiheit der Wahl, aber in der Mitte des Chaos aufgewachsen sei. Er glaube, die Zukunft Albaniens brauche übermenschliche Fähigkeiten und Anstrengungen, und er allein habe die. Deshalb mache er medienwirksam alles selbst. Eigentlich sei er ein Patient, der auf die Couch gehöre. Dennoch sehen viele seiner Anhänger in Veliaj den neuen Superman. Verfolgt man die Medien, hat man manchmal den Eindruck, er mache mehrere Sachen gleichzeitig. Über den bundesdeutschen Außenminister Hans-Dietrich Genscher kursierte der Witz: Fliegen zwei Flugzeuge aneinander vorbei – in beiden sitzt Genscher. So ungefähr ist es mit Veliaj auch, nur dass er nicht im Auftrag der großen Politik in der Welt herumfliegt. Er ist meistens in Tirana und macht irgendetwas, bei dem ihm eine Kamera zuschauen darf.

Gerade hat er verkündet, in der Stadt gebe es so viel zu tun, dass die Woche acht Arbeitstage haben müsste. Bei manchen seiner Projekte fragt man sich jedoch nach dem Sinn. Tirana hat eine lange Liste wirklich dringender Probleme, für deren Lösung es Konzepte, Spezialisten und Geld braucht. Ich will nur eins davon nennen, das Problem mit dem Wasser. Die Lana ist eigentlich ein kleiner Fluss; sie entspringt an den westlichen Hängen des Dajti, fließt dann westwärts durch die ganze Stadt und wird im Zentrum in einen geraden Kanal gefasst. Der einst von Wiesen geprägte Uferbereich der Lana im Stadtgebiet wurde während der Jahre des Baubooms zubetoniert. Nach starken Regenfällen tritt der Fluss nun immer häufiger über die Ufer, auch weil die Kanalisation oft verstopft ist und keinen Abfluss ermöglicht.

Spezialisten warnen, nach den starken Niederschlägen im Frühjahr 2018 bestünden starke Zweifel an der Sicherheit der Böschungen. Zwar wurden in den letzten Jahren in verschiedenen Projekten mehr als 15 Millionen Euro in Schutzmaßnahmen investiert, doch dies auf der Basis offenbar fehlerhafter Berechnungen. In Kombination mit unzureichender Kontrolle von Bauaktivitäten in Flussnähe könne das verheerend enden. Da die Böschungen beiderseits des Flusses unterschiedlich hoch seien, könne man leicht prognostizieren, welches Wohngebiet als nächstes überschwemmt würde, warnen die Experten. Auch wenn der Bürgermeister medienwirksam Bäume am Rand der Böschungen pflanzt, wird er das Problem wohl so nicht in den Griff bekommen.

Wie man heute in Tirana lebt

Als ich 2002 für ein paar Jahre zum Arbeiten nach Tirana kam, explodierte die Stadt förmlich. Überall wurde gebaut. Freunde hatten mir geraten, in eines der kleineren neuen Häuser zu ziehen. Man baute damals häufig noch ein paar Etagen höher als der Bauantrag vorgesehen hatte und verdrängte völlig, dass Tirana in der Vergangenheit immer wieder von Erdbeben heimgesucht worden war. Meine Wohnung ging über zwei Etagen und war für albanische Verhältnisse sehr schick. Dass eine Klimaanlage als einzige Heizquelle damals keine zuverlässige Sache war, merkte ich im Winter, denn noch immer wurde der Strom regelmäßig für einige Stunden abgeschaltet.

Ich zog um in eine Wohnung mit Nachtspeicherofen, gleich hinter dem Historischen Museum. Die Häuser dort müssen von Anfang der 1980er Jahre sein, also waren sie seinerzeit ungefähr 25 Jahre alt. Der Mann meiner Vermieterin, die nach seinem Tod zu ihrer Tochter gezogen war, hatte vermutlich einmal eine gute Position im Staat oder in der Partei gehabt. Alles in der Wohnung war solide, wenn auch nicht modern. In den eingebauten verglasten Bücherschränken auf dem Flur standen noch Hoxhas Werke in dunkelbraunen und roten Einbänden. Die Wohnung hatte einen schönen Balkon, und der Platz hinter dem Historischen Museum war noch ziemlich ruhig.

Wenn etwas kaputt ging, wie immer mal wieder der alte Wasserboiler im Bad, schickte die Vermieterin einen »Spezialisten«. Meistens handelte es sich dabei um einen alten Mann, der mit Messer, Isolierband und einer Packung Streichhölzer alles wieder zum Laufen brachte. Es war wie im ganzen Land zu jener Zeit, man bekam immer alles irgendwie wieder hin und schob radikale Erneuerungen weit von sich. Der Eingang des Hauses befand sich auf der Rückseite. Die Türen und Fenster waren bis in die oberen Etagen vergittert. An der Wand links steht noch heute mit inzwischen verblichenen weißen Buchstaben: »Bürger, urinieren Sie nicht in diese Ecke!« Geholfen hat das damals, als ich dort wohnte, so wenig wie heute.

Wenn ich seitdem in Tirana war, habe ich immer in Hotels gewohnt, die wie Pilze aus dem Boden geschossen sind. Sie bieten unterschiedliche Standards, manche könnten durchaus in Berlin oder London stehen. Allerdings sind manchmal auch die Preise schon auf Weltniveau. Ob sich das rentiert, ist eine andere Frage. Ausreichend Stadttourismus gibt es hier noch nicht, und als internationales Kongresszentrum hat sich Tirana bis jetzt auch noch keinen Namen gemacht. Kürzlich wurde bekannt, dass die Kastrati Group von der kuwaitischen Firma M. A. Al-Kharafi & Sons W. L. L für 30 Millionen Euro ein Hotel im Stadtzentrum von Tirana gekauft hat, das bisher von Sheraton betrieben worden war. Seit der Eröffnung soll es nicht aus den roten Zahlen herausgekommen sein. Die Verluste werden auf inzwischen etwa 80 Millionen Euro geschätzt. Welche Pläne Shefqet Kastrati mit dem Hotel hat, in dem auch die Büros der OSZE-Präsenz untergebracht sind, ist noch nicht bekannt.

Auch die Preise für Neubauwohnungen haben inzwischen Weltniveau erreicht. Manche meiner albanischen Freunde fragen sich ziemlich verzweifelt, wer sich heute noch eine Wohnung im Zentrum leisten könne. Das scheint nicht einmal mit den überdurchschnittlichen Einkommen möglich zu sein, die internationale Firmen oder Organisationen ihren Mitarbeitern zahlen. Die Vermutung liegt nahe, dass auch beim Wohnungsbau nicht alles mit rechten Dingen zugeht. Geldwäsche in der Bauwirtschaft ist in Albanien ein ziemlich altes Geschäftsmodell.

Nach dem »Worldwide Quality of Living Survey«,[64] den die albanische Tageszeitung *Shekulli* (Jahrhundert) im März 2018 zitiert hat, kommt Tirana in punkto Lebensqualität nur auf Platz 176 von 231 Städten in der Welt. Zu den untersuchten Kriterien gehörten die Qualität des öffentlichen Nahverkehrs, Infrastruktur, Luftverschmutzung, Energie- und Wasserversorgung, Einrichtungen zur Kinderbetreuung, Kultur- und Freizeiteinrichtungen, die Kriminalitätsrate und politische Stabilität. Einem ausländischen Beobachter scheint der Alltag in Tirana dennoch nicht so viel anders zu sein als in anderen Metropolen Europas. Es gibt Einkaufspassagen mit schicken Glasfassaden und Auslagen von beinahe allen Marken, die man von zu Hause kennt. Stadtbusse und schwarze Limousinen mühen sich durch den dichten Innenstadtverkehr. Junge Frauen und Männer in Businesskleidung strömen morgens den Ministerien und Verwaltungen zu.

Das Leben hinter der Fassade verlangt jedoch eine perfekte Organisation. Meistens geht das nicht ohne eine große Familie, in der jeder jeden unterstützt. Die richtige Ausbildung, der passende Job, die Kinderbetreuung, die Anschaffung eines Autos oder einer Wohnung – nichts läuft ohne die Familie. Davon profitieren alle Generationen. Zumindest höre ich es so von vielen, auch wenn manche Freundinnen hinter vorgehaltener Hand zugeben, dass ihnen das deutsche System der Kinderbetreuung und Altenpflege traumhaft erscheint. Wer fährt schon gern mit der Schwiegermutter in Urlaub?

Ein Tagesprogramm für Stadtentdecker

Vermutlich wird es Albanien-Touristen eher an die Strände oder in die Berge ziehen, aber einen oder zwei Tage Tirana sollte man bei einem Urlaub schon einplanen. In den heißen Sommermonaten kann die Stadt allerdings sehr anstrengend sein. Lässt man sich davon nicht abschrecken, sollte man sich am besten erstmal einen Sonnenhut kaufen oder, wenn man eine Frau ist, auf dem Markt einen der bunten chinesischen Sonnenschirme. Damit kommt man dann später in der Heimat ganz groß raus, wie ich aus Erfahrung weiß.

Als Ausgangspunkt einer Stadterkundung bietet sich der Skanderbeg-Platz an. Dreht man sich dort einmal um die eigene Achse, sieht man – solange die Bäume noch einigermaßen niedrig sind – das historische Gebäude der Nationalbank, das Historische Nationalmuseum, das Hotel »Tirana International«, den Kulturpalast, die Et'hem-Bey-Moschee und den dahinter stehenden Uhrturm, den TID-Tower, die von italienischen Architekten entworfenen Prachtbauten am Boulevard, in denen jetzt Ministerien und das Bürgermeisteramt untergebracht sind, und dahinter das Nationaltheater (auch hier muss man sich beeilen, denn es könnte bald abgerissen werden). Vom Skanderbeg-Platz aus gehen die wichtigsten Straßen sternförmig in alle Richtungen.

Das Historische Nationalmuseum ist auf jeden Fall einen Besuch wert. Es ist das größte Museum des Landes und zieht die meisten Besucher an. Als anlässlich des 100. Jahrestages der Unabhängigkeitserklärung im November 2012 für zwei Monate einige Artefakte Skanderbegs ausgestellt wurden, darunter sein mutmaßlicher Helm aus den Beständen des Kunsthistorischen Museums Wien, kamen etwa 1,7 Millionen Besucher. Im Oktober 1981 eröffnet, erforderte der Bau des Museums zunächst den Abriss des 1930 erbauten Rathauses von Tirana. Die Hauptfassade wird von einem großen markanten Mosaik im Stil des albanischen sozialistischen Realismus geprägt. Es trägt den Titel *Albanien,* ist rund elf Meter hoch und 40 Meter lang und wurde von fünf Künstlern geschaffen. Dargestellt ist eine Personengruppe, in deren Mitte die Mutter Albanien als junge Frau in Volkstracht mit einem Gewehr in der Hand steht. Sie soll an die französische Marianne auf Eugène Delacroixs Gemälde *Die Freiheit führt das Volk* erinnern. Früher prangte über ihrem Kopf ein roter Stern, der Anfang der 1990er Jahre entfernt wurde.

Nach dem Besuch des Museums macht man vielleicht eine Kaffeepause auf der Terrasse des Hotels »Tirana International« oder in einem der Cafés hinter dem Museum im kleinen Park vor dem »Piazza«. Fortsetzen könnte man die Erkundungstour, indem man den Skanderbeg-Platz überquert und hinter dem Gebäude der Nationalbank in das »Haus der Blätter« geht, von dem schon die Rede war. In der großen orthodoxen Kirche gegenüber ist es angenehm still und kühl. Von dort fällt einem ein pyramidenartiges Bauwerk ins Auge, das wie ein Fremdkörper wirkt – ein im Moment noch dazu ziemlich unansehnlicher Fremdkörper. Es wurde nach Hoxhas Tod ihm zu Ehren 1988 errichtet. Federführend war seine Tochter Pranvera. Zunächst als Mausoleum, dann bis 1991 als Hoxha-Museum konzipiert, hat die Pyramide die Zeiten überdauert. Das drei Meter hohe Marmor-Monument Hoxhas, das einmal im Inneren stand, allerdings nicht. Der Architekt und Maler Maks Velo, unter dem alten Regime zu zehn Jahren Gefängnis verurteilt und bestimmt kein Anhänger Hoxhas, bezeichnete den Bau einmal als das beste Bauwerk der kommunistischen Epoche in Albanien. Nur die Tochter Hoxhas habe sich einen derart modernistischen Bau erlauben können.

Das ungewöhnliche Äußere gab dem Gebäude in den letzten Jahren eine unerwartete neue Rolle – an den Schrägen klettern

Kinder und Jugendliche hinauf. An der Spitze angekommen, werden sie mit einem 360-Grad-Panorama der Stadt belohnt. Runter kann man dann einfach rutschen, was offensichtlich ein großer Spaß ist. Bereits 2010 votierte das Parlament mehrheitlich für den Abriss des Gebäudes. An seiner Stelle sollte ein neues Parlamentsgebäude errichtet werden. Kritiker sahen darin jedoch nicht nur eine Verschwendung von Ressourcen, sondern auch eine Missachtung des Denkmalschutzes. Aber was anfangen mit 17000 Quadratmetern Fläche? Ausstellungsfläche, Kulturzentrum und Nachtclub, vieles hatte man schon versucht und wieder aufgegeben. Nun haben Premier Edi Rama und Bürgermeister Erion Veliaj ein Projekt zur Revitalisierung der Pyramide vorgestellt. Sie soll bis Ende 2019 in ein Zentrum für Technologie und Kultur verwandelt werden. Beauftragt mit dem Umbau wurde die in Rotterdam ansässige Firma MVRDV.

Geht man immer weiter den Boulevard entlang bis zur Universität und dann rechts, gelangt man zum Stadtpark. Dort gibt es einen künstlichen See, den Botanischen Garten und den Zoo. Mit der Drahtseilbahn könnte man auf den Dajti fahren. Zum Heldenfriedhof und dem Monument »Mutter Albanien« sollte man aber doch besser ein Taxi nehmen. Übrigens ist Albanien schon länger auch bei deutschen Touristen als sicheres Reiseland bekannt. Ich kann also das Taxifahren bedenkenlos empfehlen; ein Blick auf Alter und mögliche Verkehrstüchtigkeit des Fahrzeuges kann vor dem Einsteigen allerdings nicht schaden. Abends kann man im Park, der früher einmal Park der Jugend hieß, bei einem kühlen Getränk vor dem Restaurant »Taiwan« sitzen und auf die Wasserspiele mit Musikuntermalung schauen.

Unbedingt abends ansehen sollte man sich das ehemals »Block« genannte Viertel, in dem früher die Politprominenz wohnte, eine Art Wandlitz im Stadtzentrum. Über Wandlitz sagten nach der Wende viele Besucher, sie hätten sich die Villen der einst Mächtigen pompöser vorgestellt – in Tirana hätten sie sicher ein ähnliches Gefühl. Auch Enver Hoxha hatte hier seine Villa, die im Moment ziemlich verwahrlost aussieht. In den letzten Jahren sind in dem Viertel auf engstem Raum zahlreiche Cafés, trendige Bars und schicke Restaurants entstanden, dazu Boutiquen, Bürogebäude und Hochhäuser wie der Sky Tower mit einem Restaurant an der Spitze, das sich um die eigene Achse dreht. Wo einst die kommunistische Führungselite residierte, feiert Albaniens Jugend heute in Clubs und Bars – und das ziemlich laut. Östlich des Boulevards am Nordufer der Lana befindet sich die katholische Kathedrale St. Paulus, noch weiter östlich eine kleine alte osmanische Steinbrücke, die über die Lana führt *(Ura e Tabakëve),* auch sehr sehenswert. Den großen Markt, *Pazari i ri,* östlich des Skanderbeg-Platzes, sollte man am besten vormittags besuchen. Dort wo früher der historische Bazar war, befindet sich heute der größte Frischemarkt von Tirana. Ein intensiver Duft von eingelegten Oliven und saurem Gemüse, *turshi* genannt, weist den Weg. Jedes Mal wenn ich dem neuen EU-Delegationschef in Tirana, Luigi Soreca, auf *twitter* folge, freue ich mich über das atmosphärisch gelungene Foto auf seiner Startseite, das ihn dort beim Gespräch mit Markthändlern zeigt.

Hat man noch einen Tag länger Zeit, sollte man sich die Überreste der Festung Petrella am Stadtrand ansehen, einen Abstecher nach Kruja oder Durrës machen oder sich hinter dem Historischen Museum einfach in einen der Stadtbusse setzen und zu den Endhaltestellen fahren – in einer Richtung das ehemalige Textilkombinat und in der anderen das ehemalige Kinostudio »Neues Albanien«. Dann sieht, spürt und riecht man das wirkliche Tirana. Alte, unverputzte Häuser mit mutigen Anbauten gehören genauso dazu wie die vielen neuen Häuser, die anscheinend planlos in der Landschaft stehen, dazu der Duft von Oleander und im Frühjahr von Mimosen, der strenge Geruch von Dieselaggregaten, gelegentlich von einem Pferd. Es liegt viel Staub in der Luft, angereichert mit lauten Geräuschen aller Art, wobei Kinderlachen das schönste ist.

Stark müssen sie sein. Über albanische Frauen

Nexhmije Hoxha – die schwarze Frau

Vom Giebel der nationalen Handelsbank wacht eine große Skulptur über die Stadt Durrës, eine Frau mit der Figur und dem Gesichtsausdruck eines Sumoringers: die illyrische Königin Teuta. Nach dem Tod ihres Mannes Agron übernahm sie im Namen ihres minderjährigen Stiefsohns die Herrschaft und griff mit ihrer Flotte griechische Städte an. Da einige davon mit Rom verbündet und außerdem römische Handelsinteressen betroffen waren, sandte die angehende Weltmacht 229 vor Christus eine Armee gegen Teuta, was als Erster Illyrischer Krieg in die Geschichte einging. Vor Shkodra wurde die Königin schließlich besiegt.

Noch heute nennen albanische Eltern ihre Töchter nach der Königin, die vermutlich nicht schön gewesen ist, aber stark und mutig. Diese Eigenschaften blieben für Frauen wichtig, wollten sie sich in der männerdominierten albanischen Gesellschaft behaupten. Hilfreich war allerdings auch, wie die Geschichte gezeigt hat, eine Ehe mit einem starken Mann einzugehen. So waren noch Nexhmije Hoxha, die Frau von Enver Hoxha, und Fiqrete Shehu, die Frau seines Stellvertreters Mehmet Shehu, über Jahrzehnte die prominentesten Frauen Albaniens. Die eine war Direktorin des Instituts für Marxistisch-Leninistische Studien, die andere leitete die Parteihochschule der PAA, der führenden und einzigen Partei. Bis Fiqrete nach dem plötzlichen Tod ihres Ehemannes in Sippenhaft genommen wurde und nach langen Jahren der Haft im Gefängnis verstarb. Einen offensichtlich großen Anteil an diesem Schicksal hatte ihre Jugendfreundin Nexhmije, die Fiqrete länger gekannt hatte als ihren Mann Enver.

Nexhmijes erstes Opfer war Fiqrete allerdings nicht. Liri Belishova, von der schon die Rede war, musste sich im Juli 1960 nach ihrer Rückkehr von einer China-Reise vor einer Art Parteitribunal verantworten, dem Nexhmije vorsaß. Das Todesurteil wurde in 30 Jahre Haft, später in Hausarrest geändert. Doch das Ende der Geschichte von Liri und Nexhmije ist das noch nicht, wie Fahri Balliu in seinem Buch *Die schwarze Frau – Nexhmije Hoxha* berichtet.[65] Als Liris Tochter, erst 20 Jahre alt, im Sterben auf der Krebsstation lag, wandte sich Liri aus dem Hausarrest schriftlich an Nexhmije und bat diese, ihr behilflich zu sein, damit sie ihr Kind noch einmal sehen konnte. Nexhmije soll abgelehnt haben. Und was Liri Gega betrifft, die als jugoslawische Spionin 1956 zunächst verhaftet und später gemeinsam mit ihrem Mann Dali Ndreu an einem unbekannten Ort erschossen wurde, so hat ihre ehemalige Freundin Nexhmije Balliu zufolge durchaus gewusst, dass Liri Gega zu diesem Zeitpunkt schwanger war.

Der Titel von Fahri Ballius viel gelesenem Buch greift auf, wie viele Zeitgenossen Nexhmije hinter vorgehaltener Hand genannt hatten – »die schwarze Frau«. Er stellt sie als eine Art Lady Macbeth von Albanien dar. Allerdings wird Lady Macbeth bei Shakespeare angesichts ihrer Taten vom schlechten Gewissen geplagt, bis sie schließlich den Verstand verliert und sich das Leben nimmt. Damit ist bei Nexhmije nicht zu rechnen.

Über Enver schreibt sie in ihren Memoiren, es sei Liebe auf den ersten Blick gewesen, als sie ihn auf dem Treffen zur Gründung des Kommunistischen Jugendverbandes Albaniens am 23. November 1941 traf; damals war sie 21, er 34 Jahre alt. Im Januar 1945 heirateten die beiden und Nexhmije übernahm in der Folge zunächst Funktionen in der neu gegründeten Frauenorganisation, bis sie im Jahre 1966 zur Direktorin des Instituts für Marxistisch-Leninistische Studien in Tirana berufen wurde. Als Politikerfrau war sie in ihrer Zeit der Gegenentwurf zu Titos letzter Ehefrau Jovanka. Nexhmije Hoxha, Jahrgang 1921, und Jovanka Broz, Jahrgang 1924, waren beide in ihren Heimatländern Partisaninnen gewesen. Beide haben ihr weiteres Leben an den Erfolgsweg eines bedeutenden Mannes geknüpft und sich so selbst einen Namen gemacht. In der 44. Episode von *House of cards* sagt Frank Underwood zu Claire, es sei falsch gewesen zu sagen, sie sei nichts ohne ihn, denn in Wirklichkeit sei er nichts ohne sie. Ob Tito oder Hoxha ihren Ehefrauen jemals etwas Ähnliches gesagt haben, ist nicht überliefert. Zweifellos hätte dies Nexhmije und Jovanka gefreut, denn im Grunde ihres Herzens waren beide davon überzeugt, dass es so war.

Die Rollen, die sie zu Lebzeiten ihrer Männer in der öffentlichen Wahrnehmung gespielt haben, entsprachen dem Bild, das beide Diktatoren von sich selbst entworfen hatten. Marschall Tito, der sich gern in weißer Uniform mit goldenen Knöpfen ablichten ließ, hatte die schöne, 30 Jahre jüngere Jovanka an seiner Seite, deren bezauberndes Lächeln in den 1950er Jahren die Weltpresse entzückte und Chruschtschow zu filmreifen Entgleisungen veranlasste. Einmal soll er Tito nicht ganz nüchtern einen Frauentausch vorgeschlagen haben.

Enver Hoxha präsentierte sich seinem Volk als *Xhaxhi Enver* (Onkel Enver), als Verwandter und Schutzherr der Familien. Dazu passte keine Ehehälfte in Goldbrokat. Nexhmije fügte sich und macht auf Fotos mit ihm nie den Eindruck, sie sei gern schön und attraktiv. Sie zeigte sich meist im grauen Kostüm, mit Brille und die Haare streng nach hinten gekämmt. Drei Kinder hatte sie Enver geschenkt, die Rolle von der gutmütigen Tante an seiner Seite hat allerdings nie wirklich zu ihr gepasst. Sie war und ist offensichtlich kein herzlicher Mensch.

Es liegt nahe, dass Nexhmije, die ihre politische Stellung allein Hoxha zu verdanken hatte, umso härter gegen sich und andere wurde, desto unsicherer Hoxhas eigene Position wurde. Seinen ersten Herzinfarkt hatte er bereits 1973. In ihrem Buch *Verratene Freundschaft,*[66] einer Abrechnung mit Mehmet Shehu und dilettantischen Selbstrechtfertigung, beschreibt Nexhmije, wie sie Hoxha während der von den Ärzten verordneten zweimonatigen Rekonvaleszenzzeit abschirmte, den Informationsfluss steuerte und Entscheidungen weitergab. Oder in seinem Namen selbst traf? Tatsache ist wohl, dass seit dieser Zeit kein Weg zu Hoxha an ihr vorbeiführte. Als Direktorin des Instituts für Marxistisch-Leninistische Studien unterstand ihr auch der parteieigene Verlag *8. Nëntori*, benannt nach dem Gründungsdatum der Partei am 8. November. Dieser schien über unbeschränkte Mittel und darin eingeschlossen Unmengen von Druckpapier bester Qualität und Heerscharen qualifizierter Übersetzer für die Weltsprachen, einschließlich Deutsch, zu verfügen. Nexhmije besaß mit dem Verlag die Deutungshoheit über das geschriebene Wort ihres Mannes Enver und seiner/ihrer Partei auch über Envers Tod hinaus.

Den größten Feind hatte sie allerdings, so schreibt Balliu, im eigenen Haus: ihre Schwiegertochter Lilijana, zu der Enver Hoxha ein herzliches Verhältnis unterhielt. Das allein muss bei Nexhmije Panikattacken ausgelöst haben. Seinem Sohn soll Hoxha gesagt haben, dessen beste Entscheidung sei die Ehe mit Lilijana gewesen. Er rühmte ihre intellektuellen Fähigkeiten und unterstützte sie großzügig bei ihrer Karriere. Als er sogar vorschlug, sie solle als Chefredakteurin der Zeitschrift *Wissenschaft und Leben* an den Sitzungen des Politbüros teilnehmen, muss es für Nexhmije kritisch geworden sein. Aus ihrer offenen Abneigung gegenüber der Schwiegertochter machte sie fortan kein Geheimnis mehr und zweifellos hatte sie die Position der Stärkeren. Ob das, was weiter im Hause Hoxha geschah, eher Nexhmijes oder Lilijanas Wahrheit entspricht, ist schwer zu sagen. Glücklich ist die junge Lilijana im Hause Hoxha nicht geworden. Im Dezember 2000 schließlich war sie nach Kanada ausgereist und hatte dort um politisches Asyl gebeten. Sowohl Nexhmije als auch Ramiz Alia würden ihr seit Jahren nach dem Leben trachten, weil sie deren angebliche Verstrickungen in den, wie sie meinte, »vorzeitigen Tod« von Enver Hoxha aufdecken wolle. Inzwischen sieht man sie öfter in Talksendungen im albanischen Fernsehen, wo sie gern ihre Sicht der Geschichte präsentiert und an ihrer Schwiegermutter kein gutes Haar lässt.

Als Enver Hoxha 1985 starb, war seine Frau als Direktorin des Instituts für Marxistisch-Leninistische Studien unangefochten. Hoxhas Nachfolger Ramiz Alia war Absolvent des Instituts. Alia war nicht nur der politische Ziehsohn des Diktators; durch die

Heirat von Hoxhas ältestem Sohn Ilir mit Alias Nichte Teuta gab es auch bereits eine Art dynastisches Bündnis. Nach dem Sturz Alias wurde auch Nexhmije im Dezember 1991 angeklagt, wegen Korruption verurteilt und schließlich nach fünf Jahren Haft entlassen. Im Gefängnis begann sie, den ersten Teil ihrer Erinnerungen *Mein Leben mit Enver* zu schreiben. Seitdem hat sie weitere Bücher publiziert, für Hoxha den Status eines Partisanen und somit Pensionsansprüche erstritten und im Jahre 2016 – inzwischen 95-jährig – ihr, wie der Sender formulierte, »letztes Fernsehinterview« gegeben. Sie ist von erstaunlicher Zähigkeit, nicht nur körperlich, sondern auch geistig.

Früher einmal habe ich mir vorgenommen, Nexhmije persönlich zu treffen, sobald meine Dienstzeit bei internationalen Organisationen beendet sein würde. Dass ich es dann nicht getan habe, liegt nicht an ihrem Alter. Ich halte es nicht für ausgeschlossen, dass dieses Fernsehinterview von 2016 doch nicht das letzte war. Aber sie hat nichts Neues zu sagen; alles ist bekannt – ihre Antworten auf die üblichen Fragen, ihre Rhetorik, das Zimmer mit der Bücherwand und dem Foto von Enver, der Sessel mit der Spitzendecke, ihre Frisur, ihre Brille. Man spürt keinen Funken Selbstkritik und auch keinen neuen Blick auf das eigene Tun. Daran wird sich vermutlich nichts ändern, sollte sie ihren 100. Geburtstag noch erleben. Die Fotografin Jutta Benzenberg hat sie einmal in Schwarzweiß porträtiert: eine ernst blickende alte Dame, nicht nett, etwas unheimlich.

Die neue Albanerin

Noch in der Grußansprache von Lumturi Rexha, der Präsidentin des albanischen Frauenbundes, zum Internationalen Frauentag am 8. März 1990 stand der Satz, »unsere Frauen und Mütter sind mit dem Sozialismus verbunden wie das Fleisch mit dem Knochen«.[67] Das klang nach einer schmerzhaften Verbindung. Die fast 500-jährige osmanische Herrschaft hatte natürlich auch die

Rolle der Frau in der Gesellschaft geprägt. Dass die Verfassung des sozialistischen Albanien dann zumindest auf dem Papier die Gleichberechtigung sicherstellte, war ein großer Fortschritt. Tatsächlich war der Anteil weiblicher Studenten höher als seinerzeit in einigen westlichen Staaten, und den Frauen standen alle Bereiche der beruflichen Entwicklung offen. Es gab eine staatliche Kinderbetreuung und unter der weiblichen Bevölkerung im arbeitsfähigen Alter herrschte beinahe Vollbeschäftigung. In der mehrmals jährlich erscheinenden Zeitschrift *Shqiptarja e re* (Die neue Albanerin) waren Frauen abgebildet, die glücklich ihre neuen Wohnungen einrichteten, an einer Drehbank standen oder auf dem Traktor saßen. Aber Frauen sollten sich nicht nur beruflich verwirklichen, daneben sollten sie auch Kinder bekommen und großziehen und dem Mann den Haushalt führen. Das verstand sich von selbst. Bei dieser Doppel- oder Dreifachbelastung musste man irgendwo Abstriche machen – meistens bei der Karriere. Das war natürlich nicht nur in Albanien so.

Karriere zu machen war für albanische Frauen auch aus einem anderen Grund schwierig: Eine bewusste Familienplanung fand praktisch nicht statt, und Abtreibungen widersprachen der Parteidirektive, die Bevölkerung um fast jeden Preis zahlenmäßig zu erhöhen. Laut einer neueren Studie[68] gab es jedoch im Zeitraum von 1960 bis 1980 insgesamt 209 173 registrierte Abtreibungen – weit mehr als in den frühen Tagen des Regimes in den 1940er und 1950er Jahren. Es wird jedoch angenommen, dass die tatsächliche Anzahl von Abtreibungen noch wesentlich höher war, da viele außerhalb von Kliniken vorgenommen wurden. Besonders auf dem Lande war der Studie zufolge auch Armut ein wichtiger Faktor für die hohe Abtreibungsrate, obwohl das System Frauen, die zehn oder mehr Kinder zur Welt brachten, finanzielle und ideelle Anreize bot.

Mit Mitte 30 keine Kinder zu haben oder nicht verheiratet zu sein, ist in Albanien (von den großen Städten abgesehen) leider bis heute ein ziemliches Stigma. Ehe und Familie sind noch immer das wichtigste Kriterium für die gesellschaftliche Bewertung einer Frau, wie klug und wie beruflich erfolgreich sie auch ist. Selbst als Jozefina Topalli 2005 als erste Frau Präsidentin des albanischen Parlaments wurde, las man in der Presse stets auch, sie sei ihren beiden Kindern eine liebevolle Mutter und dem Ehemann eine vorbildliche Hausfrau. Topalli stammt aus Shkodra in Nordalbanien und hat Mathematik und Rechtswissenschaft studiert, später auch noch internationale Beziehungen an der Universität Padua in Italien. Seit 1997 war sie stellvertretende Parteivorsitzende von Berishas DP, hat sich inzwischen allerdings mit der Parteiführung überworfen. Schon länger gibt es Vorwürfe wegen Korruption und Vetternwirtschaft gegen sie. Offensichtlich ist in diesem Punkt die Gleichberechtigung der Geschlechter schon hergestellt.

In der zweiten Rama-Regierung war Senida Mesi bis zur Regierungsumbildung Anfang 2019 stellvertretende Premierministerin. Bei den letzten Wahlen stand sie auf Listenplatz drei der Sozialisten. Sie hat in Tirana Business Administration studiert und Finanzwirtschaft in Frankfurt am Main. Der erste Absatz ihres Kurzlebenslaufs auf der offiziellen Regierungsseite aber las sich so: Senida Mesi, geboren am 16. Dezember 1977 in Shkodra, ist verheiratet mit Dr. Artan Mesi und hat drei Kinder: Erlind, Iris and Edan …

Eine weitere Frau in einer Spitzenposition ist Majlinda Bregu, seit kurzem Generalsekretärin des Regional Cooperation Council (RCC) der Balkanstaaten und damit Nachfolgerin des Serben Vuk Jeremic, ehemaliger Außenminister Serbiens in der Regierung des ermordeten Zoran Đinđić. Ihre politische Karriere begann, als sie 2004 Koordinatorin für Sozialpolitik der DP wurde. Später brachte sie es in der DP-Regierung zur Ministerin für Europäische Integration. Folgt man ihr auf *twitter,* was ich gelegentlich tue, kommt zunächst neben ihrem Foto der Slogan: »Woman, mother, politician. Devoted European!« Das muss wohl so sein.

2008 hat Albanien ein Gleichstellungsgesetz verabschiedet. Es schreibt unter anderem vor, dass eine der ersten drei Personen auf den Kandidatenlisten der Parteien, die zu einer Wahl antreten, eine Frau sein muss. Ob dieser Formalismus hilfreich ist, Frauen zu mehr Anerkennung für ihr Engagement in Politik und Gesellschaft zu verhelfen, wird sich zeigen. Laut einer von UN Women unterstützten Studie aus dem Jahr 2014 machen Frauen zwar etwa die Hälfte der albanischen Bevölkerung aus, aber die Mehrheit von ihnen interessiert sich nicht für Politik. Motivierend wirken sicher erfolgreiche Frauen wie Senida Mesi und Majlinda Bregu. Immerhin hat Albanien nach den Wahlen vom 25. Juni 2017 einen so hohen Frauenanteil im Parlament wie noch nie: Mit 28 Prozent liegt er um zehn Punkte höher als bei den Wahlen von 2013.

Wie sieht die moderne Albanerin aus? Sie gibt viel auf ihr Äußeres, kleidet sich femininer als die meisten deutschen Frauen und geht so oft zum Friseur wie Zeit- und Haushaltsbudget es erlauben.

Auch Olta Xhaçka ist ein Beispiel einer modernen, erfolgreichen albanischen Frau. Seit ihrer Jugend in der SP aktiv, sitzt sie schon seit den Parlamentswahlen 2009 im Parlament. Sie gilt als außerordentlich loyal und fungierte in schwierigen Zeiten der ersten Rama-Regierung als eine Art Joker: Sie übernahm ein Ministeramt und gab es schon nach zwei Monaten wieder auf, um es der Opposition zu überlassen, weil dies zur Beendigung des 90-tägigen Parlamentsboykotts so ausgehandelt worden war. Nun ist sie Verteidigungsministerin. Auch wenn den albanischen Frauen heute Karrierewege selbst in der Armee offenstünden, gebe es noch viel zu tun, um die Frauenrechte zu stärken, sagte sie in ihrer Rede zum Frauentag 2018 auf dem Empfang in ihrem Haus. In Albanien werde eine wachsende Zahl von Fällen häuslicher Gewalt registriert, da immer mehr Frauen den Mut aufbringen, ihre Peiniger anzuzeigen. Allerdings wies sie zu Recht darauf hin, dass es nach wie vor zahlreiche Fälle von Menschenhandel und Zwangsprostitution gebe.

Das albanische Verteidigungsministerium zu leiten, ist zweifellos kein leichtes Amt. Seit April 2009 ist das Land NATO-Mitglied, es hat sich an Missionen unter anderem im Irak und in

Afghanistan beteiligt und dabei nach Kräften bemüht, alle Erwartungen zu erfüllen. Bei einem bisher ungeklärten Zwischenfall im südlichen Robat in Afghanistan wurde am 20. Februar 2012 ein albanischer Soldat der internationalen Schutztruppe von afghanischen Polizisten getötet. Die jährliche Kranzniederlegung zu seinem Gedenktag ist ein fester Termin nicht nur für die Verteidigungsministerin. Seit 2010 hat Albanien eine Berufsarmee; die Wehrpflicht ist ausgesetzt. Das Budget des Verteidigungsministeriums soll für 2018 169,4 Millionen US-Dollar betragen. In einem Interview im Februar 2018 wurde die Ministerin gefragt, wie Albanien denn zu der Zwei-Prozent-Vorgabe stehe, die sich die NATO-Staaten zum Ziel gesetzt haben. Dazu sagte sie, gegenwärtig sei man bei 1,2 Prozent BIP und habe mit den NATO-Partnern einen Plan vereinbart, um das angestrebte Ziel von zwei Prozent im Jahre 2023 zu erreichen.[69]

Medienberichten zufolge hat Olta Xhaçka dem damaligen US-Verteidigungsminister James Mattis angeboten, US-Militärstützpunkte auf albanischem Territorium zu errichten. Mattis muss sich ziemlich überrumpelt vorgekommen sein, jedenfalls versprach er, das Angebot zu prüfen. »Albanien hat bewiesen, dass die geografische Größe weniger wichtig ist als die Größe seiner Verpflichtung«, sagte er und fügte hinzu, dass »Albanien über seine Bedeutung als NATO-Verbündeter hinauswächst«. Er verwies auf die hohe Anzahl albanischer Soldaten, die an internationalen Missionen teilnehmen. Albanien ist eines der wenigen Länder, die 2003 bilaterale Immunitätsabkommen mit den Vereinigten Staaten unterzeichnet haben, durch die US-Bürger von der Zuständigkeit des Internationalen Strafgerichtshofs ausgenommen sind. Der EU-Fortschrittsbericht von April 2018 kritisiert denn auch die albanische Haltung zu diesem Thema und forderte Albanien auf, sich aus dem Abkommen zurückzuziehen.[70]

Neuerdings untersteht dem Verteidigungsministerium auch die Generaldirektion für Katastrophenschutz *(Drejtoria e Përgjithshme e Emergjencave Civile)* – ein kleiner Trick, um das Verteidigungsbudget aufzubessern. Allerdings lässt sich damit auch das

Image des Ministeriums aufpolieren, und die junge Ministerin scheint die Richtige für diesen Job zu sein. In ihrer noch ziemlich kurzen Amtszeit hatte Olta Xhaçka schon ziemlich schwierige Fälle zu bewältigen, die damit zu tun haben, dass Schneechaos und Überflutungen auch in Albanien zunehmen. Nach dem Hochwasser im Frühjahr 2018 mussten Alte und Kranke aus entlegenen Dörfern mit Armeehubschraubern evakuiert werden. Im allgemeinen Gedächtnis bleiben sicher auch die Bilder der Rettung einer kranken Frau aus dem Dorf Tejdrine, die bei mannshohem Schnee von Soldaten auf einer Trage zu Fuß drei Stunden bis ins nächste Krankenhaus transportiert werden musste.

In einer Siedlung mit dem schönen Namen Porto Romano in der Nähe der Hafenstadt Durrës ließ sich die Verteidigungsministerin kürzlich auch sehen. Porto Romano steht für eine der größten Umweltkatastrophen Albaniens der letzten Jahrzehnte. In einer ehemaligen Chemiefabrik sollen über 400 kg Lindan gelagert haben. Die hochgiftige Substanz, die früher als Insektizid in der Land- und Forstwirtschaft eingesetzt worden war, wird von der Internationalen Agentur für Krebsforschung der WHO als »krebserregend bei Menschen« eingestuft. In der Fabrik rosteten die Behälter vor sich hin und wurden mit den Jahren undicht, sodass Lindan ins Grundwasser sickerte. Zu Beginn der 1990er Jahre wurde die Brache in der Nähe des Adria-Ufers besiedelt, als Tausende meist aus dem unwirtlichen Norden stammende Albaner in die Nähe der Industriezentren strömten. Zu Zeiten der Hoxha-Diktatur war ein Wechsel des Wohnortes nicht so einfach möglich gewesen, nun aber hielt es viele nicht mehr in den entlegenen unterentwickelten Gebieten des Landes. Gesetz- und Planlosigkeit führten dazu, dass Porto Romano bald im eigenen Dreck zu ersticken drohte. Ein alarmierender Anstieg von Missbildungen bei Neugeborenen und Krebserkrankungen brachten die lange verdrängte Geschichte um die alten Lindan-Fässer wieder in das öffentliche Bewusstsein. Inzwischen ist sich der Staat seiner Verantwortung bewusst, zudem fließen internationale Hilfsgelder. Ministerin Xhaçka sprach medienwirksam mit den Anwohnern und sagte regelmäßige Arztbesuche der Armee zu.

Sie hat allerdings nicht nur die Imageverbesserung der Armee auf ihrer To-do-Liste. Auch im eigenen Haus gibt es viel zu tun. Im November 2017 wurde bekannt, dass vier Armeeangehörige nach Beendigung eines Auslandseinsatzes nicht nach Albanien zurückgekehrt waren. Sie wurden wegen Desertion angeklagt, hieß es in der Pressemitteilung. Albanien ist an Nachrichten gewöhnt, dass Menschen in scheinbar aussichtsloser wirtschaftlicher Situation und ohne Hoffnung auf rasche Verbesserung ihrer Lage verzweifelt versuchen, in westliche Länder abzuwandern. Aber dass dies nun auch gut ausgebildete Soldaten tun, wird als besondere Peinlichkeit für die Regierung angesehen. Der Vater von einem der Deserteure sagte der Lokalzeitung *Panorama*, sein Sohn habe in Afghanistan gedient und sei einer der bestausgebildeten Männer seiner Einheit gewesen. Wäre er nach Albanien zurückgekehrt, hätten er und seine Familie von 30 000 Lek (etwa 225 Euro) pro Monat leben müssen. Die Ministerin ist gefordert, die Armee zu reformieren, zu modernisieren und attraktiv für junge, gut ausgebildete Menschen zu machen. Dazu muss auch dringend etwas an der gegenwärtigen Besoldung und den Pensionsansprüchen verbessert werden.

Albanien hat inzwischen sogar eine Generalin, sie heißt Manushaqe Shehu. Im Januar 2018 wurde die Brigadegeneralin auch noch zur stellvertretenden Generalstabschefin ernannt und ist damit auf dem gesamten Balkan die erste Frau, die in einem so hohen Rang dient. Die feierliche Beförderung wurde von der Verteidigungsministerin vorgenommen.

Als ich im Frühjahr 2018 in Tirana war, konnte ich beide Frauen treffen. Vor meiner Reise hatte ich im Büro der Ministerin einen Interviewtermin angefragt, und da der 8. März in meine Aufenthaltszeit fiel, lud mich Olta Xhaçka zu einem Empfang zum Frauentag »Für Mädchen und Frauen in Uniform« in ihr Ministerium ein. Gegenwärtig versehen mehr als 1300 Frauen ihren Dienst in der Armee Albaniens, sie sind in allen drei Teilstreitkräften, also im Heer, der Luftwaffe und der Marine vertreten. Nur eine Pilotin habe man gerade nicht, erzählte mir eine Stabsoffizierin mit Bedauern. Von ihr erfuhr ich auch, dass die Frauen ihre Uniformteile wählen können; viele der ungefähr 400 Anwesenden auf dem Empfang trugen Röcke, manche Hosen. Generalin Shehu trug zwar Uniformhosen, hatte aber knallrot geschminkte Lippen, was ihr außerordentlich gut stand.

Dass albanische Frauen Karriere in der Armee machen können, ist keine Errungenschaft der Demokratie, sondern wurde schon Mitte der 1970er Jahre eingeführt. Als Ausdruck der völligen Gleichberechtigung sollten sie nun auch die Heimat gegen die äußeren Feinde verteidigen können. Bei den schon erwähnten Demonstrationen zum 1. Mai marschierten immer auch junge Frauen in Uniform mit, sie trugen eine kleine rote Schleife an der Mütze. In der Bundeswehr konnten Frauen zwar auf freiwilliger Basis im Militärmusikdienst oder im Sanitätsdienst ihren Dienst leisten, doch eine Verpflichtung bei der kämpfenden Truppe war lange Zeit nicht möglich. Erst eine Entscheidung des Europäischen Gerichtshofes im Jahre 2000 öffnete dem weiblichen Geschlecht uneingeschränkt alle militärischen Laufbahnen. Da eine militärische Karriere ihre Zeit braucht, gibt es in der Bundeswehr bislang nur sehr wenige Frauen in Stabspositionen.

Generalin Shehu ist bereits im Alter von 19 Jahren in die Armee eingetreten. Das ist nun 32 Jahre her. »Ich komme aus einer militärischen Familie. Mein Vater, mein Onkel und meine zwei Brüder waren in der Armee«, erzählt sie. Es gab jedoch auch schwierige Momente, in denen sie nicht nur starke körperliche, sondern auch mentale Reserven nötig hatte. »Einmal musste ich mit 40 Kilogramm Ausrüstung 24 Stunden im Regen marschieren«, erinnert sie sich. Eine der kritischsten Situationen habe sie im Winter 1988 im Dorf Pjece erlebt, wo ihre Einheit wegen eines Schneesturms einen Monat lang festsaß – in Zelten. Ihr Lebensmotto stammt übrigens von einem anderen General, dem späteren Präsidenten Eisenhower, dessen Motto war: »Pläne sind nichts; Planung ist alles.« Von 1984 bis 1988 hat sie die Offiziershochschule in Tirana besucht und leitete danach eine Logistikbrigade. Neben der militärischen Laufbahn schloss sie noch ein fünfjähriges Jurastudium in Shkodra und diverse Lehrgänge im Ausland ab. Sie hat schöne Augen und ein warmes Lächeln. Ihre energische Stimme verrät allerdings, dass sie sich auch Respekt verschaffen kann. Als sie mich mit dem Handy in ihrer Nähe stehen sieht, kommt sie auf mich zu und fragt, ob wir ein Selfie machen wollen. Und ich muss mir nicht überlegen, wie ich sie als Generalin anrede, sondern sage einfach: »Ja, gerne.«

Burrnesha – die eingeschworene Jungfrau

Neben den modernen Albanerinnen gibt es jedoch noch viele Frauen, die ein sehr traditionelles Leben innerhalb der alten Familienstrukturen leben müssen. Und es gibt die *Burrnesha;* ein albanisches Phänomen, das sich vielleicht auch im Zusammenhang mit dem Thema Homosexualität beschreiben ließe, obwohl es das eigentlich nicht trifft. Als Mannfrau oder eingeschworene Jungfrau (albanisch *Burrnesha* oder *Virgjinesha*) wird eine Frau bezeichnet, die in ihrer Familie und in der Gesellschaft die Rolle eines Mannes übernimmt. Sie muss dabei völlig auf sexuelle Beziehungen, Ehe und Kinder verzichten. Der *Kanun* bestimmt die Regeln. Danach legt die Frau vor den Ältesten der Gemeinde einen Schwur ab und wird fortan als Mann behandelt. Sie trägt Männerkleidung und Waffen und kann die Position des Familienoberhaupts übernehmen. Es war meist nicht der Wunsch nach sexueller Freiheit, der Frauen in der albanischen Geschichte veranlasste, ihr Geschlecht zu wechseln. Vielmehr ging es darum, das Fehlen eines männlichen Familienoberhaupts zu kompensieren. Und das war wichtig für den Fortbestand einer Familie mit ihrem Besitz an Land und Vieh, denn der Kanun hatte kein Erbrecht für Frauen vorgesehen. Die eingeschworenen Jungfrauen übernahmen nicht nur die Aufgaben des männlichen Familienoberhauptes, sondern weitgehend auch die männlichen Verhaltensweisen und Privilegien wie Tabak- und Alkoholkonsum.

Persönlich ist mir bisher keine begegnet, aber ich kenne ein paar beeindruckende Bücher und Filme über diese Mannfrauen, von denen es inzwischen vielleicht noch zwei oder drei Dutzend in den Nordalbanischen Alpen geben soll. Antonia Young hat im Jahre 2000 das Buch *Women who become men* veröffentlicht, das auch ins Albanische übersetzt worden ist. Es enthält zahlreiche beeindruckende Lebensgeschichten, darunter die einer 17-köpfigen Familie »im Blut« in den nordalbanischen Bergen aus dem Jahr 1995. Die Blutrache hatte bereits alle männlichen Erwachsenen das Leben gekostet. Dass das Familienoberhaupt nun eine Frau war, sieht man auf dem Schwarzweißfoto kaum noch.

Auf der Berlinale wurde 2015 der halbstündige Film *Hakie – Hakie. Ein Leben als Mann* von Anabela Angelovska gezeigt. Die Protagonistin Hakie ist im Film 71 Jahre alt und lebt auf sich allein gestellt in den Nordalbanischen Alpen. Der Alltag in dieser ländlichen Abgeschiedenheit ist noch heute geprägt von einer archaischen Trennung von Männer- und Frauenrollen. Hakie ist so eine *Burrnesha,* die das Leben eines Mannes lebt, mit allen Freiheiten und Einschränkungen. Obwohl Hakie Männern ihres Alters in nichts nachsteht, treffen die Folgen ihres Geschlechterrollenwechsels sie hart. Denn während die Männer von ihren Nachkommen umsorgt werden, muss Hakie ihren schweren Alltag alleine meistern. Sie tut es mit einer Stärke, die beindruckend und befremdend ist.

Auf der Schattenseite. Über den Umgang mit Minderheiten

Die Griechen und der Friedhofsstreit

Das Statistische Institut Albaniens INSTAT veröffentlichte die Ergebnisse der letzten Volkszählung von 2011, darunter auch die Angaben zu Nationalität und Religion. Danach hatten zwar 83,3 Prozent der 2 821 977 Einwohner Albaniens (die Diaspora nicht mitgezählt) angegeben, ethnische Albaner zu sein, aber ganze 14,07 Prozent hatten die Angabe zur Nationalität verweigert. Laut den bei der Volkszählung gegebenen Antworten sind die Griechen mit einem Anteil von 0,87 Prozent die größte Minderheit. Mit je 0,3 Prozent sind Roma und Aromunen, auch Mazedorumänen genannt, vertreten. Danach folgen mit 0,2 Prozent die Mazedonier und mit 0,12 Prozent der Bevölkerung die Balkan-Ägypter. Darüber hinaus existieren noch andere Volksgruppen im Land, die zusammen 0,09 Prozent der Bevölkerung ausmachen.

Albanien ist auf dem Weg in die EU, und natürlich sind die Minderheitenrechte da verfassungsmäßig verankert. Aber sich dazu zu bekennen, einer Minderheit anzugehören, fällt offenbar nicht jedem leicht.

Deshalb kann beispielsweise nur vermutet werden, wie groß die griechischstämmige Minderheit in Albanien gegenwärtig wirklich ist. Bei der Volkszählung waren 24 243 ethnische Griechen ermittelt worden, Griechisch als Muttersprache gaben jedoch nur 15 196 Personen an. Die Angehörigen der Minderheit leben hauptsächlich in der südalbanischen Region, die an Griechenland grenzt. Der Status der Nord-Epirus genannten Region gehört zu den sehr alten und noch immer ungelösten Streitfragen des Landes. 1913 hatten die Großmächte England, Frankreich, Österreich-Ungarn, Deutschland, Italien und Russland im Friedensvertrag von London das historische Epirus zwischen Griechenland und Albanien aufgeteilt. Die griechische Bevölkerung im albanischen Nord-Epirus rief daraufhin 1914 eine eigene Republik »Autonomes Epirus« aus mit dem Ziel einer möglichst baldigen Vereinigung mit dem Mutterland. Griechenland besetzte noch im selben Jahr das Gebiet, das allerdings nach dem Ersten Weltkrieg endgültig an den albanischen Staat fiel. Die dort lebenden Griechen waren fortan eine Minderheit in Albanien.

Insofern sie orthodoxen Glaubens waren, und das war der weit überwiegende Teil, hatte Hoxhas Idee vom ersten atheistischen Staat der Welt auch für sie fatale Folgen: Kirchen wurden geschlossen, die Religionsausübung verboten. Zudem wurden von den 79 Elementarschulen der griechischen Minderheit, die es 1946 noch gab, die meisten im Laufe weniger Jahre geschlossen. Ab der fünften Klasse sowie in allen weiterführenden Bildungseinrichtungen war Albanisch ohnehin die einzige Unterrichtssprache. Da die albanisch-griechische Grenze für lange Zeit hermetisch geschlossen war, kamen oftmals auch persönliche Kontakte zum Erliegen und insgesamt wurde die Beschäftigung mit der griechischen Sprache, Kultur und ihren Traditionen erschwert. Beide Länder befanden sich noch lange nach dem Zweiten Weltkrieg im Kriegszustand und Griechenlands erhob weiter Anspruch auf Nord-Epirus. Deshalb wetterte Enver Hoxha in seiner schon zitierten Rede in Moskau 1960 auch gegen Bulgarien, weil es der griechischen Regierung einen Freundschafts- und Nichtangriffspakt vorgeschlagen hatte.

Nach dem Fall des Hoxha-Regimes schien die Zahl der griechischstämmigen Albaner enorm in die Höhe zu schnellen, denn plötzlich war es sehr hilfreich, dieser Minderheit anzugehören oder zumindest die griechische Sprache zu verstehen. Griechenland wurde in den folgenden Jahren das Ziel von tausenden Arbeitsmigranten, darunter viele griechischstämmige Albaner. Bald stellten die Albaner die größte und am besten integrierte Minderheit in der griechischen Hauptstadt. Sie arbeiteten vorzugsweise im Baugewerbe und profitierten von dem Boom, den dieses im

Vorfeld der Olympischen Spiele 2004 erlebte. Gemessen an der Zahl der staatlichen Genehmigungen war demnach während der Jahre des Baubooms ständig eine Zahl von etwa 400 000 Albanern als Arbeitsmigranten in Griechenland registriert gewesen; vorrangig aber nicht ausschließlich Albaner mit griechischen Wurzeln. Nach dem sportlichen Großereignis war es mit dem Boom allerdings vorbei.

Durch die inzwischen lang andauernde Wirtschaftskrise in Griechenland und den Zustrom anderer, noch billigerer Arbeitsmigranten haben viele Albaner in den letzten Jahren ihre Jobs verloren und waren schließlich gezwungen, in ihre Heimat zurückzukehren. Der Direktor von INSTAT sagte im Oktober 2014 in einem Interview mit dem Fernsehsender *Top Channel,* etwa 70 Prozent der nach Albanien zurückgekehrten Arbeitsmigranten seien aus Griechenland gekommen. Diese hätten während der Zeit ihrer Beschäftigung monatliche Überweisungen von ungefähr 200 bis 500 Euro an ihre in Albanien verbliebenen Familien getätigt. Dieses Geld fehle von nun an und könne durch eine Beschäftigung in der Heimat – welcher Art auch immer – schwerlich kompensiert werden.

In der Folge kam es auf dem albanischen Arbeitsmarkt zu einem verschärften Konkurrenzkampf, bei dem die Nationalitätenfrage neue Aktualität bekam. Im Februar 2011 kritisierte Kreshnik Spahiu, stellvertretender Präsident des Obersten Gerichtshofes, wie scheinbar problemlos Änderungen der nationalen Zugehörigkeit in den Ausweisdokumenten albanischer Staatsbürger von den Behörden genehmigt und vorgenommen würden. Dem waren Äußerungen des griechischen Konsuls in Korça vorausgegangen, wonach viele albanische Griechen ihre wahre Identität wegen der Diskriminierung auf dem ohnehin engen Arbeitsmarkt im Interesse einer beruflichen Zukunft in Albanien für sich oder ihre Kinder leugnen würden. Das albanische Außenministerium bestellte daraufhin den griechischen Botschafter ein; der Konsul wurde wenig später abgezogen.

Beinahe täglich kann man in den albanischen Medien Artikel

unter der Überschrift »Friedhofsstreit« lesen. Sie betreffen ein noch immer nicht abgeschlossenes Kapitel der griechisch-albanischen Geschichte. Der Bau von Friedhöfen für griechische Soldaten, die während des Zweiten Weltkrieges in Albanien ihr Leben verloren hatten, ist Teil eines geplanten Abkommens zwischen dem EU-Kandidaten Albanien und dem EU-Mitglied Griechenland, das die Verhandlungen Albaniens mit der EU beschleunigen und weiteren Streitigkeiten vorbeugen soll. Laut Angaben griechischer Militärarchive fanden bis zum Ende des Zweiten Weltkrieges fast 14 000 griechische Soldaten den Tod an der albanischen Front; fast 8000 ruhen in albanischer Erde, ob offiziell begraben oder nicht. Friedhöfe für sie zu bauen, ist in Albanien keine neue Idee. Bereits Sali Berisha hatte 2009 als Premierminister eine entsprechende Entscheidung getroffen, die allerdings nie umgesetzt wurde. Seit 2013 gibt es eine gemischte Expertengruppe zu diesem Thema.

Brisant wird die Angelegenheit dadurch, dass der alte Streit um Nord-Epirus wieder angefacht wird. Offiziell erhebt Griechenland zwar schon lange keinen Anspruch mehr auf diesen Teil Albaniens. Albanische Historiker befürchten nun allerdings, die neuen Friedhöfe würden griechisches Territorium »markieren« und griechische Nationalisten könnten behaupten, dass griechische Soldaten »in ihrem eigenen Land« gefallen seien. »Diese neuen Friedhöfe sind ein Meilenstein für die alten Ansprüche«, sagte Präsident Ilir Meta wenig staatsmännisch.

Die griechische Seite antwortete darauf in Person von Andre Gerolymatos, Professor für Geschichte, die eigene Motivation sei eher religiös als territorial. »Griechenland ist ein Mitglied der EU und kann keine territorialen Ansprüche gegen seine Nachbarn stellen.«[71] Die Albaner sollten bedenken, dass die neuen Friedhöfe jedes Jahr Tausende von Touristen anlocken könnten, ebenso wie die Soldatenfriedhöfe in Frankreich, Holland und anderen Ländern. Dadurch könne Albaniens Wirtschaft einen dringend benötigten Aufschwung bekommen. Ob das aber realistisch ist, bleibt abzuwarten.

Um die Angelegenheit noch etwas komplizierter zu machen, kommt noch eine andere Minderheit ins Spiel. Denn mit den Grenzziehungen auf dem Balkan ist nicht nur eine griechische Minderheit in Albanien verblieben. Es gibt auch eine albanische Minderheit in Griechenland, die sogenannten *Çamen.* So werden Albaner aus der Küstenregion von Epirus bezeichnet (albanisch auch *Çamëria*). Die meisten *Çamen* wurden in zwei Wellen aus Griechenland vertrieben, in den 1930er Jahren und nach dem Zweiten Weltkrieg. Am Ende des Zweiten Weltkrieges wurden die *Çamen* in Griechenland bezichtigt, mit den italienischen und deutschen Besatzern kollaboriert zu haben. Wer es nicht schaffte, rechtzeitig nach Albanien zu fliehen, fand oft den Tod. Genaue Zahlen sind nicht bekannt. Die, die es geschafft hatten, ließen sich hauptsächlich in Süd- und Zentralalbanien nieder.

Präsident Meta hielt es nun für unfair, neue Friedhöfe für die Griechen in Albanien zu gestatten, während Griechenland die Probleme der *Çamen* im eigenen Land noch immer nicht ernst nehme. So gebe es keine Fortschritte bei der Rückübertragung ihrer in Griechenland enteigneten Immobilien.

Im Zuge der Verhandlungen über das geplante Abkommen zwischen dem EU-Kandidaten Albanien und dem EU-Mitglied Griechenland, von dem schon die Rede war, traf sich der damalige albanische Außenminister Ditmir Bushati mehrmals mit seinem griechischen Amtskollegen Nikos Kotzias in Kreta und Korça, um noch offene Fragen einer Lösung näherzubringen. Dazu gehörte am Rande auch der Streit über die Friedhöfe. Der Publizist Fatos Lubonja kommentierte, es gebe zweifellos eine Reihe von Meinungsverschiedenheiten zwischen den beiden Ländern, aber weder die Frage des Kriegszustandes noch die neuer Friedhöfe seien eigentlich strittig. Sie würden sich auch ohne große Emotionen lösen lassen. Das trifft sicher zu, denn wesentlich bedeutender und schwieriger zu klären ist die noch immer offene Frage der Seegrenzen beider Länder. Sollte dafür eventuell ein internationales Schiedsgericht nötig sein, wird man hoffentlich von den Erfahrungen der beiden EU-Mitgliedsstaaten Slowenien und Kroatien profitieren – wenn bis dahin deren Streit um die Bucht von Piran endlich beigelegt ist.

Das Roma-Problem

Im August 2012 brannte der Roma-Markt im mittelalbanischen Elbasan ab. Die Feuerwehr traf erst nach drei Stunden ein. Die Besitzer der Verkaufsstände vermuteten Brandstiftung. Im Dezember 2012 verloren 37 Roma-Familien in Tirana ihre Behausungen ersatzlos, als diese für die Hochhausanlage *»Pallati me Shigheta«* abgerissen wurden. Die Roma protestierten vor dem Bürgermeisteramt und machten einmal mehr darauf aufmerksam, dass Albanien ein Roma-Problem hat.

Roma sind in Albanien lediglich als sprachliche, nicht als nationale Minderheit wie Griechen, Montenegriner und Mazedonier anerkannt. Sie haben sozusagen einen Minderheitenstatus zweiter Klasse. Neben den Roma gibt es noch die albanisch-sprechenden Balkan-Ägypter, die sich nicht als Teil der Roma-Gesellschaft betrachten und denen überhaupt kein Minderheitenstatus zugestanden wird mit der Begründung, sie hätten sich keine sprachliche Identität bewahrt. Die Identität der Ashkali zu definieren ist noch schwieriger. Als »albanisierte Roma« werden sie häufig bezeichnet. Meist sind sie Muslime. Als Unterscheidungsmerkmal zu anderen Gruppen verweisen die Balkan-Ägypter darauf, Nachfahren von jenen Ägyptern zu sein, die zur Zeit Alexanders des Großen vom Nil auf den Balkan gekommen waren. Die Roma stammen wissenschaftlichen Untersuchungen zu Folge von Einwanderern vom indischen Subkontinent ab.[72]

Roma, Aschkali und Balkan-Ägypter werden in der Sprache internationaler Organisationen oft unter dem Kürzel »RAE« (für die englische Bezeichnung »Roma, Ashkali, Egyptians«) zusammengefasst. Nach der letzten Volkszählung gab es offiziell lediglich 8300 Roma und 3368 Ägypter in Albanien; Insider schätzen die Zahlen beider Gruppen zusammen mit 18 000 bis 120 000 auf wesentlich höher. Während der Hoxha-Diktatur versuchte man mit Druck, Roma-Familien, die zuvor meist als Wanderarbeiter und Schausteller über den Balkan gezogen waren, sesshaft zu machen. So gab es eine Residenz- und Registrierungspflicht und für die Kinder eine Schulpflicht. Während diese Pflichten für die Mehrheitsbevölkerung natürlich auch galten, wurde ihre Einhaltung bei den Roma streng kontrolliert. Wie viele Roma heute noch oder wieder sesshaft sind, ist nicht bekannt. Viele leben in Hüttensiedlungen am Rande der Großstädte. In Mittelalbanien, insbesondere in und um die Stadt Korça, gab es traditionell einen hohen Bevölkerungsanteil an Roma. Viele sind noch heute dort sesshaft, gehen typischen Handwerken nach, sind Silberschmiede oder Konditoren, und haben ihre angestammten Viertel.

Bis heute sind Roma und Ägypter in der albanischen Gesellschaft marginalisiert und oft sozial ausgegrenzt. Das Äußere, also die dunklere Haut, dazu der nicht albanisch klingende Name, die mangelhafte Schulbildung und das Fehlen einer festen Adresse machen sie kenntlich. Laut UNICEF sind 33,9 Prozent der albanischen Roma jünger als 14 Jahre und fallen unter die allgemeine Schulpflicht. Dass ein beträchtlicher Teil dieser Kinder die Schule vorzeitig abbricht, hat vor allem damit zu tun, dass sie ihren Anteil zum Familieneinkommen beitragen müssen. Von mangelnder Unterstützung und Mobbing in der Schule nicht zu reden.[73]

Studien zeigen, dass Armut unter Roma doppelt so verbreitet ist wie unter der Mehrheitsbevölkerung, während ihre Arbeitslosenquote sogar dreimal höher ist als der Durchschnitt. Roma und Ägypter gehen im Durchschnitt fünf bis sechs Jahre zur Schule, verglichen mit dem nationalen Durchschnitt von zehn Jahren. Rund 40 Prozent der Roma und 13 Prozent der Ägypter sind Analphabeten, während der nationale Durchschnitt nur 1,6 Prozent beträgt. 39 Prozent der Roma und 21 Prozent der Ägypter bewohnen Wohnungen ohne Trinkwasseranschluss. Roma sterben durchschnittlich mindestens zehn Jahre früher und haben eine höhere Kindersterblichkeitsrate als Nicht-Roma in Albanien. Es gibt einen verhältnismäßig hohen Anteil von nicht registrierten Roma. Dieser Nachteil wird von einer Generation auf die nächste übertragen, da nicht registrierte Eltern die Geburt ihrer Kinder nicht registrieren können. Armut, soziale Ausgrenzung und die Tendenz, durch informelle Arbeit zu überleben, machen Roma und Ägypter anfällig für Menschenhandel.

Nach einem Angriff Unbekannter auf Roma-Siedlungen in der Hauptstadt im Februar 2011 reagierten die Botschafter von EU, USA und OSZE mit scharfer Kritik. Sie forderten die albanischen Behörden auf, die Diskriminierung dieser Bevölkerungsgruppe zu beenden sowie deren Minderheitenrechte zu respektieren. Wenn das Land der EU beitreten wolle, müsse dieses Problem mit höchster Priorität gelöst werden. Die albanische Regierung nahm daraufhin einen ambitionierten Aktionsplan zur Integration der Roma an, der im Rahmen des Projektes »Roma Integration 2020« von der EU finanziert wird.[74]

Mit der Welle der Roma, die in den letzten Jahren als abgelehnte Asylbewerber aus Deutschland nach Albanien zurückgeführt wurden, scheint nun allerdings das Roma-Problem in Albanien größer, nicht kleiner zu werden. Mit offenen Armen empfängt man die Roma in der ungeliebten Heimat nicht. Das Verwaltungsgericht von Osnabrück hat im Jahre 2016 einmal wie in solchen Fällen üblich den Eilantrag einer Roma-Familie aus Albanien gegen eine Abschiebeandrohung des Bundesamtes für Migration und Flüchtlinge (BAMF) damit abgelehnt, wirtschaftliche Gründe könnten kein Asylrecht begründen.[75] Eine angebliche Benachteiligung als Roma reiche ebenfalls nicht aus, um in Deutschland bleiben zu können. Dem kann man aus deutscher Sicht natürlich zustimmen. Was aus der abgeschobenen Familie geworden ist, weiß ich nicht. Vielleicht hatte sie Glück und konnte vom schönen neuen Roma-Projekt profitieren.

Ist Albanien homophob?

Klaus Wowereits bekannter Ausspruch »Ich bin schwul und das ist auch gut so!« vor dem Sonderparteitag der Berliner SPD im Juni 2001 schaffte es auch in die albanischen Medien. Auf einer mehrstündigen Autofahrt unterhielt ich mich mit einem albanischen Kollegen darüber, damals ein Mann Mitte 30. Wowereit war der erste deutsche Spitzenpolitiker gewesen, der so offen zu seiner Homosexualität stand. Es heißt, dass es in Deutschland durch die (meist positiven) Reaktionen der Öffentlichkeit auf sein Outing für andere wesentlich einfacher wurde, sich zu ihrer Homosexualität zu bekennen. Mein Kollege konnte das nicht fassen. In Albanien gebe es keine Homosexualität, und die paar Fälle, die er persönlich nicht kenne, seien in ärztlicher Behandlung.

In meinem albanischen Bekannten- und Kollegenkreis gibt es bis heute niemanden, der sich als homosexuell geoutet hätte. In der Öffentlichkeit scheint es Homosexualität noch immer nicht zu geben. Das ist wenig verwunderlich. Nach dem Zusammenbruch des alten Regimes und dem absoluten Vertrauensverlust in den Staat war der familiäre Zusammenhalt noch wichtiger geworden. Damit verbunden ist die öffentliche Wahrnehmung der Familie noch heute ein sehr hohes Gut. Da gleichgeschlechtliche Liebe die gewohnten Familienstrukturen und das konservative Familienmuster sprengt, ist sie schwer vorstellbar.

Auch in Albanien kamen junge Leute manchmal aus dem Grund zum Studieren in die Hauptstadt, weil sie sich hier sexuelle Freiheit und eine größere Distanz zur Familie versprachen. Neulich erzählte mir jemand unter dem Siegel der Verschwiegenheit, dass die deutsche Kneipe in der Skanderbeg Straße ein beliebter Treffpunkt der Homosexuellen sei. In der Straße gebe es nicht nur viele Ausländer, sondern auch viel Sicherheitspersonal. Die Szene fühle sich vor Übergriffen geschützt. Die Anonymität einer großen Stadt macht es leichter, Verabredungen zu treffen. Und mit den sozialen Netzen wie Facebook entwickelten sich neue Möglichkeiten der Kontaktaufnahme.

Seit 2010 gibt es in Albanien ein Antidiskriminierungsgesetz zum Schutz der sexuellen Orientierung. Als EU-Beitrittskandidat hat das Land die europäischen Antidiskriminierungsregeln zwar umsetzen müssen, aber eine Akzeptanz gleichgeschlechtlicher Beziehungen in der Öffentlichkeit bedeutet das noch lange nicht. Dennoch gibt es auch in Albanien inzwischen eine wenn auch kleine LGBTI (Lesben, Schwule, Bisexuelle, Transgender und Intersexuelle)-Bewegung. Im Jahre 2009 beschloss ein harter Kern von knapp zehn Leuten, eine NGO zu gründen. Während die Medien das Thema Homosexualität langsam für sich entdecken, wurde die *Aleanca Kunder Diskriminimit te LGBTIse* (Allianz gegen Diskriminierung der LGBTI) zum Treffpunkt und Organisationszentrum der ersten Homosexuellen-Bewegung in Albanien. In Tirana wurde 2014 die erste Notunterkunft für Homosexuelle eröffnet, die von zu Hause abgehauenen jungen Leuten eine Zuflucht bieten soll.[76] Zum Welt-Aids-Tag kleben Aktivisten nun schon mal Plakate zum Thema Homosexualität und Homophobie. In einer nächtlichen Aktion bemalten sie einmal alle Bänke eines zentralen Parks in Regenbogenfarben.

Die Top-Reiseziele für LGBTI sind dem Ranking von »Spartacus« zufolge Schweden und Kanada. Deutschland hat in der Liste dank der Ehe für alle einen Sprung nach vorn gemacht. Albanien liegt auf Platz 80, gemeinsam mit Botswana und Guinea-Bissau.[77] Das Meinungsforschungsinstitut Gallup veröffentlichte 2014 eine Umfrage, wonach nur drei Prozent der Befragten Albanien für ein Land hielten, in dem Schwule und Lesben respektiert würden – der schlechteste Wert in Europa. Diese erschreckende Realität ist in Westeuropa kaum bekannt oder man verschließt davor die Augen. Laut Jahresbericht 2017 von Amnesty International wurden seit 2011 Hunderte von lesbischen und schwulen Menschen, Menschenhandelsopfer und Opfer von häuslicher Gewalt aus Großbritannien nach Albanien abgeschoben, »weil sich die Gerichte des Vereinigten Königreichs auf falsche Leitlinien gestützt hätten«. Man mag sich die Verzweiflung dieser oft jungen Menschen nicht vorstellen, wenn sie nun in die ungeliebte Heimat zurückgebracht werden mit einem Stigma, das ihnen einen normalen Alltag kaum erlaubt.

Im EU-Fortschrittsbericht Albanien 2018 heißt es nun, ungeachtet der Tatsache, dass die Verfassung keine Hinweise auf die sexuelle Orientierung enthalte, verbiete die Antidiskriminierungsgesetzgebung Albaniens die Diskriminierung von LGBTI. Allerdings seien mehr Anstrengungen nötig, um das Verbot auch durchzusetzen. Laut LGBTI-Organisationen hat sich die Einstellung der Polizei in den letzten Jahren zwar deutlich verbessert. Darüber hinaus bleiben das öffentliche Bewusstsein und die Akzeptanz von LGBTI-Personen gering, besonders in ländlichen Gebieten. Hassreden und eine diskriminierende Sprache stellten weiterhin große Probleme dar.

Religion im »ersten atheistischen Staat« der Welt

Albaner und Religion

Kommt man mit dem Auto aus Montenegro nach Albanien, kann einem schon mal ein Foto gelingen, auf dem die Moschee neben der katholischen Kirche steht. Und überquert man von Griechenland aus die albanische Grenze, hat man orthodoxe Kirchen und Moscheen in Sichtweite voneinander. Hier trifft man eine friedliche Koexistenz der Religionen an, wie sie heute auf dem Balkan nicht mehr üblich ist. Aber tief religös sind in Albanien nicht viele. Anlässlich des Welt-Religionstages am 14. Januar 2018 berichtete BIRN von einer Umfrage, wonach Menschen auf dem Balkan im Allgemeinen viel religiöser seien als in Westeuropa. Albanien bilde die Ausnahme, dort bezeichneten sich lediglich 39 Prozent der Bevölkerung als religiös.

Fangen wir mit einem Blick in die Geschichte an. Die Albaner sehen sich wie erwähnt als Nachkommen der Illyrer, von denen man heute weiß, dass sie an mächtige Wesen glaubten, von deren Milde die wichtigen Dinge des Lebens abhingen: Geburt und Tod, Krankheit und Gesundheit, Regen und Dürre. Diese Götter wurden durch kultische Riten verehrt. Seit dem 4. Jahrhundert gibt es Quellen über die Ausbreitung des Christentums im Gebiet des heutigen Albanien. Später lag das Land an der Nahtstelle von katholischer und orthodoxer Religionszugehörigkeit. Durch die osmanischen Eroberer gelangte der Islam nach Albanien. Dass er zur dominierenden Religion werden konnte, hatte unterschiedliche Ursachen, die wenigsten davon waren religiöse. Man sagt, dass die albanischen Christen in der Hauptsache zum Islam übergetreten sind, um der Kopfsteuer (für Nicht-Muslime) zu entgehen. Die Islamisierung vollzog sich zunächst mehr formal, denn eine Unterweisung in Glaubensdingen fand selten statt. »Auch vollzog den Glaubenswechsel meist nur das Familienoberhaupt, während Frau und Kinder dem alten Glauben treu blieben«.[78] Den Albanern war in ihrem Verhältnis zur Religion in der Vergangenheit immer ein großer Sinn für das Praktische eigen. Und vom Dichter Pashko Vasa (1825–1892) ist der berühmte Ausspruch überliefert: »Albaner, blicke nicht auf Moscheen oder Kirchen. Dein Glaube ist das Albanertum.«[79] Das nationale Geschichtsbild der Albaner, also das, was Vasa unter dem »Albanertum« versteht, wird bekanntlich von Skanderbegs heroischem Kampf gegen die Übermacht der Osmanen im 15. Jahrhundert hergeleitet. Damit identifizieren sich sowohl albanische Muslime als auch albanische Christen.

Das lässt sich an den beiden berühmtesten albanischen Verfassern von Skanderbeg-Biografien zeigen. Der ältere, Naim Frasheri, gehörte den Bektashi an, einem Sufi-Orden. Skanderbegs Kampf interpretiert er nicht als Verteidigung des Christentums gegen den Islam, sondern als nationale Bewegung der Albaner. Der zweite, Fan Noli, war ein orthodoxer Bischof. In seiner Skanderbeg-Biografie schreibt er über dessen Vater: »In religiösen Dingen war John (Gjon) Kastrioti ein typischer Albaner. Er war kein fanatischer Anhänger irgendeines Glaubens, sondern wechselte ihn entsprechend seinen sich ändernden politischen Orientierungen. Er war römisch-katholisch als Verbündeter Venedigs (1407); er war griechisch-orthodox als Parteigänger Stefan Lazarević von Serbien 1419 bis 1426; er war Muslim als Alliierter Murads II. von 1430 bis 1438; römisch-katholisch war er wieder ab 1438 als Verbündeter und Ehrenbürger von Venedig und Ragusa (Dubrovnik); und er starb als guter Christ 1443.«[80] Darin, so ließe sich hinzufügen, unterschied sich Kastrioti nicht von anderen albanischen Fürsten des Mittelalters.

Zu den heute in Albanien vertretenen Religionen gehören sowohl Islam als auch Christentum. Die Muslime sind mehrheitlich Sunniten, eine Minderheit gehört dem Bektashi-Orden an. Unter den Christen gibt es Orthodoxe und Katholiken. Vor dem Zweiten Weltkrieg bekannten sich etwa 70 Prozent der Bevölkerung zum sunnitischen Islam, 20 Prozent waren orthodoxe Christen, darunter praktisch alle Angehörigen der ethnischen Minderheiten. Etwa zehn Prozent gehörten der römisch-katholischen Kirche an. Orthodoxe Albaner lebten vor allem im Süden, Katholiken im Nordwesten, Muslime – abgesehen von einigen Bergregionen – überall. An dieser regionalen Aufteilung hat sich bis heute kaum etwas geändert. Die jüdische Glaubensgemeinschaft existiert zwar seit 2000 Jahren in Albanien, aber sie war nie groß. Heute hat sie etwa hundert Mitglieder. Die meisten Anhänger des jüdischen Glaubens wanderten nach dem Ende der Diktatur nach Israel aus. In Tirana wurde 2010 eine Synagoge eröffnet, aber bald wieder geschlossen. Seit vier Jahren trägt übrigens die Integrierte Sekundarschule in der Skalitzer Straße in Berlin-Kreuzberg den Namen »Refik-Veseli-Schule«. Refik Veseli ist von Israel als »Gerechter unter den Völkern« von Israel geehrt worden, weil er während des Zweiten Weltkrieges in Albanien jüdische Flüchtlinge gerettet hat.

Über religiöse Toleranz der Albaner gibt es viele Geschichten. Eine trug sich im Kosovo zu, wo die Albaner überwiegend sunnitische Muslime sind. Vor ein paar Jahren war ich im serbisch-orthodoxen Kloster Sočanica, im mehrheitlich serbisch bewohnten Norden des Kosovo. Die Klostermauer grenzt an das albanische Dorf Boletin. Hier war Isa Boletini geboren worden, ein Freiheitskämpfer der albanischen Nationalbewegung *Rilindja*, der 1916 in Podgorica erschossen wurde. Vor ein paar Jahren wurden seine Gebeine in seinen Heimatort überführt und beigesetzt. Boletin ist stolz auf seinen Nationalhelden und ein traditionsbewusstes albanisches Dorf. Die Moschee mit dem Minarett bestätigt: Hier leben Muslime. Natürlich habe es manchmal, wie mir die serbisch-orthodoxen Nonnen erzählten, auch Spannungen und Ärger gegeben. Aber eigentlich seien sie immer gut mit den Nachbarn ausgekommen. Schließlich hätten sie im Kloster eine Jungfrau-Maria-mit-dem-Kinde-Statue, die schon vielen albanischen Frauen geholfen habe, schwanger zu werden, erzählt mir die Oberin. Der Zweck heiligt bekanntlich die Mittel.

Zunächst garantierte auch die Verfassung des sozialistischen Albanien von 1946 die Religionsfreiheit: »Allen Bürgern wird Gewissensfreiheit und Religionsfreiheit garantiert. Die Kirche ist vom Staat getrennt.«[81] Nachdem Enver Hoxha allerdings 1961 mit der Sowjetunion gebrochen hatte und das maoistische China zum neuen Partner wurde, änderte sich auch das Verhältnis zu den Religionsgemeinschaften. Angelehnt an Maos Kulturrevolution erklärte Hoxha Albanien am 6. Februar 1967 zum ersten und einzigen atheistischen Staat der Welt. »Auch die Götter mit ihren Kirchen waren gegen uns«, schreibt Ardian Klosi im Rückblick sarkastisch, »der Vatikan wollte das Volksregime stürzen, die orthodoxe Kirche hatte all unsere Partisanen vergiftet, der Islam war für unsere Rückständigkeit verantwortlich. So wurden mit Dekret von 1967 alle Gotteshäuser der Religionen geschlossen, geschändet, in Sporthallen verwandelt oder einfach mit ihren alten Freskenmalereien und Altären in die Luft gesprengt.«[82]

Offiziell ging es Hoxha um den Kampf gegen »rückständige Sitten und Gebräuche«, die mit der Religion direkt oder indirekt in Verbindung gebracht wurden. Nachdem er in einer Rede vor der Parteiorganisation in Tirana über einen Hafenarbeiter in Durrës gesprochen hatte, der tagsüber arbeite und nachts, anstatt sich auszuruhen, Ikonen male und diese am Tag darauf verkaufe, sollen Lehrer und Schüler einer Schule in Durrës spontan sämtliche religiösen Stätten der Stadt demoliert haben. In den folgenden Monaten wurden alle 2035 Gotteshäuser in Albanien, darunter 740 Moscheen, 608 orthodoxe Kirchen und Klöster, 157 katholische Kirchen und 530 Tekkes (eine Tekke, albanisch *Teqe,* ist das Zentrum einer Bektashi-Bruderschaft; hier finden die religiösen Zeremonien statt) geschlossen. Viele davon wurden zerstört oder anderweitig genutzt, alle religiösen Aktivitäten und Symbole wurden verboten, Stadt- und Ortsnamen religiöser Herkunft geändert. So hieß Shenvasij (St. Basilius, Bezirk Saranda) fortan Përparim, was ins Deutsche übersetzt »Fortschritt« heißt. Gleiches passierte mit Personennamen. Die

Geschichte der PAA von 1968 stellt fest: »Die Partei führte stets einen systematischen Kampf gegen die Religion als reaktionäre Ideologie, als Opium des Volkes«,[83] und mit der Verfassung von 1976 wurde diese Religions- oder besser Anti-Religionspolitik endgültig legalisiert.

Dass Religionsausübung für so viele Jahre unter Strafe gestellt war, ist sicher auch ein Grund für die geringe religiöse Bindung vieler Albaner heute. Schließlich wuchs eine ganze Generation weitestgehend ohne religiöse Institutionen und öffentlich zelebrierte religiöse Feiertage auf. Ich erinnere mich noch gut daran, wie die Tagespresse Anfang der 1990er Jahre zu Beginn des Ramadans in ganzseitigen Artikeln die religiösen Vorschriften und Prozeduren erklärte. In vielen Familien hatte man das schlicht vergessen. Natürlich gab es andere, in denen Traditionen und religiöse Bräuche während der langen Zeit des Verbotes weiter bewahrt und gepflegt wurden, auf manchmal ziemlich abenteuerliche Weise.

Mit der katholischen Pauluskathedrale am Ufer der Lana, der neuen orthodoxen Kirche hinter dem Skanderbeg-Platz und der noch im Bau befindlichen Großen Moschee direkt neben dem historischen Parlamentsgebäude sind die Weltreligionen wieder sichtbar in der Hauptstadt Albaniens vertreten. Die Gigantomanie sakraler Bauten hat man so ähnlich auch schon anderswo auf dem Balkan gesehen. In Albanien drückt sie allerdings keinen religiösen Extremismus aus. Er ist der Geschichte des Landes fremd, religiöse Toleranz bestimmt den Alltag auch heute. Damit könnte Albanien eine Vorbildwirkung in der Region einnehmen.

Nach vielen Gesprächen zum Thema habe ich jedoch den Eindruck, dass mehr Menschen im Land religiös gebunden sind als die 39 Prozent, die sich in der BIRN-Umfrage dazu bekannt haben. Zumindest bei jungen Leuten scheint es aber keine Frage zu sein, die sich leicht mit Ja oder Nein beantworten ließe.

Katholiken in Lezha

Die katholische Kirche spielte dank ihrer guten Organisationsstruktur und der Bildung ihres Klerus im kulturellen und gesellschaftlichen Leben vor 1967 eine größere Rolle, als der geringe Anteil der Katholiken an der damaligen Bevölkerung vermuten lässt. Hoxha hielt sie denn auch für weitaus gefährlicher als die übrigen Konfessionen. Dass seine Frau Nexhmije einmal Mutter Teresa empfangen würde, hätte er sicher nicht für möglich gehalten. Was sich die beiden Frauen zu sagen hatten, weiß ich leider nicht. Der Besuch der gebürtigen Albanerin Gonxhe Bojaxhiu, wie Mutter Teresa mit Geburtsnamen hieß, war im Jahre 1989 ein Pflänzchen der Hoffnung dafür gewesen, dass das Regime in der Religionsfrage nachgeben werde. Im Mai 1990 wurde die Religionsfreihcit dann offiziell wiederhergestellt. Seitdem ist Albanien für die katholische Kirche ein Missionsland. Noch immer stammt die Hälfte der im Land tätigen Bischöfe, Priester und Ordensleute aus dem Ausland. Im Jahre 2002 wurde in Tirana die Pauluskathedrale (albanisch *Katedralja e Shën Palit*) eröffnet. Sie befindet sich am Boulevard Jeanne d'Arc. Architektonisch scheint sie nicht der große Wurf zu sein, aber sie ist riesig, wie es sich für eine Kathedrale in Missionsland gehört.

Im Frühjahr 2018 habe ich viele interessante Geschichten zum Thema Religion im Alltag gehört, nachdem gute Freunde in ihrem Verwandten- und Bekanntenkreis herumgefragt hatten, wer mir für ein solches Interview zur Verfügung stünde. So kam ich an einem sonnigen Frühlingstag auch einmal wieder nach Lezha, wo ich Mark treffe, der sein halbes Leben Oberschullehrer gewesen ist und demnächst in den Ruhestand gehen wird. 13 Jahre alt sei er gewesen, als die Religion verboten wurde, erzählt er mir. Heute, mit dem Abstand so vieler Jahre und sicher auch mit einer gewissen Altersmilde, vermutet er, dass Hoxha selber nicht damit gerechnet habe, dass seine Anweisungen gegen die Religion so rigoros umgesetzt würden. Aber der einmal ausgelöste Sturm auf die Kirchen sei nicht mehr einzudämmen gewesen.

Die Geschichten, die Mark mir erzählt, werde ich den nächsten Tagen so oder so ähnlich noch öfter hören: Religion wurde in vielen Familien im Geheimen weiter gepflegt. Besonders wichtig für die Christen waren Ostern und Weihnachten. Zu Ostern gab es für die Kinder traditionell etwas Neues anzuziehen, und am Ostermontag brachten sie gekochte Eier mit in die Schule, zum Eierschlagen. Die Eier hatten Mutter oder Großmutter gefärbt und die Kleidung selbst genäht. An den Feiertagen besuchten sich die Familien, wenn nötig unter einem »weltlichen« Vorwand. Man musste sehr vorsichtig sein, denn Spione gab es überall und man lief Gefahr, ins Gefängnis zu kommen.

Besonders berüchtigt, so Mark, waren die »Demokratische Front«[84] und die aus China übernommene öffentliche Kritik auf Wandzeitungen, genannt *Fletërrufet* (Blitz-Blatt/-Zeitung). Sein Großvater wurde einmal auf diese Weise wegen religiöser Aktivitäten angeprangert. Ich kann mich noch gut daran erinnern, in den 1980er Jahren an Hauswänden und Bretterzäunen solche oft auf Packpapier handgeschriebene Wandzeitungen gesehen zu haben. Man kritisierte religiöse und andere »reaktionäre Überreste« der alten Gesellschaft. Man kritisierte Eltern, die ihren Kindern ausländische, also nicht-albanische Namen gegeben hatten, Frauen, die keiner Tätigkeit nachgingen, prangerte »westliche« Kleidung und Frisuren an und vieles mehr. Die Denunzianten blieben meistens anonym. Wie sollten sich die an den Pranger Gestellten dagegen wehren? Zumindest ein Makel blieb zurück, wenn es nicht gar gravierendere Konsequenzen gab.

Mark erinnerte mich daran, welche Verwaltungsaufgaben vor 1967 von den religiösen Institutionen wahrgenommen worden waren, unter anderem das Führen der Geburts-, Todes- und Heiratsregister. Dann wurden die Kirchendokumente in die staatlichen Archive eingegliedert und in den 1990er Jahren, sofern noch vorhanden, an die Kirchen zurückgegeben. Nach der Wiederzulassung der Religion habe es viel Enthusiasmus gegeben, auch wenn man zunächst mit wenig oder nichts anfangen musste. Die ersten Gottesdienste hielt man unter freiem Himmel ab. Es fehlte nicht nur an Kirchen und kirchlicher Literatur, auch waren die ehemaligen Geistlichen inzwischen entweder zu alt, tot oder ausgewandert. Der Enthusiasmus sei allerdings schnell verflogen, erzählt Mark, und an den Stellenwert, den der Katholizismus früher einmal hatte, komme man wohl nie mehr heran.

Pina, eine ehemalige Krankenschwester, berichtet mir, wie schwierig es gewesen sei, in den Dorfbäckereien traditionelles Gebäck für Weihnachten und Ostern zu backen. Eheschließungen nach kirchlichem Zeremoniell habe man meist in den späten Abendstunden vollzogen. Pina bestätigt auch, dass Ehen mit Andersgläubigen in Albanien noch nie ein Problem dargestellt hätten, und fügt lachend hinzu: »Wir sind Katholiken und haben nicht nur Muslime in der Familie, sondern seit Kurzem auch eine Bektashi-*Nusja* (albanisch für Braut oder Jungvermählte)« – ihre zweite Tochter ist mit einem Bektashi verheiratet. Das sei doch schön, denn nun hätten sie noch ein Fest mehr zu feiern.

Wie viele, die ich treffe, war auch Lesh, der in Lezha ein Versicherungsbüro betreibt, mit seiner Familie in den 1990er Jahren aus der unwirtlichen Miredita, von der schon die Rede war, nach Lezha gezogen. Aus seinem Buch *Pasaporta ime* (Mein Reisepass) habe ich viel erfahren über das entbehrungsreiche Leben der Mirditen im Allgemeinen und das seiner Familie im Besonderen. Nicht der Staat habe die Religion verboten, sagt Lesh, sondern die Partei. Aber sie habe nur die Institutionen verbieten können, nicht den Glauben, den man im Herzen trage. Woran er sich erinnere: Sein Vater begann eine Mahlzeit nie ohne ein Gebet. Das waren zwar nur ein paar gemurmelte Worte, aber die Kinder hätten den Sinn doch verstanden, und seit frühester Kindheit gehöre dies zu seinem Alltag, genauso wie der Spruch »Auf das Wohl Christi« zum Raki, dem hochprozentigen Nationalgetränk.

Marie ist Menschenrechtsaktivistin, aktiv in der Zivilgesellschaft. Auch ohne einen internationalen Geldgeber hinter sich zu haben, kümmert sie sich mit ihrem Verein um Blinde und Sehgeschädigte. Sie hat ein großes Herz. Vielleicht hat auch ihr Glaube damit zu tun, den die Mutter übermittelt hat. Erst als

Erwachsene, erzählt sie mir, sei ihr bewusst geworden, dass die Gute-Nacht-Geschichten und Lieder ihrer Mutter aus der Bibel stammten. Daher verbinde sie heute Glauben eher mit Geborgenheit und Kindheit als mit der Institution Kirche.

Dann treffe ich Prena Frroku, etwa 90 Jahre alt, aus Kimez-Puka in der Miredita. Prena ist die Mutter von Marie und die Großmutter von Ana, mit der ich bei den Parlamentswahlen im Juni 2017 in einem ODHIR-Beobachter-Team zusammen war. Ana hat mir so viel von ihrer Großmutter erzählt, nun endlich sitze ich ihr gegenüber. Wie jeden Tag trägt Prena die Tracht der Miredita mit schwarzer, eng anliegender Haube unter einem Kopftuch, zwei geflochtenen Zöpfen (die nicht mehr ihr eigenes Haar sind) links und rechts der Stirn, einem weißen leinenen Kleid, bestickten weißen Leinenhosen, weißen gestrickten Schafwoll-Socken, einer schwarzen Schürze und einer kleinen schwarzen Strickjacke, denn es ist für die Jahreszeit noch ziemlich kalt. Sie hat einen aufrechten Gang und ein herzliches Wesen. Leider verstehe ich sie ziemlich schlecht, sie hat nur noch wenige Zähne im Mund und lispelt in einem ziemlich harten gegischen Dialekt. Sie erinnert sich gut an die lange vergangene Zeit, was in ihrem Alter wohl normal ist. Ana muss mir helfen und erklären, denn in Prenas Geschichten spielen Jahreszahlen keine Rolle, sie orientiert sich an Geburten oder Todestagen, Unwettern und Kriegen.

Prena stammt aus einer armen kinderreichen Bauernfamilie aus einem Dorf in der Nähe des Klosters von Orosh. Dieses war, unter dem Abt Preng Doçi erneuert und ausgebaut, im 19. Jahrhundert mit seiner Bibliothek ein Zentrum der albanischen Nationalbewegung *Rilindja* gewesen. Die Franziskanermönche nahmen sich der armen Landbevölkerung an, woran Prena sich noch gut erinnert. Glaube sei daher für sie immer verbunden mit Nächstenliebe, Brot und Wärme. Als armes junges Mädchen wurde sie früh verheiratet und schenkte ihrem Mann, der mehr als 30 Jahre älter war als sie, fünf Kinder. Ihr phänomenales Langzeitgedächtnis gibt viele kleine Geschichten darüber preis, was Geistliche berichteten, nachdem sie ihre Gefängnishaft abgesessen hatten und zur »Umerziehung« aufs Land geschickt wurden. Dunkel erinnert sich die Großmutter auch an den Franziskaner Frano Gjini, der Anfang 1946 Bischof von Lezha geworden war. Er gehörte zu den kirchlichen Würdenträgern Albaniens, die der ersten Verfolgungswelle der Hoxha-Diktatur zum Opfer fielen. Wegen angeblicher Konspiration mit ausländischen Mächten wurde er verhaftet, in einem Schauprozess verurteilt und im März 1948 erschossen.

Im Laufe der folgenden Jahre fanden weitere Prozesse gegen katholische Kleriker statt, die beschuldigt wurden, als Agenten des Vatikans gegen die neue Regierung gearbeitet zu haben. Im Frühjahr 1971 sollen nur noch 14 katholische Geistliche in Albanien gelebt haben, davon befanden sich zwölf in Arbeitslagern. Als die Religionsfreiheit 1990 wiederhergestellt war, gab es einer Statistik der katholischen Kirche nach noch 26 Geistliche; die meisten alt und gebrechlich. 1991 nahmen Albanien und der Vatikan diplomatische Beziehungen auf und zu Weihnachten 1992 ernannte der Papst nach sehr langer Zeit wieder Bischöfe für Albanien. Nach der letzten Volkszählung von 2011 gibt es in Albanien inzwischen ungefähr 280 000 Katholiken, also wieder zehn Prozent der Bevölkerung.

Orthodoxe in Korça

Ähnlich wie die orthodoxen Kirchen der anderen Balkanvölker hatte auch die der Albaner Schwierigkeiten, sich von Konstantinopel zu lösen. Der Klerus war überwiegend griechisch, und Griechisch war auch die Kirchensprache. Erst 1937 hat das Albanische mit der Einrichtung einer autokephalen albanisch-orthodoxen Kirche den Rang einer Kirchensprache erlangt. Einen der bekanntesten orthodoxen Würdenträger der Vergangenheit kennt noch heute jedes Kind, denn er ist auf dem 100-Lek-Schein porträtiert: Bischof Fan Noli, von dem bereits die Rede war. Er hat sich auch als Schriftsteller, Historiker und Politiker betätigt.

Bereits 1906 wanderte er nach Boston aus, um dort die albanische Emigrantengemeinde für die Nationalbewegung und für die Gründung einer orthodoxen albanischen Kirche in den USA zu mobilisieren. 1908 wurde er vom russischen Bischof in New York City zum Priester geweiht und zelebrierte im selben Jahr erstmals die Liturgie in albanischer Sprache. In die Heimat zurückgekehrt, bekleidete er 1924 für kurze Zeit das Amt des Ministerpräsidenten. Bekannt sind neben seiner Skanderbeg-Biografie auch Übersetzungen liturgischer Texte ins Albanische.

Nach der Wiederzulassung der Religionen gestaltete sich die Rückübertragung des ehemaligen Kircheneigentums auch für die orthodoxe Kirche sehr schwierig. Auf dem Platz in Tirana, wo sich einst die zentrale orthodoxe Kirche befunden hatte, stand jetzt der Kulturpalast. Schließlich wurde als Kompensation ein Grundstück in der Nähe gefunden, gleich neben der Zentralbank hinter dem Skanderbeg-Platz. Im Mai 2014 wurde die Kirche »Auferstehung Christi« in Anwesenheit mehrerer Patriarchen orthodoxer Kirchen, darunter Irinej von Serbien, feierlich eröffnet.

Neben dem Eingang einer großen orthodoxen Kirche in Korça treffe ich Tomi, einen leitenden Bankangestellten Mitte 40. Die frühere orthodoxe Kathedrale im Stadtzentrum musste nach dem Zweiten Weltkrieg dem Bau der Stadtbibliothek weichen. Tomi erzählt von seinen Kindheitserinnerungen, wonach in den Fensternischen der Bibliothek oft Kerzen gestanden hätten, um die Erinnerung an die alte Kirche am Leben zu halten. Die Ruine einer anderen, sehr alten orthodoxen Kirche sieht man in der Ferne auf einem Hügel. Dort sollen sich auch in Zeiten des Religionsverbotes Menschen in der Osternacht eingefunden haben, um Wein zu trinken und rot gefärbte Eier zu tauschen, wie es in der orthodoxen Kirche Brauch ist.

Als Religion dann wieder erlaubt war, hätten die Leute in Ermangelung von Ikonen Bücher aus dem Stadtmuseum geholt, Fotos mit Ikonen herausgetrennt und an die Wand gehängt. Daraufhin habe der 1. Sekretär der lokalen Parteiorganisation, der offensichtlich mit der Änderung der Parteilinie gegenüber der Religion noch nicht vertraut gewesen war oder sie nicht ernst nahm, alle verbliebenen Bücher des Museums verbrennen lassen. Eines Tages sei Tomis Vater mit ein paar alten Ikonen vom Dachboden gekommen. Sie waren dort seit Jahrzehnten versteckt gewesen. Andere Menschen holten Kreuze aus Verstecken und trugen sie plötzlich um den Hals.

Die »Wiederauferstehungskathedrale« von Korça wurde 1995 erbaut. Sie befindet sich in unmittelbarer Nähe des historischen Stadtkerns. Die prächtigen Wandmalereien und holzgeschnitzten Leuchter und Bänke haben die Bürger Korças selbst finanziert. Die Namen der Spender sind gut sichtbar angebracht. Auch Tomi und seine Schwester Monika haben der neuen Kirche eine Ikone finanziert – eine große Überraschung für die Eltern, die sich sehr darüber gefreut hätten. Ironie der Geschichte: Da man der orthodoxen Kirche nicht das ursprüngliche Gelände im Stadtzentrum zurückgeben konnte, wo nun die Stadtbibliothek stand, erhielt sie als Ausgleich einen großen Platz, auf dem einst eine 20 Meter hohe Hoxha-Skulptur gestanden hatte. Das Eingangsportal der neuen Kirche geht in Richtung des Bulevardi Shën Gjergji, dem Boulevard, der nach der Vorgängerkathedrale Sankt-Georg benannt wurde. Deren Umrisse hat man inzwischen mit weißen Pflastersteinen auf dem Boulevard vor der Bibliothek nachgestaltet.

Tomi ist stolz auf die schöne neue Kirche und das große Engagement der Bevölkerung. Aber dennoch geht er ziemlich kritisch mit seinen Kirchenoberen ins Gericht. Die Kirche müsse sich aktiver in die Gesellschaft einbringen, müsse sich für die Erhaltung der Umwelt und Bildungsprojekte einsetzen. Sie müsse wieder attraktiv für die Jugend sein und in schwierigen Zeiten Halt und Orientierung bieten. Die orthodoxe Kirche in Albanien sei zu selbstbezogen und zu konservativ. Dabei sei doch der Islam ganz offensichtlich auf dem Vormarsch, wie man zum Beispiel im benachbarten Nordmazedonien sehe. Er wünsche sich, dass seine Kirche handelt.

Fährt man auf der neuen Autobahn von Tirana in Richtung

Elbasan, sieht man eine alte orthodoxe Kirche: die Kirche des ehemaligen Klosters des Heiligen Johann Vladimir. Als ich mir die Kirche ansehen wollte, mähte ein alter Mann gerade den Rasen. Im 19. Jahrhundert war bei einem Erdbeben der Dachstuhl der Kirche eingestürzt und das Dach danach nur notdürftig repariert worden, erzählte mir der Mann. Während des Religionsverbots ist die Klosteranlage Teil eines Militärstandorts gewesen und wurde als Munitionslager genutzt. Inzwischen ist sie schön restauriert und die Spendernamen sind an den Wänden verewigt. Das neue Wohnhaus für die Mönche steht allerdings noch leer. Es fehle an Nachwuchs.

Mein Freundes- und Bekanntenkreis ist ziemlich paritätisch auf alle Glaubensrichtungen – und nicht zu vergessen die Atheisten – aufgeteilt. Gerade hatte bei den orthodoxen Christen die Fastenzeit begonnen. Die eine Freundin fastete allerdings nur in der Woche, am Wochenende musse sie für die Familie kochen, und da könne sie nicht aufs kosten und essen verzichten. Und ein Freund fastete zwar, aber Bier gehe immer. Zumal ich mit ihm gerade in Korça war, wo angeblich das beste Bier Albaniens gebraut wird.

Von ihm erfahre ich noch diese Geschichte: Als er einmal mit seinem Bus, er war der Fahrer, in Serbien von einer Polizeikontrolle angehalten wurde, sei ihm beim heftigen Gestikulieren der linke Ärmel hochgerutscht und habe das eintätowierte orthodoxe Kreuz freigelegt. Der Polizist, als Serbe natürlich orthodox, habe das als einen ziemlich üblen Scherz von einem Albaner empfunden. Als mein Freund dem ungläubig dreinblickenden serbischen Polizisten erklärte, er sei Albaner aus Albanien, nicht aus dem Kosovo, und seine Familie sei seit hunderten Jahren orthodox, gewann er am Schluss einer sehr langen Erzählung einen neuen Freund fürs Leben. Dass der serbische Polizist die angedrohte Strafe wegen überhöhter Geschwindigkeit schließlich vergaß, versteht sich von selbst, und ganz im Vertrauen sagte er ihm auch noch, wo auf der Strecke mit der nächsten Geschwindigkeitskontrolle zu rechnen sei.

Muslime in Tirana

Der Islam war zwar die mit Abstand größte Religionsgemeinschaft, aber niemals Staatsreligion in Albanien. Die bekannteste Moschee Tiranas ist die Haxhi-Et'hem-Bey-Moschee am Skanderbeg-Platz. Am 18. Januar 1991 wurde sie wiedereröffnet. Zur Zeit ihrer Erbauung im 18. Jahrhundert hatte sie sicher beachtliche Ausmaße. Heute nimmt sie sich jedoch mit einer Kantenlänge von knapp zehn Metern und ihrem 40 Meter hohen Minarett fast bescheiden aus. Doch nun bekommt auch die muslimische Gemeinschaft einen Prachtbau – einen sehr, sehr großen Prachtbau, der die Gemüter bewegt. Die Große Moschee von Tirana (albanisch *Xhamia e Madhe e Tiranës*) oder Namazgjah-Moschee soll einmal die größte Moschee des Balkans sein und 4500 Gläubigen Platz bieten. Die Grundsteinlegung war am 13. Mai 2015 in Anwesenheit des damaligen albanischen Präsidenten Bujar Nishani und seines türkischen Amtskollegen Recep Tayyip Erdoğan, weshalb die neue Moschee im Volksmund einfach die Erdoğan-Moschee genannt wird.

Der Kuppelbau hat gleich vier jeweils 50 Meter hohe Minarette und zwei Gebetsräume für jeweils 2000 und 2500 Gläubige. Die Kuppel ist rund 30 Meter hoch. Die Reaktionen auf den Bau sind unterschiedlich, nicht nur, weil die Moschee mit Geld der türkischen Regierung gebaut wird und vier Minarette nicht unbedingt zum Baustil albanischer Moscheen gehören. Ein solches Statussymbol wollen auch viele albanische Muslime eigentlich nicht, und manchen ist es unangenehm, mit mir darüber zu sprechen.

Nexhat, früher einmal Chefredakteur der Zeitschrift *Shqiperia e re* (Neues Albanien), dann in Ungnade gefallen und später Sportjournalist, treffe ich in einem Café in Tirana. Er ist heute Repräsentant des Islam im staatlichen Komitee für interreligiösen Dialog, das unter Schirmherrschaft des Premierministers steht. Während der Zeit der Diktatur habe es eine strikte Trennung von Familienleben und öffentlichem Leben gegeben, erzählt er. Man habe sozusagen zwei Leben gelebt. Von seiner tiefen Religiosität hätten damals nur wenige gewusst. Er erzählt mir eine Geschichte, die sich in den 1930er Jahren zugetragen haben muss. In der Kavaja Straße stand gegenüber einer im Bau befindlichen Moschee eine katholische Kirche, das spätere Kino »Rinija«. Als der Priester merkte, dass sich der Bau aus Geldmangel endlos hinzog, spendete die katholische Kirche Geld für den Bau des Minaretts. Dieser gegenseitige Respekt und das gute Verhältnis hielten bis über das Religionsverbot Anfang der 1960er Jahre hinaus an.

Was die zum Teil noch immer ausstehende Rückübertragung von Eigentum betrifft, könne diese bei den Muslimen nicht so komplett erfolgen wie bei anderen Religionen, meint Nexhat. Schließlich sei Tirana ursprünglich von Sulejman Pascha Bargjini errichtet worden, praktisch das gesamte Stadtzentrum sei Eigentum der Islamischen Glaubensgemeinschaft, und eine Rückübertragung würde zum Kollaps nicht nur der Hauptstadt sondern des ganzen Staates führen. Entschädigung könne daher teilweise nur ideell und symbolisch erfolgen. Ich fand es beeindruckend, das aus dem Munde eines Muslims zu hören.

Als ich später an dieses Gespräch zurückdenke, fällt mir noch etwas anderes sehr Beeindruckendes ein: Niemand von den bisherigen Gesprächspartnern hatte mich so intensiv über die politische Situation in Deutschland ausgefragt. Nexhat erzählt, er und seine Freunde verfolgten mit großer Sorge die Entwicklungen in Deutschland, insbesondere wie die AfD Hass gegen den Islam säe. Er würde gern einmal einem AfD-Politiker gegenübersitzen und mit ihm diskutieren.

Kritisch ist er allerdings auch gegenüber manchen der eigenen Politiker und Geistlichen. Politik und Religion müssten strikt voneinander getrennt sein, und Religion dürfe sich nicht der Politik andienen und von ihr missbraucht werden. Erdoğans Politik sei sehr gefährlich, und das könne sich auch negativ auf Albanien auswirken. Was Erdoğan propagiere, habe nichts mit dem ursprünglich in Albanien beheimateten Islam zu tun. Es sei ein Fehler gewesen, die Grundsteinlegung für die neue große Moschee in Anwesenheit von Erdoğan vorzunehmen. Allerdings habe es sich dabei um eine politische Entscheidung gehandelt, und die albanischen Vertreter des Islam seien nicht wirklich konsultiert worden.

In Lezha unterhalte ich mich mit Muis, einen Imam, und seinem Freund Armando, einem Studenten der Islamischen Theologie. Beide arbeiten jeden Freitag im Gefängnis von Shënkoll, das in der Nähe der Stadt liegt. Der Name Shënkoll kommt von »Sankt Nikolaus«. Für die circa 700 Gefangenen gibt es dort zwei Gebetsräume, einen für Katholiken und einen für Muslime. Muis und Armando erzählen lebhaft von ihrer Arbeit mit den Verurteilten, meist jungen Männern, für die sie manchmal die einzigen Ansprechpartner seien. Sie sehen sich als eine Art Sozialarbeiter, und der Priester, der sich der katholischen Gefangenen annehme, sei ihr Kollege.

Muis, seit zwölf Jahren Imam, stammt aus Dibra, wo bereits sein Großvater Imam gewesen ist. Während des Religionsverbots arbeitete dieser als Landarbeiter in einer Kooperative, blieb aber im Verborgenen weiter der Imam der dörflichen Gemeinschaft. Wenn der Großvater zu Sterbenden gerufen wurde, ging er des Nachts dorthin. Morgens in der Kooperative habe er dann völlig unwissend getan, mit den anderen Kaffee getrunken und den Tod des Nachbarn bedauert, an dessen Totenbett er doch die halbe Nacht verbracht hatte. Sein Großvater habe auch verstanden, den Beginn des Ramadans zu berechnen. Das Datum sei dann ganz vertraulich von Dorf zu Dorf weitergegeben worden. Während des Ramadans sei es manchmal zu Provokationen gekommen, erzählt Muis. Spione hätten »testen« wollen, ob jemand fastet. Aber der Koran habe für solche Fälle viel Verständnis. Muis berichtet, dass in den letzten Jahrzehnten nur wenige zu anderen Religionen konvertiert seien. Das Verhältnis der Religionszugehörigkeit im Kreis Lezha entspräche noch immer ungefähr dem von 1967 mit 80 Prozent Katholiken und 20 Prozent Muslimen.

Ein paar Tage später treffe ich in einem Café in Tirana Xhemal Balla, 84 Jahre alt, und merke sofort, wie ehrfürchtig die anderen

Leute auf ihn reagieren. Balla ist einer der bekanntesten lebenden albanischen Islamwissenschaftler. So alt wie er inzwischen ist, hat er den legendären Ibrahim Dalliu noch persönlich gekannt. Von Dalliu stammt das Zitat: »Wir Albaner, welcher Religion auch immer wir angehören, sind alle Brüder in unserem Land. Immer werden wir friedlich miteinander leben – wir werden gemeinsam arbeiten für das Wohlergehen unserer Nation, die wir mit unserem Blut verteidigen werden.«[85] Dalliu, geboren 1887 in Tirana, studierte Theologie in Istanbul und arbeitete ab 1901 als Lehrer in Tirana. Früh setzte er sich für eine Schule mit Unterricht in albanischer Sprache ein, die auch offen für Mädchen sein sollte. Dafür wurde er vom Osmanischen Reich zu zwei Jahren Gefängnishaft verurteilt. Später nahm er gemeinsam mit Avni Rustemi 1921 am Kongress der Nationalen Einheit in Vlora teil. Während des Zweiten Weltkrieges war er Lehrer an der Medrese, einer Schule der islamischen Wissenschaften, von Tirana, Schriftsteller, Satiriker, Poet und Mitglied der Nationalversammlung von 1943. Nach dem Krieg wurde er wegen seines politischen Engagements und seiner scharfen anti-kommunistischen Lyrik verhaftet. Kurz nach der Freilassung aus dem Gefängnis starb er am 25. Mai 1952 an Tuberkulose. In der kommunistischen Geschichtsschreibung Albaniens kommt er nicht vor.

Die Medrese von Tirana hat auch Xhemal Balla bis 1954 besucht, später wechselte er auf die pädagogische Hochschule, studierte Biologie und war 60 Jahre lang Lehrer und Schulinspektor. Als 1991 die Medrese wiedereröffnet wurde, fragte man ihn, ob er die Leitung übernehmen könne. Er tat das gern und war bis 2000 ihr Direktor. Das Gebäude der alten Medrese, das zu Hoxhas Zeiten die Stomatologische Fakultät der Universität beherbergte, war inzwischen rückübertragen worden. Auch an Dalliu durfte man sich nun wieder erinnern. Der Platz vor der Medrese wurde nach ihm benannt und ein Denkmal aufgestellt.

Xhemal Balla hat inzwischen viele Bücher über Dalliu und den Koran geschrieben. Wie hat er das Religionsverbot von 1967 erlebt, frage ich. Die erste Welle gegen die Religion habe die Katholiken getroffen, erst später seien die Muslime an die Reihe gekommen, erzählt er. In den Gefängnissen habe man manchmal Geistliche verschiedener Konfessionen zusammengesperrt, um sie gegeneinander aufzubringen. Aber soweit ihm bekannt, habe das nie funktioniert. Die meisten kannten sich doch aus der Nachbarschaft und respektierten sich. Während der langen Zeit des Religionsverbots habe auch er sich ein zweites »Ich« zugelegt und sich ganz der Biologie und Pädagogik verschrieben. Glücklich sei er gewesen, das Ende dieser dunklen Zeit noch bei guter Gesundheit und Geisteskraft erlebt zu haben.

Mit dem Dekret Nr. 9771 vom 5. Juli 2016 hat der Präsident Albaniens, Bujar Nishani, Xhemal Balla in Anerkennung seiner herausragenden Leistungen auf dem Gebiet der Bildung sowie der Pflege des Kulturerbes durch zahlreiche Publikationen und wertvolle Aktivitäten als Lehrer und Direktor der Medrese von Tirana den Ehrentitel »Für besondere zivile Verdienste« verliehen. Aber das hat mir der zurückhaltende alte Mann nicht selbst erzählt, ich habe es später nachgelesen.

Bektashi

Der Sufi-Orden der Bektashi, seit dem 17. Jahrhundert in Albanien beheimatet, bildete nach dem sunnitischen Islam und der Orthodoxen Kirche die drittstärkste Religionsgemeinschaft in Albanien. Auch die Bektashi haben einen Großen der albanischen Geschichte in ihren Reihen, Naim Frashëri. Dieser ist für die albanische Nationalliteratur der bedeutendste Autor des 19. Jahrhunderts. Sein Konterfei ziert heute den 200-Lek-Schein. Frashëri war es, der den Bektashi-Orden zum religiösen Pfeiler der entstehenden albanischen Nationalbewegung machen wollte. Frashëri war der Auffassung, dass die nationale Einigung nur über eine gemeinsame Religion vollzogen werden könne und hoffte, die albanische Bevölkerung lasse sich so leichter gegen das Osmanische Reich mobilisieren. Zum Ende des Zweiten Weltkrieges sollen 15 bis 20 Prozent der Albaner dem Bektashi-Orden angehört haben, und mehr wurden es nie.

Was den Glauben der Bektashi vom sunnitischen Islam unterscheidet, ist seine Liberalität in vielen Bereichen. Frauen und Männern werden gleiche Rechte eingeräumt; sie besuchen religiöse Zeremonien gemeinsam und Frauen müssen keinen Schleier tragen. Der Ramadan beschränkt sich bei den Bektashi auf drei Fastentage, und auch die werden nicht immer eingehalten. Die religiösen Zeremonien finden in der Tekke statt, was übersetzt auch »Rückzugsort«, »Schutz« oder »Asyl« bedeutet. Dort hält der *Baba* (übersetzt: der Vater) die Predigt und kümmert sich um die Seelsorge. Außerdem spielen die Derwische eine wichtige Rolle bei den Bektashi. Ein Derwisch ist eine Art Mönch, der zumeist ein Armutsgelübde abgelegt hat. Bekannt sind die ekstatischen Tänze der Derwische, die zum Beispiel in der Türkei zu einer Touristenattraktion geworden sind. Die Familie Enver Hoxhas war eng mit dem Bektashi-Orden verbunden. Bevor Enver nach Frankreich zum Studium aufbrach, soll sein Vater ihn dazu gebracht haben, in der Tekke von Zall (albanisch *Teqeja e Zallit*) in Hoxhas Geburtsstadt Gjirokastra den Segen von Baba Selim zu empfangen. Die Tekke von Zall überstand das Religionsverbot und zählt heute zu den nationalen Kulturdenkmälern des Landes. Obwohl nachweislich viele Bektashi-Geistliche den Kommunisten nahestanden und als Partisanen im Untergrund kämpften, wurden mehrere Babas und Derwische hingerichtet. Letztendlich wurden 1967 alle Tekkes geschlossen. Der bekannteste Bektashi aus den frühen Hoxha-Zeiten war Baba Faja Martaneshi, der eine eigene Partisaneneinheit anführte. Auf alten Fotos ist er mit Turban und wallendem schwarzen Bart zu sehen, den Patronengürtel umgeschlungen; manchmal steht er neben Hoxha. Dessen Sinneswandel hat er nicht mehr erlebt, am 18. März 1947 wurde er erschossen. Sein Mörder soll sich daraufhin auch gleich selbst das Leben genommen haben

Oberhaupt der Bektashi ist der Dedebaba, der Großvater. Unter dem geistigen Oberhaupt Hajji Reshat Bardhi Dedebaba

(1935–2011) wurde die Haupttekke in Tirana wiedereröffnet. Im Juni 2011 wurde Baba Edmond Brahimaj von einem Rat albanischer Babas zum Leiter des Bektashi-Ordens ernannt. In seinem früheren Leben soll er Offizier in der Armee gewesen sein.

Kunst und Kultur – von Rita Ora und einem beinahe Literatur-Nobelpreisträger

Albanien hat großartige Schriftsteller, Maler und Bildhauer, Komponisten und Sänger zu bieten. Während der Hoxha-Diktatur haben viele allerdings das Land verlassen, weil sie sich in ihrem künstlerischen Wirken und ihrer freien Meinungsäußerung eingeschränkt sahen und weil sie eher die Möglichkeit auszureisen hatten als andere. Auch nach dem Ende der Diktatur haben Künstler das Land verlassen, denn Kunstausübung ist auch Broterwerb und dafür ist gelegentlicher Opportunismus durchaus verständlich. Der Schriftsteller Ismail Kadare lebt schon lange in Paris, der Musiker Saimir Pirgu in Verona, der Publizist und Autor Bashkim Shehu in Madrid. Die Sängerin Vaçe Zela hat ihren Lebensabend in Basel verbracht und Popstar Rita Ora ist in England aufgewachsen. Wo die berühmte Sopranistin Inva Mula gerade wohnt, weiß ich nicht. Dass die prominentesten Künstler außerhalb ihrer Heimat leben, hindert viele Albaner aber nicht daran, sich grenzenlos für sie zu begeistern.

Die Sänger

In Albanien singt man gerne und viel. Volksmusik hat nicht nur eine lange Tradition, sondern gehört noch heute zum Alltagsleben, zu Hochzeiten, Beschneidungsfeiern, Taufen und Beerdigungen. Parallel zur Grenze der Sprachdialekte Gegisch und Toskisch verläuft auch die Grenze für die beiden Formen der Volksmusik – die Lieder der Gegen werden einstimmig (homophon), die der Tosken mehrstimmig (polyphon) gesungen. Berühmt sind die Heldenlieder, die die Mythen des Freiheitskampfes von Generation zu Generation weitertrugen. Meist wurden sie von den Rhapsoden vorgetragen, den schon in der Antike bekannten fahrenden Sängern.

Als Axel und ich kürzlich in einem Sommerrestaurant in Pristina saßen, hörte man vom CD-Player eine Frauenstimme, die wie Edith Piaf auf Albanisch klang. Wir lagen mit unserer Vermutung richtig, dass es sich um Vaçe Zela handelte. Eine wirklich beeindruckende Stimme, die wir noch aus dem Tirana der 1980er Jahre kannten. Allerdings hatten wir vergessen, dass sie auch unpolitische Lieder singen konnte. In Erinnerung ist mir Vaçe Zela als nicht mehr junge Frau mit langen offenen Haaren, die sie beim Singen nach hinten warf, dazu die Arme in die Höhe reckte und Lieder auf die Partei, auf Enver, den Aufbau des Sozialismus oder alles zusammen schmetterte. Ihre glockenhelle Stimme war entdeckt worden, als sie noch ein ganz junges Mädchen war. Man begann, ihr Lieder auf den Leib zu schreiben, vom schönen neuen Leben, der Liebe und dem ersten Kind. Offensichtlich kamen die Autoren mit den Texten nicht hinterher, und immer wenn ein Reim fehlte, sang die junge Vaçe »trallalalala«. Sobald die Texte politischer wurden, fiel das Texteschreiben offensichtlich leichter und das »trallalalala« entfiel.

Als Künstler zu nahe an der politischen Macht zu sein, ist riskant, wenn sich die Zeiten ändern. In Albanien, das so lange und so hermetisch von der Außenwelt isoliert war, interessierte sich nach dem politischen Umbruch für manche Künstler plötzlich niemand mehr. Auch für Vaçe Zela nicht. Anfang der 1990er Jahre wollte ich in Tirana an einem Kiosk im Stadtzentrum ein paar Kassetten mit albanischer Gegenwartsmusik kaufen, da sagte mir der Verkäufer, das müsse ich doch nicht mehr, er habe jetzt auch amerikanische. Die albanische Musik wurde ziemlich radikal entsorgt, und manche Musiker haben sich davon nicht wieder erholt.

Vaçe Zela jedoch kam in ihren späten Lebensjahren noch einmal zu großem Ruhm in der Heimat. Als sie am 8. Februar 2014 ihrem Wunsch entsprechend in Tirana beigesetzt wurde, kamen zur Trauerfeier der albanische Ministerpräsident Edi Rama, die Kulturministerin Mirela Kumbaro, die ehemaligen Staatsoberhäupter Bamir Topi und Alfred Moisiu und Vaçe Zelas Kollegen aus alten Zeiten. Ihr Tod gab Anlass zu heftigen Kontroversen. Fatos Lubonja kritisiert Zela wegen ihrer früheren konformistischen und parteitreuen Lieder. Die Eurovision Song Contest (ESC)-Teilnehmerin von 2011 Aurela Gaçe beschimpft ihn daraufhin, er sei verrückt.

Rita Ora kannte ich nicht, bis ich kürzlich in Tirana eine Tageszeitung in der Hand hatte, in der ein Konzert mit ihr angekündigt wurde. Neben dem Artikel war ein Foto von ihr, auf dem man eigentlich nur ihren roten Slip mit einem Reißverschluss sah. Tirana war verrückt nach Rita Ora. Rita Sahatçiu Ora kam 1990 als zweitjüngstes Kind kosovo-albanischer Eltern in Pristina zur Welt. *Sahatçiu* ist die alte türkische Bezeichnung für Uhrmacher, die die Albaner in ihren Sprachschatz übernommen haben. Als die Familie wenige Monate nach Ritas Geburt nach England auswanderte, ließ der Vater den »moderneren« und leichter auszusprechenden Familiennamen *Ora* (Uhr, Stunde) eintragen. Dem Vater gehören inzwischen mehrere Pubs in London. Kürzlich stand in einem Artikel, Rita sehe aus wie Rihana, wolle aber sein wie Beyoncé. Auf der schon erwähnten großen Feier zum zehnten Jahrestag der Unabhängigkeit des Kosovo ist sie in Pristina aufgetreten. Das Konzert fand unter freiem Himmel auf dem dortigen Skanderbeg-Platz statt und war besonders für die Jugend ein Ereignis.

Wenn man ein paar Tage in Tirana ist und nicht jeden Abend verplant hat, sollte man sich im Büro der Tirana Information nach interessanten Konzerten erkundigen, denn die gibt es das ganze Jahr hindurch im Opernhaus, im Saal der Akademie der Künste oder anderswo. Wenn man Glück hat, kann man große Stimmen wie die von Inva Mula hören, die gelegentlich auch in ihrer Geburtsstadt Tirana auftritt. Dort hat sie Gesang und Klavier studiert, inzwischen singt sie in Tokio, Toronto, Bilbao, Paris, Verona, Mailand oder Wien. Durch ihre Interpretation der

Wahnsinnsarie aus Donizettis *Lucia di Lammermoor* im Science-Fiction-Film *Das fünfte Element* wurde sie weltweit auch einem Publikum jenseits der Klassik-Szene bekannt.

Wissen Sie noch, wie der sympathische junge Mann hieß, der Deutschland 2018 beim Eurovision Song Contest vertreten hat? Ich nicht, aber das dürfte ich meinen albanischen Freundinnen nicht erzählen. Sie wären sprachlos. In vielen Ländern des Balkans und Osteuropas wird der Wettbewerb derart ernst genommen, wie es sich die meisten Deutschen kaum vorstellen können. Der ESC, das sei wie Kampf der Kulturen, habe ich mal gelesen. Dabei geht es doch nur um Unterhaltungsmusik. Oder etwa nicht?

Federica Mogherini, die Chefin des EEAS – das ist sozusagen das Auswärtige Amt der EU –, hat im Frühjahr 2018 auf einer Konferenz des Europaparlaments zu Albanien Folgendes gesagt: »Ich sehe in den Staaten des westlichen Balkans, ich sehe in Albanien in diesen Jahren eine Entschlossenheit, eine Hingabe, ein Gefühl, Europäer zu sein, das über den Eurovision Song Contest hinausgeht. Und da ist ein Wunsch, ein Streben, eine Identität als Europäer, Teil der Europäischen Union zu sein.«[86] Damit hat sie sicher völlig Recht. Aber die Italienerin Mogherini hat immerhin den ESC erwähnt, unserer Kanzlerin hätte das sicher niemand ins Redemanuskript geschrieben, weil nicht davon auszugehen ist, dass sie sich mit so etwas auskennt.

Ich habe sehr viele Jahre auf dem Balkan gelebt, und auch mich hat immer wieder überrascht, wie wichtig hier der ESC ist. Es geht nicht nur darum, dass das Heimatland dabei ist. Sobald die Abstimmung ansteht, wird man Teil einer Schicksalsgemeinschaft. Da man bekanntlich nicht für den eigenen Interpreten stimmen darf, votiert die Mehrheit bevorzugt für Kandidaten aus einem der Nachbarländer, also aus dem eigenen Kulturkreis. Ich kann mich an Eurovisionsabende in Sarajevo, Belgrad, Tirana, Pristina und Zagreb erinnern, die meistens irgendwo unter freiem Himmel und mit genügend Alkohol stattfanden, und an die besondere Stimmung, die dort herrschte.

Albanien nimmt seit 2004 am ESC teil und ist darauf so stolz, als wäre dies schon ein wichtiger Schritt hin zur EU-Mitgliedschaft. Dem Hype um die Vorauswahl des nationalen Teilnehmers kann man sich kaum entziehen. Und man muss eine Meinung dazu parat haben, denn gefragt wird man auf jeden Fall danach. Das bedeutendste Musikfestival Albaniens, das *Festivali i Këngës,* fungiert als nationale Vorentscheidung für den ESC. Es hat eine nicht ganz einfache Geschichte. Seit 1962 ausgetragen, findet es jährlich im Dezember statt. Beim XI. Festival 1972 wurde erstmals auch westlich geprägte Musik gespielt, was heftige Kritik der Parteiführung hervorrief, mit der sich dann auch ein Parteiplenum beschäftigte. Todi Lubonja, damals Generaldirektor der Radio- und Fernsehanstalt Albaniens (RTVSh) und Fadil Paçrami, zu der Zeit als Parlamentspräsident politisch verantwortlich für die Organisation und Durchführung des Festivals, verloren ihre Ämter und wurden später als Feinde des Volkes für viele Jahre inhaftiert. Übrigens ist Todi Lubonja der Vater des bekannten Publizisten Fatos Lubonja, den man damals – er war zu der Zeit Physikstudent – gleich mit verhaftet hatte. In den Folgejahren gab es dann wieder mehr Folklore und Lieder auf Enver beim Festival. Obwohl es ab 1999 Konkurrenz durch neue Musik-Shows privater Fernsehsender bekam, hat das *Festivali i Këngës* mit runderneuertem Konzept bis heute überlebt.

In den letzten Jahren hat Albanien immer wieder Frauen mit Powerballaden zum ESC geschickt, mit eher mäßigem Erfolg. Von einigen las man in der Presse, sie hätten vorher noch in neue Zähne, Busen oder Lippen investiert. Geholfen hat das offenbar nicht. 2012 sollte es wohl eine außergewöhnliche Kandidatin sein, denn das *Festivali i Këngës* feierte seinen 50. Geburtstag. Die Sängerin, die das Festival gewann und damit Vertreterin Albaniens beim ESC wurde, hieß Rona Nishliu und trug blonde Dreadlocks. Sie hatte auch eine außerordentliche Stimme und sie kam aus Mitrovica, also aus dem Kosovo. Man konnte dann lesen, in ihrer Ballade im Stil der südalbanischen Klagelieder klinge der Schmerz der Geschichte der Kosovo-Albaner mit. Solche politischen Botschaften sind beim ESC allerdings nicht neu.

Für 2018 wurde ein Mann ausgewählt, zum ersten Mal seit zwölf Jahren: Eugent Bushpepa, genannt Genti. Seine romantische Rockballade hieß »*Mall*«, was nichts mit einem Einkaufszentrum zu tun hat, sondern auf Albanisch Sehnsucht heißt. Der Mann sieht gut aus und hat eine tolle Stimme. Seine tätowierten Arme sollen ihm allerdings Ärger mit der chinesischen Zensur eingebracht haben. Er kam nicht nur bis in die Endrunde, sondern schaffte auch einen beachtlichen elften Platz, immerhin vor Bulgarien, Serbien und Slowenien. Die anderen Balkanstaaten waren entweder nach der Vorentscheidung ausgeschieden oder gar nicht erst angetreten.

Dass die allgemeine Freude über diesen Erfolg groß sein würde, hatte ich vermutet. Aber dass sie so unglaublich groß war, damit hatte ich nicht gerechnet. »Die Albaner haben den ESC gewonnen«, stand am nächsten Tag in großen Lettern in den Zeitungen, denn Albaner hätten nicht nur den elften Platz erreicht, sondern auch den zweiten und den fünften. Auf dem zweiten Platz nämlich landete Eleni Foureira für Zypern und auf dem fünften Ermal Meta für Italien. Eleni Fourera war als Entela Fureraj in Fieri, Albanien, geboren worden, und aus derselben Stadt kam auch Ermal Meta. Das ist aber wirklich Zufall. Die kleine Entela war mit ihren Eltern auf der Suche nach einem besseren Leben nach Griechenland ausgewandert, und Ermal zog es mit seiner Familie nach Italien. Beide sind inzwischen gestandene und bekannte Künstler. Eleni Foureira wäre gern für Griechenland angetreten, aber da hätte sie als Albanerin keine Chance gehabt, erklärte sie in Interviews. Zypern nahm sie gern und hat es nicht bereut. Alle drei, Genti, Elena und Ermal, schienen sich blendend zu verstehen. Auf Selfies am Festivalabend formten sie ihre Hände zu Adlerschwingen, und alle Albaner waren begeistert. Dieser ESC wird in die Geschichte eingehen, zumindest in die albanische.

Alexander Moissi (albanisch *Aleksandër Moisiu*) galt zwischen 1910 und 1930 als einer der berühmtesten und erfolgreichsten Schauspieler im deutschsprachigen Raum. Aufgewachsen in Durrës, war die Sprache seiner Kindheit Albanisch gewesen. Um als Künstler erfolgreich und international bekannt zu werden, verließen auch damals schon viele junge Talente Albanien. Moissi ging nach Österreich und später nach Berlin, wo ihn Max Reinhardt für das Deutsche Theater unter Vertrag nahm.

Das Theater hatte es schwer in Albanien, setzt es doch eine urbane Gesellschaft voraus, die es sehr lange Zeit nicht gab. Während die Literatur der *Rilindja* ein interessiertes Publikum hatte, fanden die Theaterleute kaum Resonanz. Dennoch ist das albanische Nationaltheater in Tirana nun auch schon 70 Jahre alt, und viele Darsteller haben sich mit ihren Rollen in die Herzen der Hauptstädter gespielt. Allerdings spielen sich die ganz großen Dramen gerade nicht auf, sondern vor der Bühne ab: Die Regierung will das Theater abreißen lassen. Im März 2018 hielten es Schauspieler sogar einige Zeit besetzt, um dagegen zu protestieren. Mehr als 70 albanische Künstler, darunter Theater-Schwergewicht Robert Ndrenika, hatten zuvor eine Petition unterschrieben, in der sie die Regierung aufforderten, die Entscheidung zu überdenken. Auf einer Kundgebung sagte Ndrenika sinngemäß, in Tirana würden Moscheen und Kirchen gebaut, aber die eigentliche albanische Kirche sei das Nationaltheater. Das von der Regierung als Ausgleich angebotene Gebäude sei ein Witz und höchstens für Wahlkundgebungen zu gebrauchen.

Robert Ndrenika, geboren 1942 in Tirana, ist einer der bekanntesten albanischen Schauspieler; schon 1988 wurde er als Verdienter Künstler des Volkes ausgezeichnet. Von 1992 bis 1996 saß er für die DP im albanischen Parlament, insofern kommt seine Kritik an der Kulturpolitik der SP nicht überraschend. Zu den Erstunterzeichnern der Petition gehört ebenso Kastriot Cipi, Regisseur, Publizist, Übersetzer und gegenwärtig Direktor des albanischen nationalen Komödientheaters, wie Neritan Licaj, der in Albanien aus Film und Theater bekannt ist. Von den Schauspielern könnte man Julian Deda erwähnen, der zur jüngeren Generation gehört und durch seine Rolle in der Sitcom *Apartment 2XL*, eine Art Improvisationscomedy wie unsere *Schillerstraße*, bekannt wurde. Nur von Hervin Çuli hört man so gut wie nichts, dabei ist er doch gegenwärtig der Direktor des Nationaltheaters.

Aber worum geht es eigentlich? Die Kritiker sagen, die Regierung wolle im Grunde gar kein besseres neues Theater bauen, sondern auf dem teuersten Areal Tiranas Baufreiheit schaffen, denn das Theater befindet sich im Herzen der Stadt. Eine Perle der Architekturgeschichte ist es sicher nicht. Entworfen von einem italienischen Architekten zwischen den beiden Weltkriegen, war es ursprünglich als Kino gedacht und dient seit 1947 als Nationaltheater. Im Februar 2018 wurden Mitarbeiter und Schauspieler aufgefordert, das Haus zu verlassen. Begründet wurde das mit der maroden Bausubstanz. Das Ganze sei ein versteckter Versuch, tausende Quadratmeter Land zu stehlen, behauptet Kastriot Cipi und fordert, das bestehende Theater mit öffentlichen Mitteln zu sanieren und den modernen Bedürfnissen anzupassen. Regierung und Bürgermeisteramt entgegnen, dazu stünden leider keine ausreichenden Mittel zur Verfügung. Die einzige Lösung sei PPP – Public Private Partnership –,[87] und das stelle in jedem Fall einen guten Kompromiss dar.

PPP klingt inzwischen für viele jedoch eher wie ein Fluch als wie ein Segen. Es gibt dafür bereits zu viele schlechte Beispiele in Albanien. Anfang März 2018 sickerten Dokumente an die Presse durch, die einen Eindruck davon vermitteln, was potenzielle Investoren nach dem Abriss des Nationaltheaters vorhaben. Auf der entstandenen Freifläche sollen demnach sechs Wohntürme in Zick-Zack Form entstehen. Nach den gegenwärtigen Entwürfen hätte das erste Haus zehn Stockwerke, das zweite zwölf, das dritte 14 und das sechste schließlich 22. Mit solch einem Bauvorhaben lässt sich natürlich sehr sehr viel Geld verdienen. Dafür baut der

Investor dann sicher gern noch ein Theater dazu, falls es denn wirklich ein neues Gebäude sein muss. Der dänische Architekt Bjorke Ingles hat bereits einen Entwurf für einen solchen Neubau präsentiert.

Wenn die Politik so mit den Künstlern umspringt, macht es da nicht eigentlich mehr Sinn, sich von der Idee eines staatlichen Nationaltheaters ganz zu verabschieden und ein privates Theater zu gründen, wo kein Politiker reinreden kann?, fragen einige. Inzwischen gibt es einen offenen Brief der internationalen Agentur für Denkmalschutz »Europa Nostra« und ihres Präsidenten Hermann Parzinger an Edi Rama mit der Bitte, den Abriss des Nationaltheaters doch auch aus Denkmalschutzgründen zu überdenken. Wie der Streit ausgehen wird, ist noch nicht zu sagen. Aber eine weitergehende brutale Betonisierung des alten Stadtzentrums von Tirana wird so oder so wohl nicht aufzuhalten sein. Das ist sehr bedauerlich.

Kennen Sie einen Kinofilm, in dem Albaner oder Albanien eine Rolle spielen? Falls ja, geht es darin bestimmt um irgendetwas mit Mafia oder Asylbewerbern. »Arben ist jung, arm und Albaner. Statt zur Schule zu dürfen, muss er in Griechenland schwarzarbeiten, doch das Geld reicht trotzdem nicht für seine bettelarme Sippe, die in einem kleinen Bergbauerndorf lebt« – so oder so ähnlich beginnen von Ausländern gedrehte Gegenwartsfilme über Albanien. Dieser hier mit dem Titel *Der Albaner* ist allerdings ein guter, wenngleich auch er nicht ganz ohne Klischees auskommt. Johannes Nabers Drama über einen illegalen Einwanderer gewann 2010 den Max-Ophüls-Preis. Der Filmheld braucht 10 000 Euro: Seine heimliche Liebe Etleva ist schwanger, und ihr Clan sperrt sie ein, bis er die Mitgift auftreibt. Die will er illegal und ohne jede Sprachkenntnisse in Deutschland erarbeiten. Dort trifft er Zlatko, der ihn in eine Schlepperbande einführt. Zlatko wird von Stipe Erceg gespielt, dem deutschen Zuschauer als meistens serbischer Schurke vom Dienst bekannt, obwohl er im Alter von vier Jahren mit seinen Eltern aus Kroatien nach Deutschland gekommen war.

Albanien selbst ist als Ursprungsland großer Kinofilme nicht bekannt. Dabei hat das Land eine lange Geschichte eigener Filmproduktionen. Das albanische *Kinostudio Shqipëria e Re* (Kinostudio Neues Albanien) hat zwischen 1947 und 2012 mehr als 700 Filme verschiedenster Art produziert und verbreitet. Im Mai 1948 präsentierte das Staatsunternehmen seine erste Wochenschau. In den ersten Jahren des neuen Staates wurden viele Kinos gebaut, manche entstanden wie schon beschrieben auch in ehemaligen Kirchen, denn mit Filmen konnte man auch die vielen Analphabeten in der Bevölkerung gut erreichen. Der erste in Albanien produzierte Kinofilm hieß, das wird niemanden überraschen, *Skanderbeg* und war eine albanisch-sowjetische Koproduktion. Er hatte am 3. Juli 1953 Premiere. Als später aus bekannten Gründen weniger ausländische Filme importiert wurden, stieg die Eigenproduktion deutlich an. In den 1970er und 1980er Jahren wurden bis zu 14 Filme jährlich produziert. Das Kinostudio, nach dem noch heute ein Stadtteil Tiranas benannt ist, wurde 1991 aufgelöst. Später entstand aus den Hinterlassenschaften *Albafilm*. Die neue Firma kam allerdings aus den finanziellen Schwierigkeiten nie heraus und stellte nach wenigen Jahren die Arbeit ein. Heute gibt es ein Nationales Zentrum für Kinematografie, das als staatlicher Fonds die Herstellung von Filmen unterstützt.

Der gegenwärtig bedeutendste und international bekannteste albanische Regisseur ist sicher Fatmir Koçi. Er kann bereits eine ganze Sammlung internationaler Filmpreise vorweisen und hat inzwischen seine eigene Produktionsfirma. Sein neuester Film (2017) heißt *Elvis geht nach Hause.* Protagonist ist der Albaner Mickey, der schon lange illegal in London lebt und versucht, als Elvis-Presley-Double über die Runden zu kommen. Während der Balkankriege bekommt er 1999 den Auftrag, britische Friedenstruppen zu unterhalten. Als Backstage Probleme auftreten, flieht Mickey in seinem Elvis-Kostüm direkt in die Kampfzone und kommt schließlich bei Flüchtlingskindern unter. Schwarzer Humor, für den auf dem Balkan eigentlich die Serben bekannt sind.

Die bildenden Künstler

Die albanische Kunst war lange überwiegend religiös bestimmt, erst mit dem erwachenden Nationalbewusstsein löste sie sich davon. Das war auch woanders so, aber in Albanien entwickelten sich zum Beispiel erst zu Beginn des 20. Jahrhunderts Porträtmalerei und Fotografie als Zeichen des wachsenden nationalen und individuellen Selbstwertgefühls. Einer der bekanntesten Künstler dieser Zeit war der Bildhauer Odhise Paskali. Doch blieb die Kunst elitär, denn das interessierte und gebildete Publikum war zahlenmäßig äußerst beschränkt und auch albanische Sammler und Mäzene gab es sehr wenige.

Das änderte sich nach dem Ende des Zweiten Weltkrieges zunächst, nachdem Enver Hoxha 1947 verkündet hatte, die Entwicklung von Literatur, Theater, Malerei und Folklore müsse ermutigt und unterstützt werden. Rasch entwickelte sich eine Kunstförderung mit Breitenwirkung, die kostenlose Kurse an Kulturhäusern, Ausstellungen, Kunsthochschulen und feste Monatsgehälter für hauptberufliche Künstler umfasste. Unter der Devise »sozialistische Inhalte in einer nationalen Form« entwickelte sich die bildende Kunst in den folgenden Jahren in einem sehr engen ideologischen Korsett. Der damals bekannte und bedeutende Maler Abdurrahim Buza schrieb: «Als Künstler erhalten wir hervorragende Hilfe von Partei und Staat. Unsere Kunst machen wir für die Massen, für das Volk, nicht für uns selbst, nicht, um uns herauszustellen. Wir kennen wohl alle die Ismen in der Kunst, ich habe in Italien, in Turin und Florenz studiert und dort 1932 mein Examen gemacht. Picasso galt damals als der Größte. Doch ihn und seine Strömungen haben wir inzwischen überholt.«[88]

Ein albanischer Künstler, der sich nicht anpassen wollte und für den Picasso der Größte blieb, ist inzwischen der vielleicht weltweit bekannteste, zumindest aber wohl der teuerste albanische Maler: Ibrahim Kodra. Er wird gerade anlässlich seines 100. Geburtstages auf dem ganzen Balkan mit großen Ausstellungen bedacht. Picasso soll ihn den »letzten Postkubisten Europas«

genannt haben. Kodra wurde 1918 in Albanien geboren und war zunächst ein Schüler des Bildhauers Odhise Paskali. Eine seiner Zeichnungen soll Königin Geraldine in die Hände gefallen sein, worauf er in den engeren Zirkel des Palastes aufgenommen wurde. 1938 ging er mit einem Stipendium des albanischen Königshauses zum Studium nach Italien und kam für die nächsten Jahrzehnte nicht wieder. Als sozialistischen Realismus hätte man das, was er malte, auch wirklich nicht verkaufen können. Zu seinen Weggefährten und Freunden gehörten Matisse, Modigliani, Dufy und natürlich Picasso.

Als Albaner habe er sich immer gefühlt, sagte Kodra später in Interviews. Sein bekanntestes Bild *Albania Fantastica* malte er 1997. Rückblickend erzählte er, wie ihn die dramatische Situation emotional berührt habe, in der sich Albanien damals befand. Er habe sich für einen Monat in seinem Atelier in Mailand eingeschlossen und dieses Bild gemalt. Alles, was Albanien für ihn ausmacht, scheint er auf dem Gemälde vereinigt zu haben – Himmel und Meer, Berge, Städte, Moscheen und Kirchen – und eine musizierende Figur am vorderen Rand, vermutlich eine Frau, die zugleich lacht und weint. Als das Bild bekannt wurde, machte ihn die albanische Regierung zum Honorarkonsul und schickte auch gleich einen Diplomatenpass. Seine erste Ausstellung in Tirana aber hatte er erst 2003. Ich erinnere mich, wie die Medien vorher hyperventiliert hatten. Und dann kam ein kleiner alter Mann in einem komischen Anzug, buntem Hemd und einer Schiebermütze auf dem Kopf mit vielen Abzeichen daran. Die Leute hatten ihn auf Anhieb gern, und seine farbenfrohen Bilder auch. Er starb im Februar 2006.

Anlässlich seines 100. Geburtstages gab es im Jahre 2018 zahlreiche Ausstellungen, eine davon in Skopje, eine in Pristina und eine in Durrës. Das Bürgermeisteramt von Tirana hat die Idee lanciert, die beiden Künstler Saimir Strati und Genc Sinella mit einem großflächigen Mosaik nach Kodras *Albania Fantastica* zu beauftragen. Platziert werden soll das Ergebnis sehr zentral in der Stadt, auf dem Skanderbeg-Platz oder dem Boulevard. Schlecht ist die Idee nicht, Kodra hätte sie sicher gefallen. Aber ob und wie sie umgesetzt wird – man wird sehen.

Größtes Kunstmuseum des Landes ist die *Galeria Kombëtare e Arteve* (Nationale Kunstgalerie) gleich neben dem Hotel »Dajti«. Sie untersteht dem Ministerium für Tourismus, Kultur, Jugend und Sport und wurde am 29. November 1974 eröffnet; seitdem hat man sie ein paar Mal umgebaut, zuletzt 2009. Als ich neulich da war, saß ein älterer Herr mit Bart hinter dem Tresen und starrte auf sein Smartphone. Ich erkundigte mich, ob ich bei ihm eine Eintrittskarte kaufen könne. Der Eintritt sei kostenlos, antwortete er, und im Übrigen sei er Künstler und kein Pförtner.

Die Ausstellung sieht neu und frisch aus, obwohl die alten Bilder an den Wänden hängen. Die meisten Säle sind der Malerei des sozialistischen Realismus gewidmet, des Aufbaus des Sozialismus, des neuen Menschen, der Schwerindustrie, mit der sich Albanien unabhängig vom Rest der Welt machen wollte, und der ziemlich plakativen Parteipropaganda. Auf einem Bild spielen Kinder vor im Bau befindlichen Wohnhäusern. Arbeiter tragen mit lachenden Gesichtern einen Balken herbei, über den Baugerüsten flattern Losungen und rote Fahnen. Die Kinder tragen rote Halstücher und malen mit Kreide Gewehre auf den Gehweg. Auf einem anderen Bild wird die Eröffnung des Stahlwerkes in Elbasan dargestellt. Fünf Menschen sehen in die Glut, drei sind vermutlich Stahlarbeiter, einer, der Vorarbeiter oder Ingenieur, hat eine Zeitung in der Kitteltasche, und im Hintergrund steht eine junge Frau mit Kopftuch. Auf einer Losung über den Stahlwerkern steht »Stahl bricht die Blockade«.

Ein paar erklärende Texte wären gut. Wie haben sich die Künstler entwickelt, von denen viele handwerklich wirklich beeindruckend sind? Als ich wieder unten im Foyer ankomme, frage ich den einsamen Künstler, ob denn nichts von Samir Mati zu sehen sei. Den kenne ich noch aus dem Tirana der 1980er Jahre, wo er ein ziemlich junger, aber schon erfolgreicher Maler gewesen war. Sein Bild einer jungen Albanerin, die in eine Adlerfahne gehüllt die Arme so hochreckt, dass sie aussehen wie Adlerschwingen, hing früher in der Eingangshalle des Flugplatzes in Rinas. Ich habe in den letzten Jahren öfter mal nach Mati und seinem Adlerbild gefragt, ergebnislos. Das Bild sei im Fundus, antwortet mir nun der Mann im Foyer. Die Leute, die die neue Ausstellung gemacht haben, hätten doch keine Ahnung. Er schimpft auf die, die jetzt das Sagen in der Galerie haben und sich nicht für die alten Künstler wie ihn einsetzten. Ja, Samir Mati habe es richtig gemacht, als er Albanien vor vielen Jahren verließ. In Paris soll er jetzt leben.

Hinter dem Galeriegebäude stehen ein paar der alten Denkmäler. Zweimal Lenin – einem fehlt schon der rechte Arm, der früher in die Zukunft gewiesen hat –, einmal Stalin – vermutlich der, der früher im Park gegenüber gestanden hat –, dazu eine Mao-Büste, der die Nase fehlt, und mehrere kleinere Figuren. Alle sehen aus wie abgestellt, nicht wie ausgestellt. Warten sie auf Abtransport und Entsorgung? Ein bisschen schaurig ist das schon, besonders da es gerade wieder angefangen hat zu regnen.

Aber Tirana hat inzwischen auch andere Galerien. Am besten gefällt mir die FAB Gallery, sie befindet sich auf der Rückseite der Akademie der Künste. Es hat sie schon vor 1990 gegeben, aber vor ein paar Jahren ist sie mit einer Ausstellung aus dem 60 Jahre alten Fundus der Akademie der Künste zu neuem Leben erwacht. Als ich das letzte Mal dort war, gab es gerade eine Ausstellung der jungen Textildesignerin Egla Memaj. Sie erzählte mir, wie sie nach alten albanischen Motiven sucht und diese dann mit Metallfäden per Hand auf Seide stickt. Was dabei herauskommt, sind sehr großformatige Kunstwerke, die nicht einfach dekorativ sind, sondern die Symbole der albanischen Ethnografie neu interpretieren. Memaj hat vor vier Jahren ihr Studium in Tirana beendet. Ob sie von ihrer Kunst leben kann? Ich wünsche ihr, dass einer der neuen schwerreichen Bauunternehmer sie entdeckt und sie schöne große Bürogebäude oder Hotels schmücken kann.

Die Galerie »Te&Gi« war die erste private Verkaufsgalerie, die 1993 in Tirana eröffnet wurde. Damals hatten die Leute andere Sorgen, erinnert sich der Sohn von Tefik Dedej, dem Gründer der

Galerie. Es waren schwierige Zeiten. Sein Vater aber habe immer an die Kraft der Kunst und die albanischen Künstler geglaubt. Viele waren Anfang der 1990er Jahre ins Ausland gegangen, um ihr Glück zu suchen. Nur wenige fanden es. Und wenn unter Glück auch Wohlstand zu verstehen ist, dann waren es wohl noch weniger. Manche bekamen schlecht bezahlte Jobs als Restauratoren in griechischen oder italienischen Kirchen. Und auch das nicht für lange. Einer fand seine Geschäftsnische im Malen von Haustieren, habe ich mal gelesen. Auf seiner Webseite gab es eine Preisliste für verschiedene Haustiere; Hunde- und Katzenporträts waren ab 50 Euro zu haben. Am liebsten male er nach Fotos, denn Tiere könnten ja nicht stillsitzen. Er könne davon zwar seinen Unterhalt bestreiten, aber dafür habe er eigentlich nicht in Tirana Kunst studieren müssen. Er träume von einer eigenen Ausstellung – ohne Hunde und Katzen –, aber ihm fehle schon allein das Geld für Raummiete und Werbung.

In der »Te&Gi« haben inzwischen auch einige Künstler ausgestellt, die bekannt und erfolgreich geworden sind. Die meisten von ihnen haben ein Standbein irgendwo im Westen und leben nur noch von Zeit zu Zeit in Albanien, wie Adrian Cene, der gerade gut im Geschäft ist. Geboren 1969 in Tirana, schloss er die Akademie der Künste 1992 ab und arbeitete dann am Institut für Kulturdenkmäler als Spezialist für Restaurierung von Ikonen und Wandmalerei. Seine eigenen Bilder hat er inzwischen nach Italien, Belgien, Frankreich und Griechenland verkauft. Ein anderer ist Ziso Kamberaj, 1965 in Tirana geboren. 1992 schloss er sein Studium in Monumentaler Malerei ab. Er lebt und arbeitet in Tirana und München, war an vielen Ausstellungen nicht nur in Europa, sondern bis nach Australien und Neuseeland beteiligt.

Edi Rama gehört ebenfalls in die Kategorie erfolgreicher Maler, auch wenn er damit schon lange nicht mehr seinen Lebensunterhalt bestreiten muss. Rama kommt aus einer künstlerischen Familie, sein Vater war Bildhauer. Er selbst studierte ab 1982 Kunst in Tirana. Inzwischen arbeitet er hauptsächlich im Kleinformat auf Papier mit Tinte, Filzstift und Fettkreide. Auf Tausenden von Kalenderblättern hält er seine Gedanken und Eingebungen in farbiger Abstraktion fest, sein visuelles Tagebuch sozusagen. Gelegentlich werden seine Werke international ausgestellt. Im Dezember 2018 organisierte die Kunsthalle Rostock, derzeit immerhin das größte Ausstellungshaus für zeitgenössische Kunst in Mecklenburg-Vorpommern, eine Ausstellung mit Ramas Kalenderblättern. Dahin habe ich es leider nicht geschafft, aber als die Ausstellung Anfang 2019 auch in einer privaten Galerie in Berlin zu sehen war, war ich mit Freunden dort. Gezeigt wurden Zeichnungen und Aquarelle auf Dokumenten und Notizen, die Rama während oder nach Meetings und Telefonaten anfertigt. In der Pressemitteilung der Galerie »Carlier & Gebauer« heißt es, ein Brief an die deutsche Kanzlerin würde an eine surreale grüne Landschaft erinnern. Was nun für den Betrachter anziehender ist – Ramas künstlerisches Werk oder seine Person als Politiker –, das muss jeder selber sehen.

Die Dichter

Die Entstehung der modernen albanischen Literatur ist eng verbunden mit den Bemühungen zur Schaffung einer einheitlichen albanischen Schriftsprache, die Mitte des 19. Jahrhunderts einsetzten. Und damit sind wir wieder bei der *Rilindja*, der Nationalen Wiedergeburt, von der schon öfter die Rede war. Die Literatur der *Rilindja* war geprägt von romantischem Nationalismus. Autoren der Zeit wie die Brüder Naim und Sami Frashëri, Pashko Vasa oder Kostandin Kristoforidhi hatten ihre Bildung in Istanbul erworben und waren zumindest für einige Zeit im osmanischen Staatsdienst tätig gewesen. Die tatsächliche kulturelle Situation des albanischen Volkes war ihnen weitgehend unbekannt.

In der Zwischenkriegszeit gelang der albanischen Literatur der Anschluss an die europäischen Entwicklungen der modernen Literatur. Wie in der Malerei hatte man sich inzwischen von religiösen Themen gelöst. Dazu gehörten die Dichter Migjeni, der in seinem kurzen Leben nur einen Gedichtband veröffentlichen konnte, und Lasgush Poradeci. Dieser, der sich mit Pseudonym nach seiner Heimatstadt Pogradec Poradeci nannte, kam auf zwei Bände mit ungefähr 100 Gedichten die, so auch viele internationale Kritiker, bis heute zu dem Lyrischsten und Schönsten gehören, was die albanische Literatur geschaffen hat. Musine Kokalari, die 1941 ihre erste Sammlung von Märchen publizierte, gilt als erste albanische Schriftstellerin. Mit ihrem traurigen weiteren Lebensweg beschäftigte sich anlässlich ihres 100. Geburtstages Gentiana Sulas neue »Behörde zur Information über die Dokumente der früheren Staatssicherheit«.

Bereits als ganz junge Frau hatte die 1917 geborene Kokalari unter Beobachtung der Sigurimi gestanden; das über sie geführte Dossier endet erst mit ihrem Tod. Insgesamt 27 Leute hatte der Geheimdienst auf sie angesetzt. Ihre Schrift *Sozialdemokratische Plattform Albaniens,* die jetzt in Tirana gezeigt wurde, hat die junge Dichterin im Alter von 28 Jahren verfasst. Für ihr Literaturstudium war sie 1938 nach Rom gegangen und hatte dort auch 1941 ihre Doktorarbeit über Naim Frashëri geschrieben. Aus Italien brachte sie die Idee der Sozialdemokratie mit, die sie weiter propagieren wollte. Am 17. Januar 1946 wurde sie als sogenannte »Feindin des Volkes« festgenommen und zu einer Haftstrafe von 20 Jahren verurteilt, von denen sie 18 im Gefängnis von Burrel, das noch aus der Zeit Zogus stammte, absaß. Doch damit war ihr Martyrium noch nicht vorbei, denn das Regime verbot ihr nicht nur ihre schriftstellerische Arbeit auf Lebenszeit, sondern verbrachte sie in das Arbeitslager von Rrëshen in der unwirtlichen Mirdita, wo sie 1983 an Krebs verstarb. Postum wurde die Sozialdemokratin Kokalari vom damaligen albanischen Präsidenten Sali Berisha zur »Märtyrerin der Demokratie« erklärt. Eine Schule in der Hauptstadt Tirana trägt heute ihren Namen.

Nationale Literatur setzt eine nationale Leserschaft voraus. Damit war es vor dem Zweiten Weltkrieg in Albanien schlecht bestellt. 1938 waren über 80 Prozent der Bevölkerung Analphabeten; es gab für eine Million Einwohner 643 Grundschulen mit knapp 60 000 Schülern.[89] Die erfolgreiche Alphabetisierung auch der ländlichen Bevölkerung nach 1945 vergrößerte die potenzielle Leserschaft in den 1950er und 1960er Jahren um ein Vielfaches. Zeitungen und Zeitschriften wurden zu Massenmedien. Seit 1961 gab es eine vom Schriftstellerverband herausgegebene wöchentlich erscheinende Literaturzeitschrift *Drita* (Licht), in der neue Autoren vorgestellt wurden. Die Wahl der Themen und der Ausdrucksformen war oft eine Gratwanderung, denn natürlich unterlag auch diese Zeitschrift der politischen Zensur. Anfang der 1960er Jahre veröffentlichten mit Ismail Kadare und Dritëro Agolli zwei Vertreter einer neuen Schriftstellergeneration ihre ersten Gedichtsammlungen. Beide hatten in der Sowjetunion studiert. Agolli wurde später Vorsitzender des Schriftstellerverbandes.

Natürlich ist die moderne albanische Literatur mehr als das Werk von Ismail Kadare, aber über die Grenzen des kleinen Landes hinaus ist gegenwärtig kein Autor bekannter. Oder wer hat bei uns in Deutschland schon mal von Ridvan Dibra oder Fatos Kongoli gehört? Dibras Roman *Legjenda e vetmisë* (Legende der Einsamkeit) bekam 2012 den Preis für den besten albanisch-sprachigen Roman des Jahres. Dibra, 1959 geboren, ist ein renommierter Literaturprofessor und Schriftsteller. Sein Stil wird häufig als kafkaesk bezeichnet, also auf unergründliche Weise bedrohlich. Einer seiner bekanntesten Romane hieß denn auch *Franc Kafka i shkruan të birit* (Franz Kafka schreibt seinem Sohn). »Postmodernist« oder »großer Experimentator« wird er schon mal genannt. Er selbst bezeichnet sein Werk als »Literatur, die nach den Tiefen des Seins strebt«.

Fatos Kongoli, Jahrgang 1944, hat in seinem ersten Leben Mathematik in China studiert und später als Kulturredakteur bei Verlagen, Zeitschriften und Zeitungen gearbeitet. Fünf zwischen 1992 und 2004 entstandene Romane fasst er zu seinem Zyklus *Kerker der Erinnerung* zusammen, der unter dem Eindruck eigener Erlebnisse aus der Zeit der Diktatur steht. In seinen Werken thematisiert er aber auch die krisenhafte Zeit danach. Fatos Kongoli ist heute neben Ridvan Dibra und natürlich Ismail Kadare einer der am meisten gelesenen Autoren in Albanien und einer der wichtigsten literarischen Chronisten des Landes. 2003 wurde sein Roman *Der Traum des Damokles* als bestes Buch des Jahres auf dem Balkan mit dem Preis »Balkanika« ausgezeichnet. Nach dem Roman *Die albanische Braut* erschien im Frühjahr 2006 mit dem Roman *Hundehaut* ein weiteres Werk Kongolis auch in deutscher Sprache.

Zwei weitere große Namen der albanischen Gegenwartsliteratur sind Bashkim Shehu und Fatos Lubonja, deren Werke oft autobiografische Züge tragen und eng mit der Zeit der Hoxha-Diktatur und ihren Folgen verbunden sind. Die neue albanische Literatur wendet sich anderen Themen der Politik und Gesellschaft zu. Dazu gehört Ben Blushi, der albanische Sprache und Literatur in Tirana studiert hatte. Danach arbeitete er als Journalist und ging später in die Politik; von seiner Partei LIBRA war schon die Rede. 2008 veröffentlichte Blushi sein erstes literarisches Werk *Të Jetosh Në Ishull* (Leben auf einer Insel). Das Buch wurde mit 30 000 verkauften Exemplaren ein für albanische Verhältnisse großer Erfolg, zu dem sicher auch seine Bekanntheit beigetragen hatte. Sein 2015 veröffentlichtes Buch *Kandidati* (Der Kandidat) über die heutige Politik- und Medienlandschaft war auf dem albanischen Markt ebenfalls ein Renner.

Frauen haben es nicht leicht im albanischen Literaturbetrieb. Jonila Godole, von der schon die Rede war, ist da keine Ausnahme. Bereits vor Jahren hat sie sich zwar schon als albanische Autorin in Wien einen Namen gemacht, dem österreichischen *Standard* sagte sie allerdings einmal: »Ich müsste alt sein und ein Mann, dann hätte ich es einfacher.« Häufig schreibt sie ihre Texte übrigens zuerst auf Deutsch. Sie ist als studierte Germanistin ausgewiesene Spezialistin für Thomas Bernhard, den sie ins Albanische übersetzt. In Tirana gibt es seit einigen Jahren ein Literaturfestival mit dem Namen »Tirana liest«, zu deren Organisatoren sie gehört. 2018 hat sie im Rahmen dieser Veranstaltung auch eine »Nacht der österreichischen Literatur« organisiert. Noch ist dieses Literaturfestival eher ein Tipp für Insider, aber es entwickelt sich gerade richtig gut und ist besonders unter der jungen Intelligenz der Hauptstadt sehr beliebt.

Problematisch ist das Verhältnis des albanischen Publikums zu seinem größten Romancier, zu Ismail Kadare. Ins Deutsche übersetzt wird er seit vielen Jahren sehr stimmig von Joachim Röhm. Kadare wird gehasst, geliebt und von Politikern vereinnahmt wie kein Künstler sonst. Polemisiert wird gegen ihn vor allem wegen seiner Rolle während der Zeit der Diktatur und seinem nachträglichen Umgang damit sowie seiner Versuche der Einmischung in die aktuelle Politik. Kann man nicht dennoch zumindest sagen, seine Romane seien schön zu lesen (obwohl zweifellos der folkloristische Zuckerguss manchmal etwas dick aufgetragen ist)?

Als Mitglied der Partei der Arbeit Albaniens, des Präsidiums des Schriftstellerverbands und als Parlamentsabgeordneter (1970–1982) war Kadare lange Teil des Systems gewesen. Bis in die 1980er Jahre schrieb er aus intimer Kenntnis der Macht. Der Preis dafür, dass er im Land blieb und erfolgreich wurde, war sicherlich ein gewisses Maß an Opportunismus. Dass sich Kadare damit in bester Gesellschaft befand, kann man bei Christa Wolf nachlesen. Sich seiner Vergangenheit stellen und Haltung bewahren, das ist nicht einfach. Wolf schrieb in ihrem ehrlichen Buch *Stadt der Engel oder The Overcoat of Dr. Freud:* »Wie soll ich mich davor hüten, in einen Rechtfertigungszwang zu geraten, welches die dümmste von allen möglichen Verhaltensweisen wäre. Aber gibt es denn für diesen Fall eine mögliche, eine richtige, eine angemessene Verhaltensweise. Oder verfalle ich wieder in den Fehler, nach den Ansprüchen anderer zu fragen.«[90] Während Christa Wolf sich in den Jahren nach dem Ende der DDR mit ihrem bisher gelebten Leben und ihrem Werk so eindringlich auseinandersetzt, dass man den Schmerz noch beim Lesen spürt, neigt Kadare dazu, sich selbst neu zu erfinden – als Opfer des alten Systems.

Viele Albaner finden es unerträglich, dass sich Kadare im Nachhinein als Regimekritiker feiern lässt. Für Außenstehende, also zum Beispiel seine begeisterten Leser im Ausland, ist das nicht immer leicht zu verstehen. Hat Kadare sich zu Lebzeiten Hoxhas nicht auch wissentlich in Gefahr begeben und dennoch große Romane geschrieben? Sein Roman von 1973 *Der Große Winter* ist heute natürlich nicht mehr so spannend wie zu der Zeit, als er verfasst wurde. Las man ihn nämlich genau, kam schon damals ein doch ziemlich kritisches Porträt Hoxhas zu Tage. Der *Palast der Träume* von 1981 war jedoch wirklich brisant, ging es doch darum, dass ein fiktiver Staat die Träume seiner Untertanen überwacht und Traumdeuter beauftragt, mögliche Verschwörungen rechtzeitig aufzudecken und zu verhindern. Parallelen zum damaligen Albanien lagen auf der Hand. Der Roman wurde zwar zunächst veröffentlicht, schließlich aber doch verboten. Liest man in den Erinnerungen von Nexhmije Hoxha über Kadare, bekommt man ein Gefühl dafür, wie damals offensichtlich um den Autor und jedes seiner Worte gerungen wurde. Gleichwohl schrieb das enzyklopädische Lexikon des sozialistischen Albanien, ein Werk groß und schwer wie mehrere Ziegelsteine, 1985 über Kadare, er sei »einer der bedeutendsten Vertreter des sozialistischen Realismus in der albanischen Literatur«. Von besonderer Bedeutung sei *Der Große Winter,* wo er den Kampf des sozialistischen Albanien gegen den »modernen Revisionismus« darstelle.

Um das Manuskript von *Der Große Winter* wurde vor ein paar Jahren heftig gestritten. Nexhmije Hoxha erklärte, Kadare habe es ihr seinerzeit geschenkt, der Schriftsteller forderte die Herausgabe. Es kam zum Prozess. Im Juli 2012 gab es einen vorläufigen Gerichtsbeschluss, wonach das Manuskript bis zum endgültigen Urteil im Staatsarchiv verwahrt werden sollte. Im Oktober 2017 entschied das Gericht schließlich auf Rückgabe des Manuskripts an Kadare. Bereits seit Anfang der 2000er Jahre hatte Kadare im Zentrum öffentlicher Kritik gestanden. Der damalige Direktor des albanischen Staatsarchivs Shaban Sinani veröffentlichte 2005 eine Textsammlung mit dem Titel *Das Kadare-Dossier,*[91] vermutlich nicht aus großer Zuneigung zu Kadare, sondern aus eher profanen Gründen, wollte er doch vermutlich auch sich selbst in der lauten Auseinandersetzung um Kadare einen Namen machen und sozusagen die Deutungshoheit über die zusammengetragenen Dokumente zu Kadare behaupten. Unter den veröffentlichten Briefen sind nicht nur solche von und an Enver oder Nexhmije Hoxha zu literarischen Projekten Kadares und seiner Linientreue, sondern auch Briefe von Parteigruppen, Verlagen, Zeitungen mit kritischen Meinungsäußerungen zu Kadares Werken zusammen mit Textvorschlägen für »Verbesserungen« bei Nachauflagen.

Kadares Intimfeind Fatos Lubonja, der so viele Jahre seines Lebens für politische Äußerungen inhaftiert gewesen ist und heute zu den bekanntesten Publizisten Albaniens gehört, wird nicht müde, ihn zu kritisieren. Kadare habe die albanische Geschichte in seinen Werken manipuliert, habe zu Zeiten der Diktatur die Macht genutzt und ihr nicht widersprochen. Kurz, er sei ein Höfling der Regierung gewesen. Kadare antwortete darauf, Lubonja sei ein gewöhnlicher Schriftsteller, den er eigentlich kaum kenne. Das ist ein hartes Urteil – von beiden.

Offensichtlich reicht es Kadare selbst nicht, als Schriftsteller einfach nur beliebt zu sein. Ähnlich wie einst Thomas Mann scheint auch er davon überzeugt, der Literaturnobelpreis für ihn sei lange überfällig. Thomas Mann hat ihn 1929 bekommen, Kadare wird das vermutlich nie gelingen. Als Mann schließlich schweren Herzens 1938 doch ins Exil ging, gab er der *Times* ein Interview und sagte: »Wo ich bin, ist Deutschland … ich trage meine deutsche Kultur in mir.«[92] Wenn Kadare hingegen heute seinem offenbar unstillbaren Bedürfnis nachgibt, sich von seinem Wohnsitz in Paris aus zur aktuellen Politik Albaniens zu äußern, nimmt man ihm das zu Hause übel, denn einen Grund, im Exil zu leben, gibt es für ihn schon lange nicht mehr.

Den politischen Wechsel nach Hoxhas Tod hatte er zunächst freudig begrüßt. Die Politik Alias kritisierte er jedoch und suchte im Oktober 1990 um politisches Asyl in Frankreich nach, wo er sich schon mehrmals ohne seine Familie aufgehalten hatte. Der albanische Staat erklärte ihn daraufhin zum Verräter. Im März

1991, wenige Tage vor den Wahlen, sagte er in einem Zeitungsinterview, er sei fest davon überzeugt, dass die demokratischen Parteien die Wahlen gewinnen werden. Seiner Meinung nach lege Albanien nun im Vergleich zu den ehemaligen Ostblockstaaten das schnellste Tempo bei der demokratischen Entwicklung vor. Dies war ein Irrtum, den er mit vielen Beobachtern der innenpolitischen Entwicklung in Albanien teilte. Zu einer Mitgliedschaft in einer der neuen demokratischen Parteien hat Kadare sich nicht durchringen können. In den 1990er und 2000er Jahren soll er mehrmals sowohl von der DP als auch der SP gebeten worden sein, Präsident von Albanien zu werden, hat dies aber immer abgelehnt. Auch im Juni 2012 verwarf er eine Präsidentschaftskandidatur, für die er von Studenten vorgeschlagen worden war. Kritisieren wollen, aber sich vor der Verantwortung scheuen; zu seiner Beliebtheit in der Heimat hat das nicht beigetragen.

Nachwort

Im Sommer 2018 beschuldigte Edi Rama die Mitte-Rechts-Opposition, die Chancen Albaniens auf die Eröffnung von EU-Beitrittsgesprächen bewusst sabotiert zu haben. Er nannte Basha einen »Esadisten«, worauf ihn Basha im Gegenzug »Hamza« nannte. Esad und Hamza – die beiden Namen kennt jeder Albaner als Synonyme für Verrat. Hamza war der Neffe Skanderbegs und verriet seinen Onkel im entscheidenden Moment: 1457 zog er für Sultan Mehmet II. in die Schlacht von Abulene. Daran sollen zwischen 50000 und 80000 Mann teilgenommen haben; 15000 bis 30000 davon überlebten sie nicht. Die Schlacht endete mit Skanderbegs Sieg, laut Historikern sein brillantester. Der Papst verlieh ihm den Ehrentitel »*Athleta Christi*« (Verteidiger des Christentums). Hamza wurde übrigens verhaftet, nicht getötet, und starb in der Bedeutungslosigkeit eines miesen Verräters.

Dass Rama vorher Basha einen Esadisten genannt hatte, bezog sich auf Essad Pascha. Dieser entstammte einer Grundbesitzerfamilie mit ausgedehnten Ländereien in Mittelalbanien. Im Januar 1913 übergab er die Stadt Shkodra an die belagernden Montenegriner für das Versprechen, seinen Anspruch auf den albanischen Königsthron anzuerkennen. Ein albanischer Patriot ermordete ihn 1920 in Paris.

Historische Vergleiche helfen indes kaum weiter, die gegenwärtigen Aufgaben Albaniens zu lösen. Noch wird im Land darüber diskutiert, was der Rat der Europäischen Union Ende Juni 2018 wirklich »entschieden« hat, als es darum ging, die EU-Beitrittsverhandlungen mit Albanien und Nordmazedonien zu eröffnen oder zu verschieben. Zwar gab Brüssel den zwei Staaten grünes Licht für die Aufnahme von Assoziierungsverhandlungen, aber erst 2019 und nur sofern beide in der Zwischenzeit ihre anstehenden Reformen abgeschlossen hätten. Die Sprache der Erklärung erlaubte es den Pro-EU-Regierungen von Nordmazedonien und Albanien, ihren Bürgern zu verkünden, dass die Tür zu einer möglichen EU-Mitgliedschaft offen stehe. Auch Edi Rama verkaufte den Beschluss als großen Erfolg seiner Regierung.

Die Opposition hingegen beschuldigte den Ministerpräsidenten, weitere zwölf Monate verschenkt zu haben, da die Verhandlungen nicht sofort beginnen könnten. Darauf Rama: »Wir haben nicht zwölf Monate verloren, wir haben zwölf Monate gewonnen, um zu arbeiten.« Ein albanischer Kommentator stellte bissig einen Zusammenhang her mit dem vorzeitigen Ausscheiden der deutschen Fußballnationalmannschaft bei der Weltmeisterschaft in Russland, die ungefähr zur selben Zeit stattfand: Deutschland sei nicht wirklich »gescheitert«, sondern habe in Ramas Verständnis gerade vier weitere Jahre »gewonnen«, um sich auf die nächste WM vorzubereiten. In diesem Sinne könnte man Albanien und dem deutschen Fußball eine erfolgreiche Zukunft wünschen. Wenn dieses Buch erscheint, werden die zwölf nach Ramas Deutung »gewonnenen« Monate bald abgelaufen sein, und es wird sich zeigen, inwiefern die Regierung verstanden hat, die Zeit zu nutzen. Ein Scheitern wäre fatal, nicht nur für Albanien.

Anhang

Anmerkungen

1 Zitiert nach: Shekulli (Das Jahrhundert, albanische Tageszeitung) vom 14. 11. 2018.

2 Deutschland hat Kosovos Unabhängigkeit anerkannt, fünf EU-Mitgliedsstaaten allerdings aus verschiedenen, sehr individuellen Gründen noch nicht. Die UN-Resolution 1244 ist noch immer in Kraft. Daher würden die Serben sagen, Albanien sei Nachbarland. Bis jetzt noch.

3 Kurz vor Erscheinen dieses Buches war der Jahrzehnte währende Namensstreit beendet worden und das Land, das die Deutschen lange Mazedonien und andere EU-Mitgliedsstaaten Former Yugoslav Republic of Macedonia (FYROM) nannten, heißt nun Republik Nordmazedonien.

4 https://www.destatis.de/DE/Publikationen/Thematisch/Bevoelkerung/MigrationIntegration/AuslaendBevoelkerung2010200167004.pdf?__blob=publicationFile (abgerufen am 5. 4. 2019).

5 Oliver Jens Schmitt: Die Albaner. Eine Geschichte zwischen Orient und Okzident, München 2012, S. 19 ff.

6 Nach der modernen administrativen Gliederung gehört der Ort Spaç heute zur Gemeinde Orosh.

7 Die Hauptstadt des Kosovo ist in Deutschland als Pristina bekannt. Albanisch heißt sie Prishtina oder Prishtinë; serbisch Приштина/Priština. Bereits der Ahtisaari-Plan hatte sowohl Albanisch als auch Serbisch als Amtssprachen im Kosovo bestimmt. Darüber hinaus sind in einigen Gemeinden auch Türkisch, Bosnisch und Romanes Amtssprachen. So regelt es inzwischen auch Artikel 5 der Verfassung vom Juni 2008. Daher werden Ortsangaben im Kosovo immer in

Albanisch und Serbisch oder der Sprache derjenigen Minderheit angegeben, die dort ansässig ist. Der besseren Lesbarkeit halber werde ich im weiteren Text die in Deutschland gängige Bezeichnung »Pristina« verwenden.

8 Eigentlich Bundesrepublik Jugoslawien, denn am 27. April 1992 war aus den Teilrepubliken Serbien und Montenegro (die anderen ehemaligen Teilrepubliken hatten sich bereits zu unabhängigen Staaten erklärt) die Bundesrepublik Jugoslawien geworden, im Jahre 2003 in Staatenunion Serbien und Monteegro umbenannt. Mit einer Volksabstimmung entschied sich Montenegro im Jahr 2006 schließlich für die Unabhängigkeit von Serbien.

9 Erich Wiedemann: Benzin ist unser Glück, in: Der Spiegel vom 24.9.1995.

10 https://www.dailymail.co.uk/news/article-6377701/Albanian-gangsters-rule-Londons-drug-trade-post-pictures-guns-wads-cash.html (abgerufen am 5.4.2019).

11 So gefunden in: Hugo Grothe: Durch Albanien und Montenegro, München 1913, S. 36.

12 Christiane und Axel Jaenicke: Albanisch Wort für Wort, 14. Aufl., Bielefeld 2017.

13 Werner Eberlein: Begegnungen, Berlin 1999, S. 98.

14 Vgl. hierzu und zu anderen Märchenfiguren: Robert Elsie: Handbuch zur albanischen Volkskultur, Wiesbaden 2002, S. 192.

15 Zitiert nach: Der Kanun. Das albanische Gewohnheitsrecht nach dem sogenannten Kanun des Lekë Dukagjini. Hg. von Robert Elsie, Pejë 2003, S. 79.

16 Ebenda.

17 Empfehlung zum Weiterlesen: Erwin Lewin u. a.: Die Verfolgung und Ermordung der europäischen Juden durch das nationalsozialistische Deutschland 1933–1945. Band 14, Berlin 2017. Eine interessante Lebensgeschichte hat der Verlag der Deutsch-Albanischen Freundschaftsgesellschaft herausgegeben: Johanna Jutta Neumann: Umweg über Albanien. Ein persönlicher Bericht, Halle (Saale) 2003.

18 Michael Schmidt-Neke in: Südosteuropa-Handbuch. Band VII: Albanien, Göttingen 1993, S. 26.

19 Leserkommentar zu Wieland Schneider: Großalbanien – mehr als ein Mythos, in: Die Presse vom 12. 3. 2008.

20 Oliver Jens Schmitt: Skanderbeg. Der neue Alexander auf dem Balkan, Regensburg 2009.

21 Michael Schmidt-Neke in: Südosteuropa-Handbuch. Band VII, S. 29.

22 Siehe dazu auch Schmitt: Die Albaner, S. 63.

23 Dazu Schmidt-Neke: Albanien, S. 30.

24 Bismarcks Reden und Briefe: Nebst einer Darstellung des Lebens und der Sprache Bismarcks, herausgegeben von B. G. Teubner, Leipzig 1895, S. 69. Interessant zum Weiterlesen ist, was Bismarck in seinen *Gedanken und Erinnerungen* zum Berliner Kongress schrieb: Otto Fürst von Bismarck: Gedanken und Erinnerungen, Band 2, Stuttgart und Berlin 1922, S. 247 ff.

25 Zitiert nach: Schmitt: Die Albaner, S. 150.

26 Vickers: The Albanians, S. 153.

27 Durch die beiden Abkommen von 1926 und 1927 verstärkte sich die außen- und finanzpolitische Abhängigkeit Albaniens von Italien.

28 Kommunistische Internationale (Komintern). Internationale Organisation kommunistischer Parteien. Die Gründung erfolgte 1919 in Moskau auf Initiative Lenins. Während des Zweiten Weltkriegs löste Stalin 1943 die Komintern auf.

29 Dazu mehr in: Enver Hoxha: Die Chruschtschowianer, Tirana 1980, S. 425 ff.

30 Wolfgang Leonhard: Brüder und nicht mehr feindlich, in: Die Zeit vom 30. 8. 1963.

31 Der Schriftsteller Bashkim Shehu schreibt an einem Buch über die im April 2018 verstorbene Belishova.

32 Renate Flottau: »Wir töteten nie ohne Grund«, in: Der Spiegel Nr. 15/2004.

33 Inzwischen hat man wohl zu Axel mehr als 300 Seiten zusam-

mengetragen. Diese würden nun aufbereitet, bevor wir Einsicht erhalten. So der Stand von Mitte November 2018.

34 Tirana Observer vom 31.8.2016.

35 Ismail Kadare: Der Nachfolger, Frankfurt am Main 2010, S. 19.

36 Dieser Brief wurde von mehreren Boulevardzeitungen veröffentlicht, u.a. von Panorama am 9.3.2015. Bashkim Shehu hat sich in mehreren literarischen Werken auch mit dem Bruder auseinandergesetzt.

37 Tirana Observer vom 31.8.2016.

38 »Citizens understanding and perceptions of the Communist past in Albania and expectations for the future«, OSCE Presence in Albania 2016, Executive summary, S. 4.

39 Fahri Balliu: Zonja e zeze Nexhmije Hoxha, Tirana 2005, S. 265.

40 So in der Pressemitteilung des kosovarischen Parlaments vom 17.2.2008 über die Annahme der Fahne des Staates Kosovo.

41 Veton Surroi: Këmbët e gjarprit, Pristina, 2014. Der Titel des Buches *Die Beine der Schlange* spielt auf den Präsidenten des Kosovo Hasim Thaçi an, der als UÇK-Guerillakämpfer den Tarnnamen »die Schlange« trug.

42 Der Vater des serbischen Tennisstars Novak Đoković stammt aus dem (serbischen) Norden des Kosovo und pflegt Familienbeziehungen und Kontakte nach wie vor intensiv.

43 Zum Weiterlesen: James Pettifer und Miranda Vickers: The Albanian Question. Reshaping the Balkans, London 2007; Peter Schubert: Groß-Albanien: Vision oder Mythos (= SPW Studie 3133), Ebenhausen 2000.

44 Milovan Djilas: Gespräche mit Stalin, Frankfurt am Main 1962, S. 23.

45 Ali Jakupi: Two Albanian States and National Unification, Pristina 2004.

46 Zitiert nach: Schubert: Groß-Albanien, S. 3.

47 Tageszeitungen wie Koha Ditore vom 24.3.2015.

48 Die UÇK (Kurzform für *Ushtria Çlirimtare e Kosovës*, Befreiungsarmee des Kosovo) war eine albanische paramilitä-

rische Organisation, die für die Unabhängigkeit des Kosovo kämpfte.

49 Balkan Investigative Reporting Network (BIRN) auf http://www.balkaninsight.com vom 19. 2. 2018.

50 Siehe Albanisch Wort für Wort, S. 141.

51 Pettifer / Vickers: The Albanian Question, S. 71.

52 Die Welt vom 28. 7. 1997.

53 The Ahtisaari Legacy – Resolve and Negotiate, Vantaa 2008, S. 209.

54 EC Albania 2018 Report, SWD (2018) 151 final, Strasbourg, 17. 4. 2018.

55 Zitiert nach: BIRN vom 21. 2. 2018.

56 Institut für Marxistische Studien beim ZK der PAA: Geschichte der Partei der Arbeit Albaniens, Tirana 1971, S. 504. »Das ZK-Plenum verlangte (…) die nachgewiesenen Fehler in der ideologisch-politischen, kulturellen und organisatorischen Tätigkeit – eine Folge der liberalen Haltung von Agim Mero, damals erster Sekretär des ZK der VJAA – zu korrigieren und an der Spitze des revolutionären Schwungs der Jugend stehend, tiefgreifende Maßnahmen zur Gesundung der Lage zu treffen.«

57 Die Förderzahlen habe ich von Tarja Hysi bekommen, und sie scheinen realistisch zu sein.

58 https://albpetrol.al (abgerufen am 5. 4. 2019).

59 *Le Monde Diplomatique* druckte dazu im Mai 2009 einen langen Artikel ab mit dem Titel »Die Autobahn der nationalen Korruption«, in dem es um politische Verbindungen, Mafiastrukturen und sehr viel Geld geht.

60 Enver Hoxha: Die Supermächte, hg. vom Institut für Marxistisch-Leninistische Studien beim ZK der PAA, Verlag 8. Nentori, Tirana 1986, S. 707.

61 Balkan Investigative Reporting Network (BIRN). Siehe auch Literaturempfehlungen zum Weiterlesen.

62 Zitiert nach: Fatjona Meidini: Albania aims to built on Boom in Tourism, BIRN vom 4. 4. 2017.

63 Ismail Kadare: Chronik in Stein, 2. Aufl., München 1999, S. 5.

64 Eno Shkembi in: Shekulli vom 21. 3. 2018.

65 Fahri Balliu: Zonja e zeze Nexhmije Hoxha, Tirana 2005.

66 Nexhmije Hoxha: Miqesi e tradhtuar, Tirana 2004.

67 Zeri i Popullit vom 8. 3. 1990.

68 Fatjona Mejdini: Albanian Women Remember Fear of Abortion During Communism, BIRN vom 15. 11. 2017.

69 Interview mit Olta Xhaçka für *ABC News Channel* am 8. 2. 2018.

70 BIRN vom 13. 4. 2018.

71 BIRN vom 22. 1. 2018.

72 https://de.wikipedia.org/wiki/Balkan-%C3%84gypter (abgerufen am 5. 4. 2019).

73 https://www.rcc.int/romaintegration2020 (abgerufen am 5. 4. 2019).

74 Ebenda.

75 http://klartext-sg.de/darf-eine-roma-familie-aus-albanien-bleiben (abgerufen am 5. 4. 2019).

76 Dan Beeson: Albania is the »most anti-gay« country in Europe, in: Gay Star News vom 26. 3. 2013; Jamie Tabberer: First LGBTI shelter opens in Europe's »most anti-gay« country, in: Gay Star News vom 19. 12. 2014.

77 Ranking: Kanada und Schweden sind die LGBT-freundlichsten Reiseländer, Spiegel online vom 1. 3. 2018 (abgerufen am 5. 4. 2019).

78 Peter Bartl: Religionsgemeinschaften und Kirchen, in: Südosteuropa-Handbuch. Band VII, S. 589.

79 Aus seinem bekanntesten Werk, dem zwischen 1878 und 1880 entstandenen Poem *O moj Shqypni,* in dem er seine Landsleute zur Einigkeit und zur Vaterlandsliebe aufruft. Dieses Gedicht ist noch heute Bestandteil des Unterrichts an albanischen Schulen.

80 Fan Stylian Noli: Historia e Skënderbeut, Gjergj Kastriotit, Mbretit të Shqipërisë 1412–1468, Boston 1921.

81 Zitiert nach: Peter Bartl: Die Religionsgemeinschaften im so-

zialistischen Albanien, in: Südosteuropa-Handbuch. Band VII, S. 590.

82 Ardian Klosi und Jutta Benzenberg: Albanisches Überleben, Salzburg 1993, S. 10.

83 Geschichte der Partei der Arbeit Albaniens, S. 671.

84 Aus der Nationalen Befreiungsfront hervorgegangene Massenorganisation, an deren Spitze viele Jahre Nexhmije Hoxha stand.

85 Ibrahim Dalliu: Patriotizma në Tiranë, Tirana 1930.

86 EEAS Statements by HR/VP, Bruxelles 20.3.2018, Albania committed to the Reform.

87 Das Konzept PPP gibt es auch in Deutschland. Es beinhaltet eine vertraglich geregelte Zusammenarbeit zwischen öffentlicher Hand und Unternehmen der Privatwirtschaft mit dem Ziel einer Arbeitsteilung, wobei der private Partner die Verantwortung für die effiziente Erstellung der Leistung übernimmt, während die öffentliche Hand für gemeinwohlorientiere Ziele Verantwortung trägt. Das zumindest ist die Theorie.

88 Zitiert nach: Friedhelm Ficker: Bildende Kunst, in: Südosteuropa-Handbuch. Band VII, S. 709.

89 Zitiert nach: Zuzana Finger: Schulsystem, in: Südosteuropa-Handbuch. Band VII, S. 529.

90 Christa Wolf: Stadt der Engel oder The Overcoat of Dr. Freud, Frankfurt am Main 2011, S. 187.

91 Shaban Sinani: Një dosje për Kadarenë, Studime, polemikë, dokumente, OMSCA-1, Tirana 2005.

92 In: New York Times vom 21.2.1938.

Schlüsseldaten zu Albaniens angestrebter EU-Mitgliedschaft

Juni 2003 – EU-Gipfel in Thessaloniki; die EU-Perspektive für den West-Balkan wird bestätigt. Albanien war bereits im Jahr 2000 als »potenzieller EU Kandidat« eingestuft worden.

Juni 2006 – Unterzeichnung des Stabilisierungs- und Assoziierungsabkommens (SAA), das Albanien seit 2003 verhandelt hatte.

April 2009 – Das SAA tritt in Kraft. Albanien stellt den Antrag auf EU-Mitgliedschaft.

November 2010 – In einer offiziellen Stellungnahme zu Albaniens Antrag auf EU-Mitgliedschaft listet die Kommission zwölf Schwerpunktaufgaben auf, die vor Eröffnung der Beitrittsverhandlungen erfüllt werden müssen.

Dezember 2010 – Albanische Staatsbürger können visafrei in den Schengen-Raum einreisen.

Juni 2014 – Der Europäische Rat gewährt Albanien den Status eines Kandidaten für die EU-Mitgliedschaft.

Februar 2018 – Die Europäische Kommission nimmt die Strategie »für eine glaubwürdige Erweiterungsperspektive für ein stärkeres Engagement der EU auf dem westlichen Balkan« an.

April 2018 – Die Europäische Kommission empfiehlt, dass der Rat beschließt, Beitrittsverhandlungen mit Albanien angesichts der erreichten Fortschritte aufzunehmen, wobei die derzeitige Reformdynamik beibehalten und vertieft werden muss.

Juni 2018 – Der Europäische Rat stimmt der Aufnahme von Beitrittsverhandlungen zu, wenn die erforderlichen Voraussetzungen insbesondere im Bereich Rechtsstaatlichkeit erreicht seien. In den Schlussfolgerungen bekräftigt der Rat, dass die EU den Erweiterungsprozess und die europäische Ausrichtung der Länder des westlichen Balkans unterstützt. Der Rat sei sich darin einig, positiv auf die Fortschritte der ehemaligen jugoslawischen Republik Mazedonien und Albaniens zu reagieren, sagte Ekaterina Zaharieva, stellvertretende Ministerpräsidentin Bulgariens, in ihrer Rede und legte den möglichen Eröffnungstermin von Beitrittsverhandlungen mit beiden Ländern für Juni 2019 fest.

Abkürzungen

ADA	Austrian Development Agency (Österreichs Agentur für Entwicklungszusammenarbeit)
AfD	Alternative für Deutschland
BIP	Bruttoinlandsprodukt
BIRN	Balkan Investigative Reporting Network
DKP	Deutsche Kommunistische Partei
DP	Demokratische Partei Albaniens *(Partia Demokratike e Shqipërisë)*
EBWE	Europäische Bank für Wiederaufbau und Entwicklung
EEAS	European External Action Service (Europäischer Auswärtiger Dienst)
ESC	Eurovision Song Contest
EUROSTAT	Statistisches Amt der Europäischen Union
FES	Friedrich-Ebert-Stiftung
GIZ	Deutsche Gesellschaft für Internationale Zusammenarbeit
INSTAT	Albanische Statistikbehörde
KGB	Komitet gossudarstwennoi besopasnosti (Sowjetischer In- und Auslandsgeheimdienst)
KPD (ML)	Kommunistische Partei Deutschlands (Marxisten / Leninisten)
LGBTI	Lesben, Schwule, Bisexuelle, Transgender und Intersexuelle
LIBRA	*Lista e Barabartë* (Partei der Gleichen)
LSI	*Lëvizja Socialiste për Integrim* (Sozialistische Bewegung für Integration)
ODHIR	Büro für Demokratische Institutionen, Menschenrechte und Wahlen der OSZE
OSZE	Organisation für Sicherheit und Zusammenarbeit in Europa

PAA	Partei der Arbeit Albaniens *(Partia e Punës e Shqipërisë)*
SP	Sozialistische Partei Albaniens (*Partia Socialiste e Shqipërisë)*
TANAP	Transanatolische Pipeline
TAP	Trans-Adria-Pipeline
UDB	*Uprava državne bezbednosti* (Behörde der staatlichen Sicherheit, jugoslawischer Geheimdienst)
UÇK	*Ushtria Çlirimtare e Kosovës* (Kosovo-Befreiungsarmee)
UNESCO	Organisation der Vereinten Nationen für Erziehung, Wissenschaft und Kultur
UNMIK	United Nations Interim Administration Mission in Kosovo

Literaturempfehlungen zum Weiterlesen

Der allseits interessierte Leser könnte sich die immer sehr aktuelle und informative Website vom Balkan Investigative Reporting Network (BIRN) ansehen (http://www.balkaninsight.com). Wenn man den Gang der Dinge in Brüssel nachlesen möchte, ist folgende Seite zu empfehlen: https://www.consilium.europa.eu. Sollte man sich länger, vielleicht für einen Arbeitsaufenthalt, in Albanien aufhalten, rate ich auch, die Website der englischsprachigen *Tirana Times* http://www.tiranatimes.com regelmäßig zu lesen. Als traditionelle Zeitung liegt das Blatt oft kostenlos in den größeren Hotels aus. Sehr hilfreich für Tirana-Besucher ist die Website http://www.visit-tirana.com. Sollte der Leser der albanischen Sprache kundig sein, sind dies meine Favoriten: http://www.shekulli.com.al und http://www.respublica.al.

In der deutschsprachigen Tagespresse oder in politischen Magazinen findet man gelegentlich gut recherchierte Beiträge zu Albanien oder zum Balkan. Autoren, die ich gern empfehle, sind Norbert Mappes-Niediek, langjähriger Südosteuropa-Korrespondent und Autor zahlreicher hervorragend recherchierter Bücher; Andrej Ivanij, der in Serbien und Österreich zu Hause ist und das Insiderwissen über alles, was in, um und mit Jugoslawien passierte, seit Kindertagen aufgesogen hat, denn er ist der Sohn von Ivan Ivanji, dem Dolmetscher Titos; dazu der Deutsche-Welle-Spezialist für den Balkan Fabian Schmidt. Für den englischsprachigen Raum ist der britische Reporter und politische Analyst Tim Judah mein Favorit.

Sollte sich der Leser mehr für die Geschichte Albaniens interessieren, komme ich nicht umhin, auf ein paar gewichtige Bände zu verweisen, die – manchmal schon etwas älter – sehr viel Faktenwissen und Analyse vereinen und somit nie aus der Mode kommen. Dazu gehört alles, was von Karl Kaser, Klaus-Detlev Grothusen und Holm Sundhausen auf dem Buchmarkt ist.

Zur interessantesten und dennoch unterhaltsam lesbaren Lektüre zur albanischen Geschichte gehören für mich:

Miranda Vickers: The Albanians. A Modern History, London 1995.

James Pettifer und Miranda Vickers: Albania. From Anarchy to a Balkan Identity, London 1997.

James Pettifer und Miranda Vickers: The Albanian Question. Reshaping the Balkans, London 2007.

Marie-Janine Calic: Südosteuropa. Weltgeschichte einer Region, München 2016.

Oliver Jens Schmitt: Skanderbeg. Der neue Alexander auf dem Balkan, Regensburg 2009.

Oliver Jens Schmitt: Die Albaner. Eine Geschichte zwischen Orient und Okzident, München 2012.

Michael Schmidt-Neke: Chronologie eines albanischen Vierteljahrhunderts (1990–2015), besonders Band III (2010–2015): Der lange Weg zur Europäischen Integration, London 2016.

Robert Elsie: Handbuch zur albanischen Volkskultur. Mythologie, Religion, Volksglaube, Sitten, Gebräuche und kulturelle Besonderheiten, Wiesbaden 2002.

Gerda Uhlisch: Die Schöne der Erde. Albanische Märchen und Sagen, Leipzig 1985.

Norbert Mappes-Niediek: Balkan-Mafia. Staaten in der Hand des Verbrechens – eine Gefahr für Europa, Berlin 2003.

Norbert Mappes-Niediek: Die Ethno-Falle. Der Balkan-Konflikt und was Europa daraus lernen kann, Berlin 2005.

Unter albanischen Autoren kann ich besonders Fatos Lubonja und Fahri Balliu empfehlen.

Fatos Lubonja: Ploja e Mbrame (Das letzte Gemetzel), Tirana 1994; Në vitin e shtatëmbëdhetë (Im siebzehnten Jahr), Tirana 1994. Von ihm auf Englisch: Second Sentence. Inside the Albanian Gulag, London 2009; und The false apocalypse. From Stalinism to capitalism, London 2014.

Fahri Balliu: La femme du diable: Nexhmije Hoxha, veuve du dictateur Enver Hoxha, Lausanne 2008. Auf Albanisch gibt es dieses und einige weitere interessante Bücher von Balliu natürlich auch. Einige seiner Bücher, darunter das über Nexhmije Hoxha, sind inzwischen auch ins Englische übersetzt worden.

Jutta Benzenberg (Fotografien) und Ardian Klosi (Text): Albanisches Überleben, Salzburg 1993.

Meine Kadare-Favoriten:

Ismail Kadare: Der Nachfolger, 2. Auflage, Frankfurt am Main 2010.

Ismail Kadare: Identiteti European i Shqiptarëve (Die europäische Identität der Albaner), Tirana 2006 (leider nur auf Albanisch).

Ismail Kadare: Der zerrissene April, 2. Auflage, Salzburg/Wien 1989.

Shaban Sinani: Një dosje për Kadarenë. Studime, polemikë, dokumente (Das Kadare-Dossier, Studien, Polemik und Dokumente), Tirana 2005 (leider nur auf Albanisch).

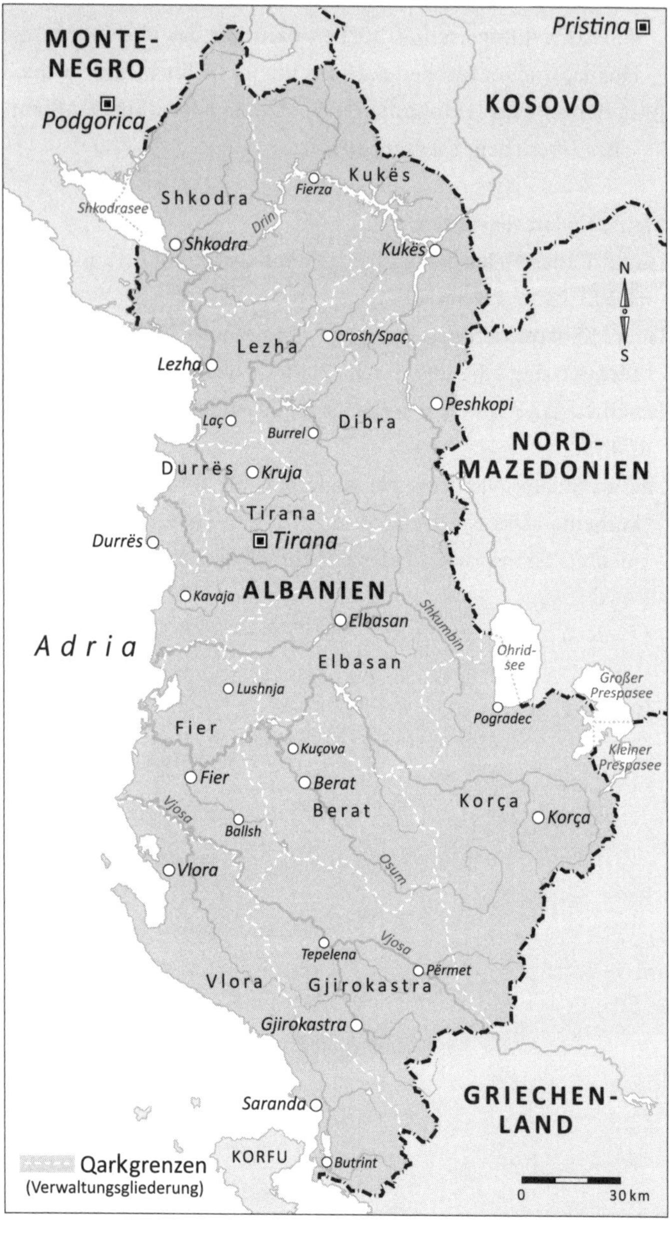

MONTE-
NEGRO
Podgorica
Pristina
KOSOVO
Shkodrasee
Shkodra
Fierza
Kukës
Drin
Shkodra
Kukës
N
S
Orosh/Spaç
Lezha
Lezha
Peshkopi
Laç
Burrel
Dibra
NORD-
MAZEDONIEN
Durrës
Kruja
Tirana
Durrës
Tirana
Kavaja
ALBANIEN
Elbasan
Shkumbin
Adria
Ohrid-
see
Elbasan
Großer
Prespasee
Lushnja
Pogradec
Fier
Kuçova
Kleiner
Prespasee
Fier
Berat
Vjosa
Berat
Korça
Korça
Ballsh
Vlora
Osum
Vjosa
Tepelena
Përmet
Vlora
Gjirokastra
Gjirokastra
Saranda
GRIECHEN-
LAND
KORFU
Butrint
Qarkgrenzen
(Verwaltungsgliederung)
0
30 km

Basisdaten Republik Albanien

Lage: am westlichen Rand der Balkanhalbinsel, umgeben von Montenegro und dem Kosovo im Norden, Nordmazedonien im Osten, Griechenland im Süden. Luftlinie über die Adria bis Italien circa 70 km

Ortszeit: GMT +1 (= MEZ), zur Sommerzeit GMT +2.

Klima: an der Adriaküste mediterran und mild, im Osten zunehmend kontinental; nasskühle Winter, sonnig heiße, trockene Sommer

Landesfläche: 28 748 km² (Deutschland: 357 386 km²)

Küstenlinie: 360 km, am Adriatischen und Ionischen Meer

Höchste Berge: Korab (2764 m), Jezerca (2694 m), Maja e Papingut (2482 m)

Wichtigste Flüsse: Drin, Vjosa, Devoll, Shkumbin, Osum, Mat

Bevölkerung: 2 886 026 Einwohner (Stand: 1. Januar 2016; Deutschland: 82,7 Mio.); es leben mehr ethnische Albaner außerhalb als innerhalb des Landesterritoriums

Bevölkerungsdichte: 97,4 Einwohner pro km² (Deutschland: 231 Einwohner/km²)

Ethnische Gruppen: (circa) 98,1 % Albaner, 0,9 % Griechen, 1 % sonstige (Mazedonier, Roma, Serben, Vlachen); Anteil der Griechen strittig (Quelle: Volkszählung 2011)

Lebenserwartung: Frauen 79,7 Jahre, Männer 76,1 Jahre; Durchschnittsalter der Bevölkerung 30 Jahre

Geburtenrate: 1,79 Kinder pro Frau (2015)

Gliederung: 12 Präfekturen (Qark) bestehend aus 308 Land- und 65 Stadtgemeinden

Hauptstadt: Tirana, circa 560 000 Einwohner

Größte Städte: Durrës, Elbasan, Shkodra, Fier, Vlora

Landessprache: Albanisch (Shqip)

Nationalfeiertag: 28. November (Ausrufung der Unabhängigkeit vom Osmanischen Reich 1912) und 29. November (Ende der italienisch-deutschen Besatzung 1944)

Regierungsform: Parlamentarische Republik, mit Präsident als Staatsoberhaupt, seit 2017 Ilir Meta

Anzahl von Handy-Verträgen pro 1000 Einwohner: 1836,5

Anzahl von Pkw pro 1000 Einwohner: 151

Arbeitslosenquote: Männer 15,9 %, Frauen 14,4 %, Jugendarbeitslosigkeit (15 bis 24 Jahre): 36,5 %

Beschäftigtenrate im Alter von 20 bis 64: Männer 69,4 %, Frauen 55,0 %

Bruttoinlandsprodukt pro Kopf: 4583 US-Dollar (2018; Deutschland: 44 469 US-Dollar)

Währung: 1 Lek (ALL) = 100 Cindarka, 1 Euro = circa 125 Lek (2019)

Quellen: Auswärtiges Amt Berlin, INSTAT, Weltbank, European Commission Albania 2018 Report, Annex II – Statistical Data, SWD (2018) 151 final, Strasbourg, 17. April 2018

Die Ergebnisse der Volkszählung von 2011 wurden von verschiedenen Gruppen, insbesondere religiösen Gemeinschaften, kritisiert. Die nächste Volkszählung ist für 2020 geplant.